D1753405

new business
Edition

Jahrbuch Healthcare Marketing
2007

IMPRESSUM

new business EDITION
Jahrbuch Healthcare Marketing 2007
Erscheinungsjahr 2007

New Business Verlag GmbH & Co. KG
Nebendahlstraße 16, 22041 Hamburg
Fon: 040/ 609 009-0
Fax: 040/ 609 009-15
edition@new-business.de

Herausgeber:	Peter Strahlendorf
Redaktion:	Reiner Kepler
Produkt-	
management:	Anja Kruse-Anyaegbu
Anzeigen:	Lars Lücke, Jörg Luttkau
Gestaltung:	Nina Leinemann
Lektorat:	Hella Streicher
Druck:	Druckhaus Köthen
	Friedrichstr. 11/12
	06366 Köthen/Anhalt

© Copyright 2007 by
   New Business Verlag GmbH & Co.KG

Dieses Werk einschließlich aller seiner Teile ist urheberrechtlich geschützt.
Jede Verwertung außerhalb der engen Grenzen des Urhebergesetzes ist ohne Zustimmung des Verlages unzulässig und strafbar. Dies gilt insbesondere für Vervielfältigungen, Übersetzungen, Mikroverfilmungen und die Einspeicherung und Verarbeitung in elektronischen Systemen.
Printed in Germany.

ISBN: 978-3-936182-08-8

Liebe Leserinnen, liebe Leser,

die tradierten Akteure im Gesundheitsmarkt werden von zwei Seiten in die Zange genommen. Um die ausufernden Kosten in Höhe von 234,0 Milliarden Euro (2004 laut Statischem Bundesamt) in den Griff zu bekommen, versucht auf der einen Seite der Staat die Pfründe zu beseitigen und per Deregulierung einen marktwirtschaftlichen Wettbewerb im immer noch halbstaatlichen Gesundheitswesen zu forcieren. Die andere Kraft der Zangenbewegung geht von einem entfesselten Verbraucher aus. Die heutige Informationsgesellschaft bringt es mit sich, dass eine Unmenge von Informationen und Meinungen über Produkte und Dienstleistungen verfügbar ist. Verbraucher wollen diese Fülle. Das Nutzen und Auswerten möglichst vieler Informationen gehört heutzutage zum täglichen Brot der Menschen. Die damit verbundene Individualisierung führt dazu, dass Patienten nicht mehr am Apotheker ihres Vertrauens, ihrem Hausarzt oder der Klinik vor Ort hängen. Man informiert sich in dem omnipräsenten Internet über Medikamente (erfährt so eventuell etwas über Alternativen zu seinem bisherigen Medikament), den preiswerten Arzneimittelbezug per Versand oder Zusatzleistungen von Krankenhäusern, die über Standards wie Operieren, Fieber messen und Essen anliefern hinausgehen.

Der Form annehmende Wettbewerb im Gesundheitswesen führt dazu, dass es immer größere Spreizungen unter den Produkten und Angeboten geben wird. Für jeden Geschmack und Geldbeutel das passende Produkt. So wie bei Dingen des täglichen Lebens (esse ich heute Käse von Aldi oder vom italienischen Feinkostladen?) oder bei Gebrauchsgütern (leiste ich mir ein Auto mit viel Schnickschnack oder eines, das mich einfach nur von A nach B bringt?).

Einer Differenzierung, z.B. die neuen Wahltarife bei gesetzlichen Krankenkassen, wird eine neue folgen. Ist der Wettbewerb erst einmal entfacht, müssen Unternehmen ständig an ihrer Positionierung und Profilierung feilen – und das funktioniert am besten über das eigene Produkt.

Der Wettbewerb und die oben beschriebene Zangenbewegung wirken sich wie ein Jobmotor für die Kommunikationsbranche aus. In den meisten Bereichen, vor allem bei den Dienstleistern, müssen die Abteilungen für Marketing, Werbung und Öffentlichkeitsarbeit ausgebaut werden. Die bereits mit viel Vertriebs- und Marketingpersonal ausgestatteten Pharmahersteller müssen sich umstellen. Alle Marktteilnehmer, die primär mit Kommunikation ihr Geld verdienen (von Werbeagenturen über PR-Berater bis hin zu Call-Centern), bekommen unterm Strich mehr Aufträge. Hier gilt es allerdings zu beachten, dass die reine Fachkommunikation in Richtung Ärzte im Vergleich zur Endverbraucheransprache geringer werden wird.

Diese Verschiebung hat der New Business Verlag, Hamburg, zum Anlass genommen, seine Jahrbuch-Publikation nicht mehr auf OTC und Pharma zu fokussieren, sondern ein breiteres Spektrum der am Gesundheitsmarkt agierenden Unternehmen einzufangen. Dementsprechend heißt die Publikation ab dieser Ausgabe ‚Jahrbuch Healthcare Marketing', womit sie auch eine Erweiterung unserer Monatszeitschrift ‚new business Healthcare Marketing' darstellt.

Reiner Kepler
Chefredaktion ‚Healthcare Marketing'

Die Fachzeitschrift für Marketing-Entscheider im Gesundheits- und Pharma-Markt

new business HEALTHCARE MARKETING

10 Ausgaben im Jahr inkl. JAHRBUCH HEALTHCARE MARKETING zum Preis von 120,- Euro*

Für Ihren Erfolg im Healthcare-Marketing!

☐ **Ich entscheide mich für ein new business HEALTHCARE MARKETING Jahresabonnement**

Ich abonniere new business HEALTHCARE MARKETING für mindestens ein Jahr (10 Ausgaben, inkl. zwei Doppelnummern) zum Preis von 120,- Euro (*zzgl. USt. Versandkosten). Das Jahresabonnement beinhaltet zusätzlich eine Ausgabe des JAHRBUCH HEALTHCARE MARKETING. Mein Abonnement verlängert sich automatisch um ein Jahr, wenn ich nicht mit einer Frist von drei Monaten vor Ablauf des Bezugsjahres schriftlich kündige.

☐ **Ich möchte new business HEALTHCARE MARKETING testen**

Ich teste new business HEALTHCARE MARKETING vier Monate lang zum Sonderpreis von 30,- Euro zzgl. USt. Das Test-Abonnement endet automatisch.

Firma:

Name, Vorname: **Funktion:**

Straße: **PLZ/Ort:**

Telefon: **e-Mail:**

Datum/Unterschrift:

Widerrufsgarantie: Bei Fortsetzungsbezug garantieren Sie uns, dass wir diese Vereinbarung innerhalb der folgenden zwei Wochen durch schriftliche Mitteilung an den Verlag widerrufen können. Zur Wahrung der Frist genügt die rechtzeitige Absendung des Widerrufs. Dies bestätige ich mit meiner 2. Unterschrift.

2. Unterschrift:

jbhcr

New Business Verlag GmbH & Co. KG • Postfach 70 12 45 • 22012 Hamburg
Fax: 040/60 90 09-66 • abo@new-business.de

Seite

- Editorial 3
  Reiner Kepler

- Den Kunden von morgen erreichen –
  Entwicklungen im Gesundheitsmarkt 9

WACHSTUMSMARKT HEALTHCARE-PRODUKTE 17

- Direkte Patienteninformation:
  Herausforderung für die pharmazeutische Industrie 18
  Healthcare Competence Center

Medizinische Produkte

- Vom passiven Patienten zum aktiven Verbraucher 23
  Change Communications

- Marke gut verpackt?
  Prüfen Sie Ihre Verpackung auf Herz und Verstand 25
  Starcompany Healthcare

- Wer strippt schon gern im Supermarkt?
  Für tabuisierte Produkte ist Verpackungsdesign die Brücke
  zum Konsumenten 30
  Lothar Böhm GmbH

- Kopfläuse – ein Tabuthema goes public 34
  Dorothea Küsters Life Science Communications

Produkte mit Gesundheitscharakter

- Auf Qualität vertrauen
  Mit dem „Swissness-Faktor" erfolgreich im deutschen Biomarkt ... 38
  Biotta AG

- Vom Gattungsbegriff für Tonika zur
  innovativen Gesundheitsmarke: Doppelherz 41
  Scholz & Friends Hamburg

BOOM-SEKTOR HEALTHCARE-DIENSTLEISTUNGEN 45

- Vom Arzt zum Unternehmer, vom Patienten zum Kunden 46
  EOS Health AG

Krankenkassen + Versicherungen

- Vom Payer zum Player
  Wie Krankenkassen sich auf den veränderten
  Gesundheitsmarkt einstellen 48
  Deutsche BKK

Seite

- Rückhalt für Deutschland –
  Eine Initiative von Prof. Grönemeyer und der Techniker Krankenkasse 52
  Techniker Krankenkasse

Kliniken + Krankenhäuser

- Patient Krankenhaus – Erstbefund: eindeutig. Es fehlt an Profil 57
  Peter Schmidt Group

- Der Kampf um die Patienten ist entbrannt
  Krankenhäuser besinnen sich im Wettbewerb immer mehr
  auf die Öffentlichkeitsarbeit 60
  Kohl PR & Partner

Ärzte

- Franchising – das Rezept für Ärzte-Marketing 63
  Wingral & Partner

- Selbstheilungsmöglichkeiten
  (k)ein Thema für die Hausarztpraxis?
  Arzt-Patienten-Kommunikation und der besondere Nutzen
  des Salutogenese-Konzepts 66
  Universitäten Göttingen und Witten/Herdecke

Apotheken

- Erfolgreiches Marketing für OTC-Produkte
  Eine Stammapotheke muss mehr bieten als Bonuspunkte und Rabatte 69
  Institut für Management im Gesundheitsdienst Augsburg

- Profilsuche zwischen tradierter Marke und Discount
  Apotheken sollten in der Kommunikation ihre
  Qualitätsversprechen herausstellen 74
  Institut für Handelsforschung

- Apothekenpreise – oder wie man ihnen entgeht
  Der Online-Versand hat gerade erst begonnen 77
  Ipsos GmbH

MEDIEN UND GESUNDHEIT 81

- Healthcare-Kommunikation 2020
  Eine Prognose mit vielen Unbekannten 82
  Carat

Printmedien

- Gesundheitsthemen in den Medien
  Wie reagieren die Medien auf das steigende Bewusstsein der Konsumenten ... 84
  Bauer Media KG

Seite

- Gesundheit in Print: Glaubwürdiges Umfeld zur Markenpflege 92
  Dr. Hergen Riedel

- Die Bedeutung der konfessionellen Presse auf dem OTC-Markt .. 98
  Konpress eG

Elektronische Medien

- Gesundheit im TV 2007:
  Berichte und Ratgeber verdrängen Fiktion 102
  Dr. Hergen Riedel

- Trends in der Pharmakommunikation
  Geänderte Rahmenbedingungen erfordern neue Konzepte 108
  Dr. Dirk Nonhoff

GESUNDHEIT AUS VERBRAUCHERSICHT   113

- Gesundheit und Konsument
  Eine neuropsychologische Perspektive 114
  Decode Marketingberatung

- Patientenorientierte Markenführung
  Viele Faktoren bestimmen der Erfolg einer OTC-Marke 118
  TNS Healthcare

- Frauen und Gesundheit – ein Markt im Umbruch 124
  Psychonomics AG

- Bei uns liegen Sie richtig!
  Markenwahrnehmung und Branding bei stationären Einrichtungen 128
  Konzept & Analyse AG

- Empfindlich bis robust
  Europäische Unterschiede in der Gesundheitswahrnehmung 135
  Ulrike Maris

SPEKTRUM DER KOMMUNIKATIONSSPEZIALISTEN   139

- Sparen zum Wohl der Agenturen 140
  Reiner Kepler

- Effizienter Kommunikationsmix erfordert
  qualifizierte Strategie 142
  Schmittgall Werbeagentur

- PR im Healthcare-Markt:
  Warum ist sie wichtig, was kann sie leisten? 146
  Weber Shandwick

Seite

- Wer A sagt, sollte nicht B meinen, oder:
  Andere Länder, andere Sitten 150
  Heye DDB Health

- Das Online-Horoskop für den Healthcare-Bereich..........................153
  Angela Liedler GSW

- Wer geht wem ins Netz?
  Rolle und Angebot von Netzwerkagenturen......................................158
  McCann Healthcare

- Werbe-Tabus bei Tabu-Produkten..161
  Torsten Schöwing

- BPO für Healthcare-Unternehmen
  Ressourcen freisetzen und Kosten senken 165
  SIM Communication Center

- Patientenmanagement
  Compliance via Telemarketing!...169
  buw Unternehmensgruppe

PREISGEKRÖNTE HEALTHCARE-WERBUNG 175

- Comprix 2006 177
- Jahrbuch der Werbung 2007..186
- Global Awards für Communication 2006 187

AGENTURPORTRÄTS 195

- Angela Liedler GmbH..196
- Change Communication GmbH 198
- Dorothea Küsters Life Science Communications GmbH...........200
- Gams & Schrage Healthcare OHG 202
- Schmittgall Werbeagentur GmbH..204

- Reports/Magazine/Nachschlagewerke...206
- Verbände/Institutionen/Organisationen 207
- Termine..210
- Register 212

Den Kunden von morgen erreichen

Entwicklungen im Gesundheitsmarkt

Konsument als Chamäleon

Die gute Nachricht für alle Healthcare-Marketer: Der Gesundheitsmarkt wächst weiter. Die weniger gute: Die Marktbearbeitung wird noch anspruchsvoller. Zunehmender Wettbewerbsdruck, neue politische Regulationsmechanismen, verstärkte öffentliche Kritik, anhaltender Kostendruck und – last but not least – immer kritischere Patienten/ Kunden erhöhen die Komplexität der Marktbearbeitung. In diesem einleitenden Beitrag zeigen wir wichtige Themenfelder auf, die Kommunikation, Marketing und Unternehmensstrategie in bestimmten Teilmärkten des Gesundheitsmarktes nachhaltig verändern werden. Fünf Thesen illustrieren mit Beispielen strategische Handlungsfelder der Zukunft. Weitblick, Flexibilität, Mut, Selbstkritik und zunehmende Professionalisierung sind unabdingbare Wegbegleiter zur erfolgreichen Meisterung der beschriebenen Herausforderungen.

Marktwachstum zwischen Konsumentenfreiheit und Regulierung

Der Gesundheitsmarkt mit seinen diversen Teilmärkten bewegt sich in einem weiten Spannungsfeld zwischen Versorgungsorientierung und Konsumorientierung, zwischen Regulation und freiem Markt.

Einerseits bleibt das öffentliche Gesundheitssystem stark von politischen Regulierungsmechanismen bestimmt, deren Hauptziel es ist, die Kosten im Gesundheitswesen einzudämmen. So können z.B. medizinisch-technologische Innovationen im Pharma- und Medizintechnikbereich auch zukünftig nur finanziert werden, wenn gleichzeitig der Generikaanteil weiter wächst.

Andererseits bemüht sich der Gesetzgeber darum, die Branche stärker nach den Gesetzen der Marktwirtschaft funktionieren zu lassen – eine Gratwanderung, die langsam Früchte trägt, wie der Krankenhaus- oder Apothekenmarkt beispielhaft zeigen.

Für den Patienten bedeutet dies längst den Wegfall einer Rundum-Versorgung zum Nulltarif. Hierdurch wächst das Bewusstsein für die eigene Gesundheit, für Prävention und Selbstmedikation. Vielen Menschen geht es in diesem Zusammenhang nicht mehr nur darum, die Gesundheit zu pflegen, sondern auch darum, das eigene Lebensgefühl zu verbessern. Die Menschen wollen ihr Leben bei guter Gesundheit möglichst lange „jung" und aktiv genießen und sind bereit, hierfür auch Geld auszugeben. Beispiel Wellness: Das Marktvolumen hat sich laut Angaben des Deutschen Wellness-Verbandes von 1999 bis 2006 um rund 20 Mrd. Euro auf 75 Mrd. Euro vergrößert – Tendenz steigend.

Der „freie" Markt wächst also weiter – getrieben von einer Kombination aus Kostenverlagerungen aus dem Versorgungsmarkt, einem gestiegenen Gesundheitsbewusstsein und der soziodemographischen Entwicklung.

Die zunehmende Virtualisierung des Gesundheitsmarktes ist ein weiterer entscheidender Megatrend, der Auswirkungen auf alle Teilmärkte hat. Er beeinflusst und entwickelt Patienten und Kunden gleichermaßen: Informationen sind unmittelbar und ubiquitär verfügbar. Zusätzlich unterstützen neue Spielarten (Stichwort: Web 2.0) den direkten Erfahrungsaustausch zwischen Betroffenen und Verbrauchern und bieten dem zunehmend kritischeren Konsumenten neue Kommunikationsplattformen. Der Patient wird noch mündiger und verlangt – individuell oder organisiert – neue Mitspracherechte. Die Grenzen zwischen Fachkreisen und Laien verwischen immer mehr: Patienten werden zu Kunden, Ärzte zu Dienstleistern.

Fünf strategische Themen für das Healthcare Marketing

1. Den kritischen Gesundheitskonsumenten der Zukunft erreichen

Über viele Branchen hinweg ist zu beobachten, dass das Kundenverhalten kaum noch vorhersagbar ist. Ehemals überschaubare Zielgruppen werden heterogener und zerfasern in immer kleinere Segmente; die Bedürfnisse des einzelnen Individuums rücken immer stärker in den Mittelpunkt des Marketings. Die Kunden verändern sich laufend, und ihre Kaufentscheidungen erscheinen oft paradox. Der Konsument entwickelt sich zum Chamäleon. Ein und dieselbe Person weist in einem Marktsegment eine Luxusmentalität auf, in einem anderen Bereich ist sie sehr preissensibel: Der Verbraucher gönnt sich eine teure Wellnessreise, kauft seine Vitamintabletten aber bei Aldi.

Dass Luxusgüter und Discountartikel verstärkt nachgefragt werden, liegt auch daran, dass sich die Schere zwischen Arm und Reich immer weiter öffnet. Der mittlere Preisbereich stagniert. Gemeinsam haben alle Zielgruppen, dass sie kritischer und schwerer zugänglich werden. Print-Werbung, Radio- und TV-Spots wetteifern um Aufmerksamkeit – und werden von den reizüberfluteten Konsumenten kaum mehr wahrgenommen.

Gleichzeitig wird der Patient selbst immer öfter zum Sender im Kommunikationsprozess und fordert aktiv Informationen ein. Trotzdem bleiben bei Gesundheitsthemen vorerst Arzt und Apotheker die Ratgeber, die das höchste Vertrauen genießen. Daneben nehmen Mund-zu-Mund-Empfehlungen und vor allem das Internet einen zunehmend hohen Stellenwert ein. So prognostiziert eine Hochrechnung der ARD/ZDF-Online-Studie 2006, dass im Jahre 2015 bereits 87 Prozent der Konsumenten ihre kaufentscheidenden Informationen aus dem Internet beziehen werden.

Es gilt insbesondere, die neue virtuelle Realität ernst zu nehmen: Web 2.0 steht dabei als Überbegriff für die neue Art, wie selbstbestimmte und kritische Verbraucher mit dem Internet umgehen. Sie entwickeln sich vom User zum Producer, bilden eigene Communities, führen Blogs und nutzen Podcasts. Wichtig in diesem Kontext: Empfehlungen von Internetnutzern (inbesondere via Weblogs) beeinflussen die Kaufentscheidung von anderen Surfern zumeist viel stärker als eine gute (neutrale) Produkt-Berichterstattung. Noch genießt die überschaubare Zahl der deutschen Web-2.0-Projekte nicht annähernd die Aufmerksamkeit wie vergleichbare Websites in den USA. Trotzdem sollte sich das Marketing bereits heute intensiv mit dem Thema Web 2.0 beschäftigen. Ein Blick über den Tellerrand des Gesundheitsmarktes hilft dabei. Ein Beispiel ist die Einführung von Coke Zero, aber auch die misslungene Blog-Kampagne von Mazda ist sehr lehrreich.

Der GBA-Bermuda-Dreieck der Nutzenbewertung

2. Kosten-Nutzen-Vergleiche zählen

Die Gesundheitspolitik hat der Pharma- und Medizintechnikindustrie mit der Einführung des Nutzenbewertungsprozesses durch das Institut für Qualität und Wirtschaftlichkeit im Gesundheitswesen (IQWiG) und durch den Gemeinsamen Bundesausschuss (GBA) eine zusätzliche Marktzugangshürde errichtet, die einiges an Kopfschmerzen bereitet. Diese staatlich verordnete Institutionalisierung von Kosten-Nutzen-Bewertungen ist in anderen Ländern längst Usus. Die historisch starke Pharmalobby in Deutschland konnte sich lange erfolgreich dagegen wehren. Mittlerweile hat die Branche nicht zuletzt mangels großer deutscher Pharma-Unternehmen nicht nur an Reputation, sondern vor allem an politischem Einfluss verloren.

Deshalb muss sich die Pharmabranche zukünftig noch deutlicher die Gretchenfrage stellen: Sind unsere neuen Medikamente wirklich besser als im Markt befindliche Präparate und daher einen höheren Preis wert?

Eine Schlüsselposition nimmt in diesem Zusammenhang der GBA ein. Er leitet aus den Nutzenbewertungen des IQWiG (zukünftig „Kosten-Nutzen-Bewertungen") konkrete Entscheidungen darüber ab, in welchem Ausmaß ein Medikament noch erstattet wird. Für viele Pharmafirmen ist der Umgang mit diesem Prozess zuweilen rätselhaftes Neuland und wirft viele Fragen auf: Wie funktioniert dieser Prozess im Detail? Wer sind die Key Player? Wie geht man zukünftig mit Selbsthilfeorganisationen um, die zum Zünglein an der Waage werden können? Hier sind in der Zukunft verstärkt Kommunikationsqualitäten wie Offenheit, Fingerspitzengefühl und Geduld gefragt. Kurzfristig kommt es darauf an, die Produktbotschaften einfacher und laienverständlicher herauszuarbeiten und die Kommunikation und Abstimmungsprozesse zu optimieren. Hierzu müssen sich die Unternehmen auch strukturell neu ausrichten. Die neue Position „Key Account" für den GBA muss mit Top-Mitarbeitern besetzt werden: Sie sollten idealerweise medizinische, politische und kommunikative Fähigkeiten in sich vereinen und zentral in das Marketing integriert sein. Das Pharma-Marketing kann auf diesem politischen Spielfeld oftmals keine Schwarz-Weiß-Ergebnisse erwarten, sondern muss realistischerweise auch differenzierte Konsens- und Kompromissbildung als Erfolgserlebnisse werten.

3. Aktives Reputationsmanagement installieren

Der gute Ruf eines Unternehmens ist ein kostbares Gut und ein entscheidender Wettbewerbsfaktor –

Imageaufbau ist Chefsache

das ist mittlerweile eine Binsenweisheit. Besonders hervorzuheben ist dies für Unternehmen der Gesundheitswirtschaft, speziell der Pharmaindustrie, die durch Medikamentenskandale und andere Krisen ein offensichtliches Image- und Reputationsproblem haben. Ein wirkungsvolles Reputationsmanagement befähigt nicht dazu, Krisen gänzlich zu vermeiden. Ziel ist es vielmehr, Krisensituationen besser zu meistern und schneller in den Griff zu bekommen. Es geht für ein Unternehmen auch nicht darum, einen Schönheitspreis in der öffentlichen Meinung zu gewinnen, sondern darum, sich gegenüber den vielfältigen Stakeholdern als verlässlicher und integerer Partner zu erweisen. Das Managen von Reputation folgt der gleichen Logik wie das Managen von Erwartungen, was gerade für börsennotierte Unternehmen von entscheidender Bedeutung ist. Reputationsmanagement muss daher auch zur Chefsache erklärt werden. Da die Medienarena das wichtigste Zugangsportal zur Gesellschaft ist, sollte der CEO auch die mediale Speerspitze des Unternehmens bilden. Er sucht den aktiven Dialog mit wichtigen Medien und Stakeholdern und betreibt – auf Basis einer systematischen Analyse der unternehmensspezifischen Reputationstreiber – Agendasetting zu relevanten Themen. Kurz, er ist ein Kommunikationsprofi, der erkennt, wie wichtig Medien und öffentliche Wahrnehmung für sein Unternehmen sind. Die Gesundheitswirtschaft hat hier Nachholbedarf: Eine aktuelle Studie über Bekanntheit, Gesamteindruck und Goodwill von CEOs zeigt zum Beispiel, dass es von den vier Unternehmen der Gesundheitswirtschaft, die im DAX vertreten sind, kein CEO unter die Top 5 geschafft hat.

In diesem Zusammenhang verfolgt die Branche derzeit mit viel Interesse und noch mehr Skepsis den Versuch der Neuausrichtung des krisengeschüttelten Generika-Erfinders Ratiopharm in Richtung christlicher Wertorientierungen: Ob der Ansatz des Familienunternehmens erfolgreich funktioniert, wird entscheidend davon abhängen, ob die „neue Story" vom CEO und Unternehmer Philipp Merckle intern und extern glaubhaft vorgelebt, kommuniziert und auch wirklich verstanden wird.

4. Kreative Vertriebs- und Distributionsmodelle entwickeln

Der Vertrieb und die Distribution von verschreibungspflichtigen Medikamenten, bislang die Domäne der Apotheken, gerät zusehends ins Wanken. Neue Vertriebsmodelle, wie z. B. der Versandhandel, etablieren sich. Eine weitere kreative Spielart testen derzeit die niederländische Versandapotheke Europa Apotheek und die Drogeriemarktket-

Neue Vertriebswege gehen

te dm. Hier stehen als Hauptvorteile die Kosteneinsparung und Convenience-Aspekte in Vordergrund. So funktioniert es: Der Kunde füllt den im Markt ausliegenden Bestellschein aus und wirft ihm zusammen mit dem Rezept in eine Bestellbox. Nach spätestens 72 Stunden können die Medikamente in der dm-Filiale abgeholt werden. Die Bezahlung erfolgt direkt an die Apotheke, abzüglich der garantierten Nachlässe pro Bestellung. Zwei Vorteile ergeben sich gegenüber dem herkömmlichen Versand: Viele Berufstätige sind während der Zustellzeiten nicht zu Hause, und eine Anlieferung an die Firmenadresse ist oft nicht erlaubt.

Sollte der Testlauf erfolgreich sein, steht ein flächendeckendes Distributionsnetz zur Verfügung. Andere Drogerieketten dürften dem Beispiel schnell folgen.

Für die traditionellen Apotheken ist dieses Modell ein weiterer Damoklesschwert, und das Entrüstungsgeschrei ist verständlich. Das Gegenargument der fehlenden Beratungsleistung ist angesichts der Tatsache, dass von dem Service hauptsächlich chronisch Kranke Gebrauch machen dürften, eher schwach. Denn diese Kunden kennen im allgemeinen ihre Medikamente gut und können abschätzen, was und welche Mengen sie in nächster Zeit brauchen. Dagegen Sturm zu laufen, ist deshalb auf Dauer keine Lösung. Die bessere Alternative ist es, die Entwicklung als Chance zu begreifen, selbst neue Vertriebsideen zu entwickeln und das eigene Geschäftsmodell kritisch zu hinterfragen. So haben derzeit bereits rund 1.250 deutsche Apotheken selbst die Zulassung zum Versandhandel beantragt, allerdings machen erst etwa 20 davon größere Umsätze. Partner waren von Anfang an auch die Krankenkassen, die mit den meisten Versandapotheken Kooperationsverträge abgeschlossen haben. Die umgekehrte Strategie gehen derzeit die rund 18.500 „Barmer-Hausapotheken". Voraussetzung für das Zustandekommen des Vertrages war, dass die teilnehmenden Apotheken sich verpflichten, Werbung für Versandapotheken zu unterlassen. Der Vorteil für den Patienten? Er muss sich verpflichten, nur eine Apotheke und einen Hausarzt aufzusuchen. Dafür bekommt er Arzneien frei Haus und muss nur einmal pro Jahr die Praxisgebühr zahlen.

5. Konsequenten Markenaufbau betreiben

In kaum einem anderen Segment des Gesundheitsmarktes ist die Veränderungsdynamik stärker spürbar als im Krankenhausmarkt. Manche Experten prophezeien den Kliniken sogar schon eine Entwicklung hin zu Gesundheits- und Wellness-

König Patient steigt ab

Zentren, die mehr einem Hotel als einem herkömmlichen Krankenhaus ähneln. Ob der Patient und Kunde von morgen da mitspielt, bleibt abzuwarten.

Fest steht, dass viele Kliniken zwischen Versorgungsauftrag und Privatisierungsdruck ums Überleben kämpfen. Fallpauschalen, neue Arbeitszeitregelungen und Gehaltssteigerungen der Ärzte sind nur einige der äußeren Einflussfaktoren, welche die Notwendigkeit der Umsetzung des Paradigmenwechsels in Richtung betriebswirtschaftliche Unternehmensführung dokumentieren. Dieser Wechsel ist schmerzhaft und fällt vielen Betroffenen schwer. Spezialisierung, Professionalisierung, Effizienzsteigerung sowie konsequente Marktorientierung und vor allem Markenaufbau heißen die neuen strategischen Eckpfeiler. Die Benchmark bilden die Privatkliniken, die diese strategischen Vorgaben schon länger nahezu generalstabsmäßig umsetzen. Ein Beispiel von vielen ist das jüngst in den Medien zitierte Krankenhaus von Herzberg (Niedersachsen). Als die Herzberger Klinik von der Rhön-Klinikum AG übernommen wurde, war das Personal skeptisch, es gab viele Ängste. Doch schnell zeigte sich, dass der neue Eigentümer zu Investitionen und Modernisierungen bereit war, die ein öffentlicher Träger kaum oder erst nach Jahren genehmigt hätte. Das Ziel, 10 Prozent Gewinn zu erwirtschaften, erschien auf einmal nicht mehr utopisch. Heute sind fast alle Mitarbeiter froh, dass die Klinik privatisiert wurde. Dass diese Darstellung in der Illustrierten ‚Stern' vermutlich etwas einseitig ausfällt, zeigt ein anderes Beispiel; es verdeutlicht, dass nicht alle Betroffenen in die Jubelarie über die Privatisierung uneingeschränkt einstimmen: Das Deutsche Ärzteblatt berichtete Anfang März über das vor gut einem Jahr ebenfalls von der Rhön-Klinikum AG übernommene Universitätsklinikum Gießen und Marburg. Betreiber und Politik ziehen öffentlich eine positive Zwischenbilanz – die Meinung von Ärzten und Belegschaft ist deutlich kritischer. Zwar wird auch hier lobend erwähnt, dass unter Führung des neues Betreibers überfällige Investitionen erfolgt sind. Kritisch werden von den Betroffenen gestraffte Ablaufstrukturen gesehen, die einer qualifizierten humanen Patientenversorgung dienen und gleichzeitig die Produktivität des Klinikums sicherstellen sollen. Hinter solchen Formulierungen verbergen sich in der Praxis knallharte Controlling-Prozesse, welche Basis für Kostenoptimierungen unter anderem durch Stellenabbau im Ärztebereich sind. Abstimmungsprobleme und

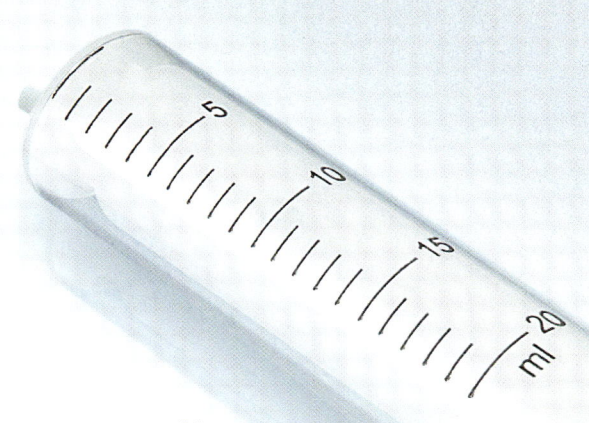

Manches erklärt sich von selbst.

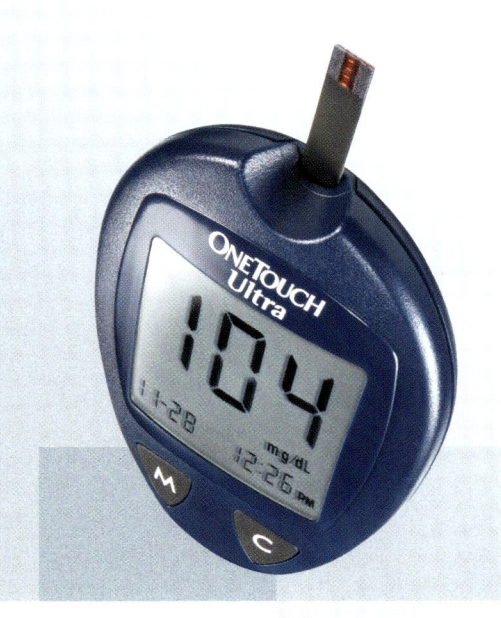

Anderes braucht Vertriebsprofis.

Als vertriebsorientierter Telemarketing-Dienstleister ist SIM auf die Vermarktung von Healthcare-Produkten spezialisiert. Ob bei DTC-Projekten, im Direktverkauf an Apotheken oder der Außendienstterminierung bei niedergelassenen Ärzten und in Kliniken – wir erzielen messbare Erfolge für unsere Kunden.

SIM Communication Center GmbH
Käfertaler Straße 190   68167 Mannheim
Tel.: 0621/71 81 0   Fax: 0621/71 81 220
kontakt@sim-communication.de   www.sim-communication.de

sim
The Outbound Company

Konfliktpotential gibt es offenbar auch zwischen Betreiber und Land in puncto Übernahme der Kosten für Forschung und Lehre sowie bei der Berufung von Ordinarien.

In öffentlichen Häusern sind die strukturellen Voraussetzungen für eine vergleichbare Entwicklung oft noch nicht geschaffen – so fehlen beispielsweise in vielen Krankenhäusern Marketingabteilungen. Hier gilt: Der Einstellungswandel ist der erste Schritt zur Veränderung. Nicht die Größe des Marketingbudgets ist entscheidend, sondern die Umprogrammierung des Denkens in Richtung Kundenorientierung, Marketing und eines konsequenten Markenaufbaus. Ein Vorreiter ist das Uniklinikum Dresden, das schon vor einigen Jahren in die kommunikative Offensive ging. Mit einem durchdachten Marken- und Marketingkonzept inklusive neuer Corporate Identity sowie einer professionellen Pressearbeit hat es sich als die Top-Klinik in der Region profilieren können. Ein langwieriger Prozess übrigens, der meist des Anstoßes und des Begleitens von externer Seite bedarf.

Quellen:
ARD/ZDF-Online-Studie 2006 – www.media-perspektiven
Communication Agenda – Reputation und Vertrauen, 2005: M. Eisenegger/R. Langen
Deutsches Ärzteblatt, 2. März 2007
Ernst & Young 2005, Studie Gesundheitsversorgung 2020
Financial Times Deutschland, medbiz 02/07
Financial Times Deutschland, medbiz 04/06
Financial Times Deutschland, medbiz 11/06
Focus 25.8.06: Angst vor der Dotcom-Blase
Healthcare Marketing; 1/2007: Drogeriemärkte: Gift für Apotheker
HVB Research 2003: Studie Gesundheitsmarkt 2013
Pleon Online Relations (Vortrag), 2007: Vom User zum Producer – Online Trend Web 2.0
Stern, 07/2007: Rhön-Konzern: Kapitalismus im Krankenhaus

Andrea Fischer

(46) ist Partnerin bei Pleon. Sie leitet den Bereich Healthcare sowie die europäische Healthcare-Practice Group. Von 1998 bis 2001 war sie Bundesministerin für Gesundheit und insgesamt acht Jahre für Bündnis 90/Die Grünen im Bundestag. Andrea Fischer verfügt über tiefe Expertisen im Feld der Gesundheitspolitik, insbesondere im Sektor pharmazeutische Industrie, Medizinprodukte sowie Krankenhäuser.

✉ *andrea.fischer@pleon.com*

Michael Patzer

(42) ist ehemaliger geschäftsführender Partner von Pleon Healthcare und jetziger freier Marketing- und PR-Berater im Gesundheitsmarkt. Der Diplom-Kaufmann begann seine berufliche Laufbahn 1991 bei Sanofi Winthrop, München und wechselte 1994 ins Marketing von Bristol-Myers Squibb, München. Von 1997 bis 1999 war er als Management Supervisor und stellvertretender Geschäftsführer der Agentur Sudler & Hennessey in Frankfurt tätig, bevor er bei ECC Kohtes Klewes communication medical, dem Vorgänger von Pleon Healthcare, tätig wurde.

✉ *michael.patzer@pleon.com*

WACHSTUMSMARKT HEALTHCARE-PRODUKTE

- Direkte Patienteninformation:
  Herausforderung für die pharmazeutische Industrie 18
  Healthcare Competence Center

Medizinische Produkte

- Vom passiven Patienten zum aktiven Verbraucher 23
  Change Communications

- Marke gut verpackt?
  Prüfen Sie Ihre Verpackung auf Herz und Verstand 25
  Starcompany Healthcare

- Wer strippt schon gern im Supermarkt?
  Für tabuisierte Produkte ist Verpackungsdesign die Brücke
  zum Konsumenten 30
  Lothar Böhm GmbH

- Kopfläuse – ein Tabuthema goes public 34
  Dorothea Küsters Life Science Communications

Produkte mit Gesundheitscharakter

- Auf Qualität vertrauen
  Mit dem „Swissness-Faktor" erfolgreich im deutschen Biomarkt 38
  Biotta AG

- Vom Gattungsbegriff für Tonika zur
  innovativen Gesundheitsmarke: Doppelherz 41
  Scholz & Friends Hamburg

Direkte Patienteninformation:

Herausforderung für die pharmazeutische Industrie

Patientenempowerment 2007

Waren bisher die Ärzte und Apotheker die Entscheidungsträger für den Einsatz eines bestimmten Medikamentes, nimmt der Druck der Patienten auf die Verschreibungsgewohnheiten zu. Gerade bei chronischen Erkrankungen treten sie nicht mehr als Individualpatient, sondern als Teil gut informierter und organisierter Gemeinschaften auf. Diese national und international agierenden Patienten-Institutionen greifen dabei in immer stärkerem Maße aktiv in den Meinungsbildungsprozess ein. Der Patient verlässt seine passive Rolle, d.h. er ist nicht mehr nur Konsument der verordneten Medikation, sondern er entwickelt sich zunehmend zum medizinischen Informationsspezialisten.

Derzeit beschäftigen sich in den USA mehr als 15.000 Websites mit der medizinischen Versorgung. Bis zum Jahr 2007 ist die Anzahl weltweit auf über 175.000 angewachsen. Alleine in Deutschland sind 2.000 Gesundheitssites abrufbar. Eine US-Studie von Louis Harris and Associates zeigt, dass 60 Millionen Amerikaner das World Wide Web zur Sammlung von Gesundheitsinformationen nutzen. Das sind ca. 70 Prozent der erwachsenen Bevölkerung. Dabei gelangen 90 Prozent der Befragten subjektiv zu einem adäquaten Wissensgewinn. Somit verändert der Patient durch die verbesserte Informationsbeschaffung seinen Informationsstand in einem atemberaubenden Tempo. Zu Beginn des 21. Jahrhunderts begibt er sich auf eine intellektuelle „E-Shopping-Tour", sucht sich via Web oder Call Center aktuelle Daten über innovative Produkte und lässt sich durch unterschiedliche Gesundheitsportale in die Welt der Medizin einweisen. Er unterzieht die Diagnose des Arztes einer elektronischen „Second Opinion" und konfrontiert Arzt und Apotheker mit den Ergebnissen (Harms et al. 2004, Harms und Gänshirt 2005 a/b/c/d, Harms und Gänshirt 2006).

Direkte Patientenansprache in den USA: CRS-Report 2005

Laut CRS-Report (2005) hat die amerikanische Zulassungsbehörde FDA allein im Jahr 2003 38.000 verschiedene Unterlagen zu Werbe- und Informationskampagnen über Arzneimittel begutachtet.

Es zeigten sich folgende Ergebnisse:
– 92 % der Ärzte sagen, dass sie durch pharmazeutische Werbe- und Informationskampagnen nicht dazu gezwungen werden, etwas zu verschreiben, was sie nicht verschreiben möchten.
– 88 % der Patienten, die einen Arzt auf ein bestimmtes Medikament ansprechen, leiden entweder an der Erkrankung, für die das Medikament indiziert ist, oder sind noch nicht diagnostizierte Risikopatienten.
– 82 % der Mediziner sind der Meinung, dass den Patienten bewusst ist, dass nur der Arzt die Befähigung zur Initiierung einer therapeutisch relevanten Option besitzt.
– 72 % der Ärzte vertreten die Ansicht, dass durch pharmazeutische Werbe- und Informationskampagnen bei den Patienten ein besseres Bewusstsein für die Notwendigkeit des Einsatzes der verordneten Medikamente entsteht.

Herstellerinformation und patientenorientiertes Gesundheitswesen

Gesundheit ist weltweit – und besonders in den westlichen Industriegesellschaften – ein wachsender Wirtschaftsmarkt. Dabei wird die Wettbewerbsfähigkeit von Unternehmen der Gesundheitsindustrie in erster Linie durch marktgerechte Innovationen gesichert. Produktinnovationen tragen dabei nicht nur zur Verbesserung der medizinischen Versorgung, sondern auch zur Wertschöpfung und damit zur Existenzsicherung unserer Sozialsysteme bei.

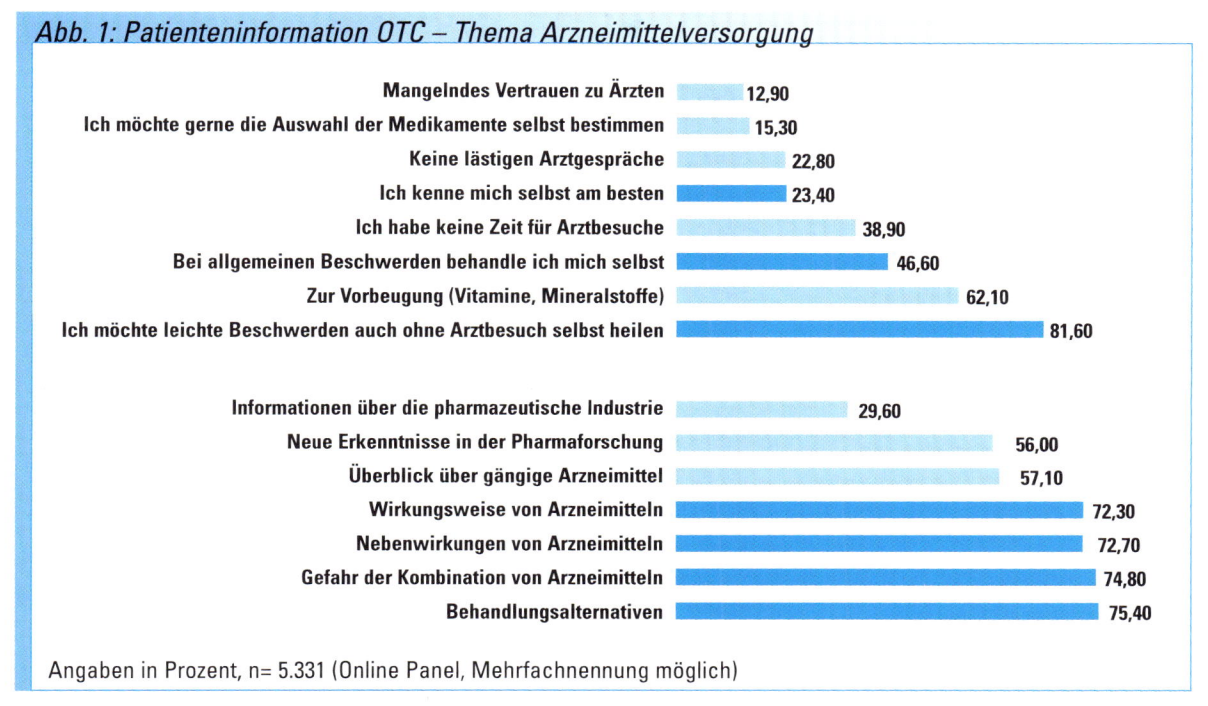

Abb. 1: Patienteninformation OTC – Thema Arzneimittelversorgung

Mangelndes Vertrauen zu Ärzten	12,90
Ich möchte gerne die Auswahl der Medikamente selbst bestimmen	15,30
Keine lästigen Arztgespräche	22,80
Ich kenne mich selbst am besten	23,40
Ich habe keine Zeit für Arztbesuche	38,90
Bei allgemeinen Beschwerden behandle ich mich selbst	46,60
Zur Vorbeugung (Vitamine, Mineralstoffe)	62,10
Ich möchte leichte Beschwerden auch ohne Arztbesuch selbst heilen	81,60
Informationen über die pharmazeutische Industrie	29,60
Neue Erkenntnisse in der Pharmaforschung	56,00
Überblick über gängige Arzneimittel	57,10
Wirkungsweise von Arzneimitteln	72,30
Nebenwirkungen von Arzneimitteln	72,70
Gefahr der Kombination von Arzneimitteln	74,80
Behandlungsalternativen	75,40

Angaben in Prozent, n= 5.331 (Online Panel, Mehrfachnennung möglich)

Quelle: Vitagroup, Health Care Competence Center 2005

Nach einer bevölkerungsrepräsentativen Emnid-Befragung wünschen sich 83 Prozent der Befragten mehr Wissen über Arzneimittel, 76 Prozent über Krankheiten. 71 Prozent sprechen sich für mehr Informationen über Ärzte und ärztliche Schwerpunkte aus. Zu ähnlichen Ergebnissen kommt eine Untersuchung, die im Jahr 2005 in Zusammenarbeit mit der Vitagroup und dem Health Care Competence Center (HC3) publiziert wurde. Innerhalb von 6 Monaten wurden mehr als 5.000 Befragte in ein Befragungspanel eingebracht. Dabei wurde untersucht, welche Fragen die Menschen zum Thema Gesundheit bewegen. Hierbei wurden alle Felder von der Selbstmedikation bis hin zum Kauf von in Deutschland nicht zugelassenen Arzneimitteln beleuchtet. Interessant ist dabei, dass fast 25 Prozent der Befragten die Meinung vertraten, selbst ihr bester Arzt zu sein. 50 Prozent der Teilnehmer sagten, dass, bevor sie einen Arzt oder Apotheker aufsuchen, sie probieren, sich selbst zu therapieren. 80 Prozent gaben an, dass, wenn es sich nicht gerade um eine schwerwiegende Erkrankung wie Herzinfarkt oder Schlaganfall handelt, sie sich in der direkten Verantwortung sehen. Auf die Frage, welche Themenfelder aus dem Bereich der Arzneimittelversorgung von besonderem Interesse seien, antworteten 56 Prozent: Erkenntnisse der Pharmaforschung, 57 Prozent: Anwendung von gängigen Arzneimitteln, 72 Prozent: Wirkung von Arzneimitteln, 73 Prozent: Nebenwirkungen von Arzneimitteln, 75 Prozent: Gefahren der Arzneimittelkombination, und 75 Prozent: alternative Behandlungsmöglichkeiten (Harms et al. 2004, Harms und Gänshirt 2005 a/b/c/d, Harms und Gänshirt 2006) (siehe Abb. 1)

Direct-from-Patient-Information-Studie (DfPI) 2006

Genauso wie in den USA, so wissen wir auch in Europa wenig über das Informationsbedürfnis von chronisch kranken Menschen. Daher hat sich das Health Care Competence Center (HC3) in Zusammenarbeit mit der European Health Care Foundation (EUHCF) entschlossen, die bisher weltweit größte Direct-from-Patient-Information-Studie (DfPI) zu starten. Innerhalb dieses Studienkonzeptes wurden 3.000 chronisch Kranke gegliedert nach 6 Indikationen in eine entsprechende Befragung eingebunden (siehe Abb. 2).

Zur Optimierung der Studie wurden im Vorfeld jeweils 150 insulinpflichtige Diabetes-Typ-II Patienten ausführlich befragt. Bereits diese Ergebnisse ermöglichen grundlegende Einblicke in die Bedürfnisstrukturen dieser Patienten. Von den Befragten sagten 83 Prozent, dass sie regelmäßig über neue Behandlungsformen zum Thema Diabetes informiert werden möchten. Von Interesse ist dabei, dass die Patienten diese Information nicht

Abb. 2: Patienteninformation ethisch

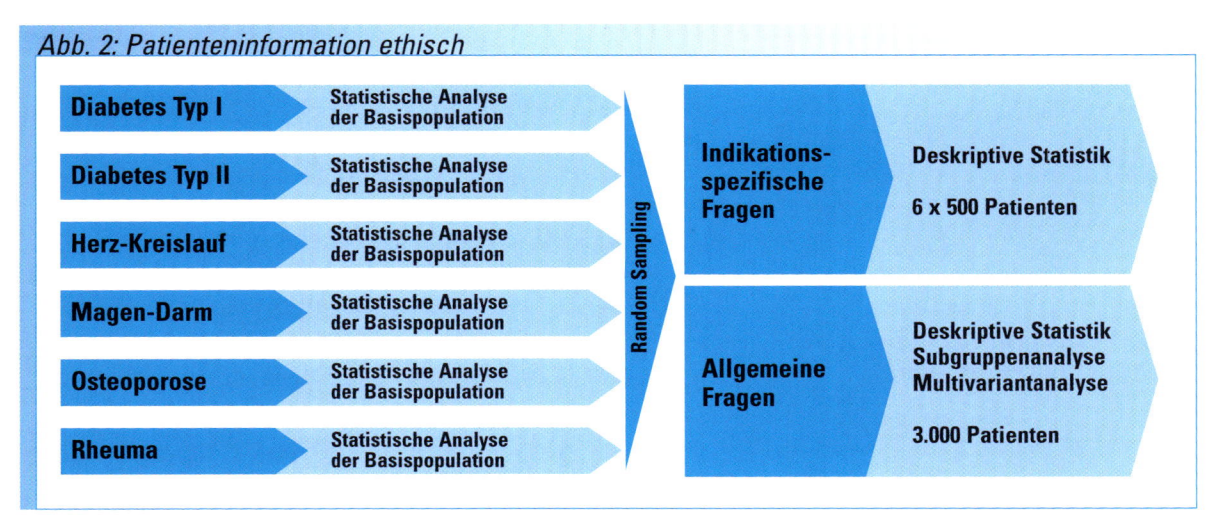

Diabetes Typ I	Statistische Analyse der Basispopulation
Diabetes Typ II	Statistische Analyse der Basispopulation
Herz-Kreislauf	Statistische Analyse der Basispopulation
Magen-Darm	Statistische Analyse der Basispopulation
Osteoporose	Statistische Analyse der Basispopulation
Rheuma	Statistische Analyse der Basispopulation

Random Sampling →

- Indikationsspezifische Fragen → Deskriptive Statistik, 6 x 500 Patienten
- Allgemeine Fragen → Deskriptive Statistik, Subgruppenanalyse, Multivariantanalyse, 3.000 Patienten

Quelle: Harms at al 2006

Abb. 3: Diabetes Typ II: Was will der Patient?

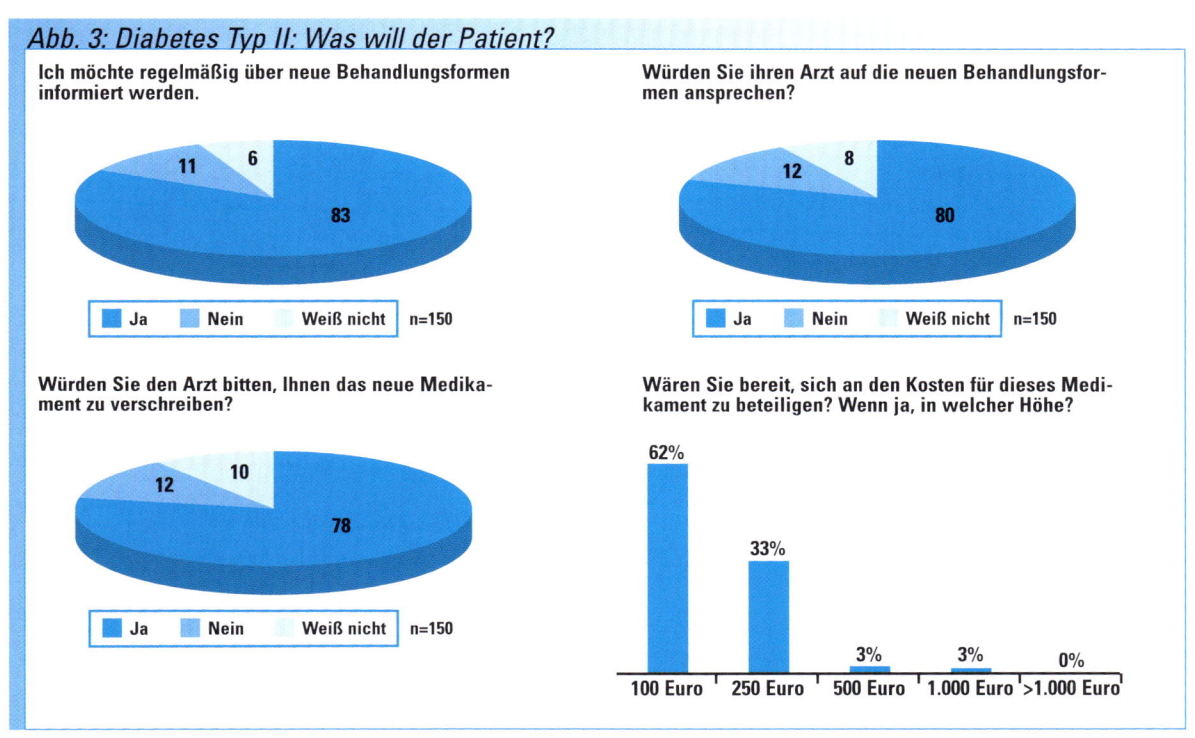

Ich möchte regelmäßig über neue Behandlungsformen informiert werden.
- Ja: 83
- Nein: 11
- Weiß nicht: 6
- n=150

Würden Sie ihren Arzt auf die neuen Behandlungsformen ansprechen?
- Ja: 80
- Nein: 12
- Weiß nicht: 8
- n=150

Würden Sie den Arzt bitten, Ihnen das neue Medikament zu verschreiben?
- Ja: 78
- Nein: 12
- Weiß nicht: 10
- n=150

Wären Sie bereit, sich an den Kosten für dieses Medikament zu beteiligen? Wenn ja, in welcher Höhe?
- 100 Euro: 62%
- 250 Euro: 33%
- 500 Euro: 3%
- 1.000 Euro: 3%
- >1.000 Euro: 0%

Quelle: Harms at al 2006

nur lesen und wegheften, sondern von den Respondenten würden wiederum 80 Prozent ihren Arzt auf diese Informationen ansprechen. Diese Ansprache geht soweit, dass 79 Prozent der Patienten um eine Verschreibung bitten würden, falls sie das Gefühl hätten, dass das entsprechende Medikament eine relevante Option darstellt (siehe Abb. 3).

Diese Ergebnisse wurden durch weitere Indikationen innerhalb der Studie bestätigt. Von den 525 Patienten mit Herz-Kreislau-Beschwerden sagten 83 Prozent, dass sie ein großes Interesse an Informationen zu den Wirkungen und den Nebenwirkungen der Medikamente hätten, die sie täglich konsumieren sollten. Auf die Frage, wie sich diese Informationen auf den Umgang mit der entsprechenden Erkrankung auswirken würden, gaben 70 Prozent der Befragten an, dass für sie medizinische Information aktive Lebenshilfe bedeutet. Die Patienten erklärten, dass, je mehr Daten sie über ihre Erkrankung hätten, sie ihr Leiden um so besser bewältigen könnten. Auf die Frage: „Würden Sie sagen, dass das, was Sie über Ihre Erkrankung wissen, einen Einfluss auf das Gespräch mit Ihrem Arzt hat?", antworten 84 Prozent der Patienten: „Je mehr Informationen ich über meine Erkrankung habe, desto stärker profitiere ich von meinem Arzt-Patient-Gespräch". Von besonderem Interesse sind dabei Informationen über innovative Arzneimittel. Wie wichtig diese Daten für die Patienten sind, wird durch folgende Fragestellung eindeutig belegt. Auf die Frage: „Angenommen, Sie erfahren, dass ein neues Medikament zur Behandlung Ihrer Erkrankung existiert, würden Sie Ihren Arzt darauf ansprechen?", antworteten 95 Prozent mit Ja (Harms et al. 2004, Harms und Gänshirt 2005 a/b/c/d, 2006).

Patienteninformation; Stärkung von Eigenverantwortung und Compliance

Fasst man die Daten der letzten drei Jahre in Bezug auf Informationskampagnen für Arzneimittel zu-sammen, so sehen wir, dass die direkte Ansprache von Seiten der pharmazeutischen Industrie nicht dazu führt, dass die Souveränität der Ärzte eingeschränkt wird. Aktuelle Untersuchungen belegen, dass 90 Prozent des medizinischen Fachpersonals die Auffassung vertreten, dass sie und nicht der Patient entscheiden, welches Medikament verschrieben wird.

Im Gegensatz dazu sind sieben von zehn Ärzten der Meinung, dass durch die direkte Ansprache der Patienten, diese ein besseres Bewusstsein für die Notwendigkeit der regelmäßigen Einnahme des Medikamentes entwickeln. Dabei geht mehr als die Hälfte der befragten Mediziner davon aus, dass chronisch Kranke über die direkte Informationsvermittlung eine aktivere Rolle bei der Krankheitsbewältigung einnehmen. Nicht nur die Ärzte, sondern auch die Patienten äußern sich positiv im Hinblick auf pharmazeutische Informationskampagnen zu verschreibungspflichtigen Arzneimitteln. Immerhin sind bis zu 30 Prozent der Befragten der Meinung, dass diese Konzepte ihnen ein besseres Gefühl im Hinblick auf den Umgang mit den entsprechenden Medikamenten verleihen. Von besonderem Interesses ist dabei, dass mehr als zwei Drittel der chronisch Kranken die Ansicht vertreten, dass diese Konzepte ihnen ein gutes Verständnis für die Notwendigkeit der vom Arzt vorgeschriebenen Form der Einnahme ermöglichen, was sich wiederum positiv auf die Compliance der Patienten auswirkt (Harms und Gänshirt 2006).

Zunehmend wird nicht nur die mögliche Verbesserung der Compliance, sondern der wahrscheinlich auch präventive Charakter der direkten pharmazeutischen Informationsvermittlung von verschiedenen meinungsbildenden Institutionen diskutiert. Immerhin haben unabhängige Untersuchungen gezeigt, dass bis zu 45 Prozent der Patienten, die einen Arzt auf Grund einer entsprechenden Kampagne angesprochen haben, zur Gruppe der Hochrisiko-Patienten gehörten, von denen teilweise bis zu 40 Prozent noch nicht diagnostiziert waren. Somit wurden frühzeitig medizinisch relevante Therapien eingeleitet, was mittelfristig nicht nur den Menschen zugute kommt, sondern langfristig die Folgekosten der Erkrankung reduziert.

Nicht einmal 20 Prozent der Patienten, die einen Arzt auf eine pharmazeutische Informationskampagne ansprechen, benötigen keine medizinische Betreuung. Die in Deutschland erhobenen Untersuchungen zeigen deutlich, dass 60 bis 90 Prozent der Menschen, die auf der Suche nach relevanten Informationen sind, an der entsprechenden Erkrankung leiden. Von diesen Patienten haben wiederum bis zu 80 Prozent bereits einen Arzt kontaktiert, wobei teilweise nicht einmal 30 Prozent die Meinung vertreten, ausreichend informiert zu sein (CRS 2005, Harms und Gänshirt 2006).

Wie Informationsvermittlung über verschreibungspflichtige Arzneimittel auch in Europa implementiert werden könnte, wurde auf dem European Life Science Cycle am 12. September 2006 in Brüssel in Zusammenarbeit mit Vertretern des Europäischen Parlaments, der European Federation of Pharmaceutical Industries and Associations (EFPIA), der European Cancer Patient Coalition und der European Health Care Foundation (EUHCF) diskutiert.

Vor allem von Seiten der Vertreter verschiedener europäischer Patientenorganisationen wurde die Forderung formuliert, dass die Patienten ein Recht darauf hätten zu erfahren, was mit den 45-50 Mrd. US-Dollar, die die Industrie jedes Jahr für die Entwicklung innovativer Arzneimittel investiert, passiert. Es wurde darauf hingewiesen, dass es eine wissenschaftliche und wirtschaftliche Notwendigkeit sei, die chronisch Kranken in die Entwicklung innovativer Arzneimittel einzubinden. Somit könnten deren Erfahrungswerte einen medizinisch wie volkswirtschaftlich sinnvollen Beitrag zur Therapieoptimierung leisten. Von Interesse ist dabei, dass ein nicht unerheblicher Teil der Patienten die

Meinung vertrat, dass – unabhängig vom hohen Bedarf nach relevanten Informationen zu innovativen Aspekten der Arzneimitteltherapie – über eine verbesserte Informationsvermittlung die Eigenverantwortung der Patienten steigt und sich somit die Compliance verbessert, was langfristig die limitierten Ressourcen der europäischen Gesundheitssysteme schont.

In den sich anschließenden Diskussionen wurde mehrfach die Ansicht geäußert, dass die Patienten nur dann das tun können, was Ärzte, Apotheker und zunehmend die Gesundheitspolitik von ihnen fordern, wenn sie wissen, was sie tun sollen. Somit könnte die verbesserte Informationsvermittlung zu innovativen Arzneimitteln die Entwicklung des Gesundheitssystems positiv beeinflussen, denn das teuerste Medikament ist jenes Medikament, welches nicht oder nicht richtig eingenommen wird. Immerhin belaufen sich die geschätzten Folgekosten der Medikamenten-Non-Compliance in den Ländern der EU auf ca. 70 Mrd. Euro pro Jahr .

Nach Aussage verschiedener Experten wäre es möglich, dass sich durch relevante Informationen – bzw. den Verzicht auf banalisierende Werbung – der allgemeine Informationsstand der chronisch Kranken verbessert, die Compliance zur Einnahme der Arzneimittel sich erhöht und dieses zu Einsparungen in allen Bereichen der medizinischen Versorgung führt. Oder anders formuliert: Direkte Informationen über verschreibungspflichtige Arzneimittel fördern die Transparenz in der Arzneimitteltherapie, dieses stärkt die Mündigkeit des Patienten, verringert gleichzeitig die Über- oder Unterversorgung, was wiederum die Effizienz unseres Gesundheitssystems auf Basis einer wettbewerblich orientierten Gesundheitsversorgung realisieren würde.

Literatur
1. CRS Report for Congress (2005) Direct-to-Consumer Advertisement of Prescription Drugs, Congressional Research Service, Order Code RL 32853.
2. Harms F, Gänshirt D, Mayer LA. (2004) The Future of Pharma R&D; Challenges and Trends, In: Pacl H, Festel G, Wess G (eds) Perspectives for Innovation Marketing and their Impact on R&D:10-24.
3. Harms F, Gänshirt D. (eds.) (2005 a) Gesundheitsmarketing – Patientenempowerment als Kernkompetenz, Lucius&Lucius Verlag Stuttgart, Kap. 10:196-210.
4. Harms F, Gänshirt D (eds.) (2005b) Gesundheitsmarketing – Patientenempowerment als Kernkompetenz, Lucius&Lucius Verlag Stuttgart.
5. Harms F, Gänshirt D (2005c) Implementation of Direct-to-Patient (DtP) in Europe, 8th European Health Forum Gastein, Global Health Challenges in Press.
6. Harms F, Schmittgall F, Lonsert M, Gänshirt D. (2005d) Direct from Consumer, PMJ, 3: 77-82.
7. Harms F, Gänshirt D, Lonsert M. (2005b) Zukunftsperspektiven für pharmazeutisches Marketing, pharmind, 8:865-870.
8. Harms F, Gänshirt D (2006) Direkte Patientenkommunikation als Herausforderung für die Pharmaindustrie, pharmind, 6: 673-677.

Ass. Prof. Dr. Dr. Fred Harms MD PhD

ist seit 2004 Leiter des Health Care Competence Center, Zürich und seit 2005 Präsident der European Health Care Foundation. Der Biochemiker und Mediziner forscht und lehrt an verschiedenen deutschen Universitäten, derzeit zum Thema Gesundheitsmarketing an der Universität Hamburg und als Gastprofessor an der University of Miami. Professor Harms hat insgesamt 220 Publikationen, Buchbeiträge und Vorträge veröffentlicht und ist Mitglied in verschiedenen wissenschaftlichen Gremien. Seine Arbeitsschwerpunkte sind Innovationsmanagement in der Medizin, direkte Patientenkommunikation und Compliance-Management.

✉ *f.harms@hc3.ch*

Weitere Autoren: Denny Mahl, Ariana Ebrahim

Vom passiven Patienten zum aktiven Verbraucher

Oder: Das brutale Ende der „German Vollkasko Mentality" und ihre Auswirkungen

Gute Dinge, große Wahrheiten kommen immer wieder zurück. So auch Hans Domitzlaff, der deutsche Vater der Markenlehre. Marken – so seine These – sind dazu da, öffentliches Vertrauen herzustellen; oder umgekehrt, öffentlicher Verunsicherung entgegenzuwirken!

Eines steht fest: Die öffentliche Verunsicherung in Bezug auf das Gesundheitswesen hat den höchstmöglichen Wert erreicht. Aktuelle Studien belegen, der Deutschen unsicherstes Thema ist die Gesundheit. Deutlich vor Altersversorgung und Arbeitsplatz!

Ein Rückblick:

Alles, was seit mehr als einem Jahrzehnt unter der Rubrik „Reform(en) des Gesundheitswesens" initiiert, debattiert, bestritten, zurückgenommen und dann doch in irgendeiner Form legalisiert wurde, war nicht gerade angelegt, öffentliches Vertrauen zu erwecken. Im Gegenteil. Im Zuge dieser „Endlosverunsicherungsundvernebelungsdebatten" haben sich langsam, zunächst unwirklich, aber dennoch unaufhaltsam, die Rollen der Akteure im Gesundheitsmarkt verschoben.

Ein Rollenspiel:

Der von allen angesprochene und begehrte Patient beginnt, gezwungenermaßen, eine andere Rolle einzunehmen. Er entwickelt sich vom weitgehend fremdbestimmten Verordnungs- und Rezeptempfänger zum aktiven Verbraucher im Gesundheitsmarkt!

Nur zu einem Teil ist dies eine unmittelbare Auswirkung aus den Kostendämpfungsgesetzen, Streich- und sonstigen Listen. Zum anderen Teil ist diese Entwicklung bedingt durch reale Erlebnisse in Praxen, Apotheken und Kliniken, die den Patienten zwingen, die Entscheidung und die Wahl über Präparat, Anbieter und Alternative selbst zu übernehmen.

Genau hier spielt ein wesentlicher Faktor aus der Markenkommunikation eine Rolle: Der Consumer Insight.

Aus der Konsequenz der Erkenntnis und des real Erlebten und zudem getrieben durch den Geldbeutel und ein immer stärker werdendes öffentliches (Unsicherheits-)Bewusstsein entwickelt sich auch der Patient zum normalen Verbraucher und handelt entsprechend:

Er beginnt sich aktiv zu informieren. Das Internet bietet ihm die perfekte Möglichkeit, und die nutzt er offensichtlich zunehmend aktiv. Ein Indikator hierfür sind zum Beispiel die bei Google für einen bestimmten Wirkstoff oder ein Präparat gemeldeten Seiten. Meist viele Tausend.

Er beginnt in Frage zu stellen und zu vergleichen. Ärzte und Apotheker berichten immer häufiger, dass sie von ihren Patienten als „Zweit- und Drittgutachter" zu Rate gezogen werden. Insbesondere Verschreibungen oder Empfehlungen anderer Kollegen sollen überprüft und kommentiert werden.

Er entwickelt und realisiert selbstgesteuerte Handlungsoptionen. Ärzte und Apotheker sowie Krankenhäuser stellen eine immer aktivere Haltung der Patienten fest. Diagnosen werden nicht mehr hingenommen, sondern hinterfragt. Ggf. werden auch aktiv alternative Handlungsoptionen vorgeschlagen und teilweise auch nachhaltig durchgesetzt. 14 Tage Reha statt 6 Wochen Stützverband. Kur statt neuer Medikation etc.

Erkenntnis:

Die passive Patientenrolle stirbt aus. Der moderne Patient wird zum Verbraucher. Unaufhaltsam.

Zurück zu Domitzlaff. Und zu Lösungen.
Es gilt zu handeln! Nicht nur, weil die Anbieter auf Seiten der Pharmaindustrie selbst von Maßnahmen der (ungesunden) Reformen unmittelbar be-

troffen sind, sondern vor allem weil gleichzeitig die drei wichtigsten „Transmissions-Riemen" Arzt, Apotheker, Klinik gegenüber dem Patienten/Verbraucher auf immer unsichererem Boden stehen.

Hersteller, Marke, Präparat, ja die Pharma- und Gesundheitsindustrie können in die sich öffnende Lücke springen (sie müssen nicht, aber es wäre deutlich verordnungswürdig!). Domitzlaff würde sagen: Sie sind es, die als einzige die (Marken-) Macht aufbauen können, um der Öffentlichkeit Vertrauen zu geben, um dafür mit aktiver (Kauf-) Kraft belohnt zu werden!

Doch dies bedeutet konsequent zu sein, konsequent den Wandel vom passiven Patienten zum zunehmend aktiven Verbraucher zu antizipieren. Konsequenter zu werden in professioneller und langfristig angelegter Markenführung. Sich zu verabschieden von indikationsgetriebenem Silodenken und der Negierung von tatsächlichen – wenn auch primär politisch und ordnungspolitisch beeinflussten – Denkweisen.

Konkrete Therapiemöglichkeiten à la Domitzlaff:

– Ja, sie brauchen jemanden mit Verständnis für Präparat, Indikation und mit pharmazeutischem Background.

– Nein, nur silohaftes Spezialdenken und Knowhow ist nicht mehr ausreichend und zunehmend eher kontraproduktiv.

– Ja, es gibt viele Regeln, Rahmenbedingungen und Gesetzmäßigkeiten in der Pharma- und Healthcare-Branche.

– Nein, wer sich nicht mit Domitzlaff und der Rolle als Faktor zur öffentlichen Ver(un)sicherung identifizieren kann, sollte sich bald ein neues Betätigungsfeld suchen.

– Ja, derjenige wird bald, sehr schnell sogar messbar gewinnen, der den massiven und unaufhaltsamen Change vom passiven Patienten zum aktiven (wenn auch notgedrungenen) Patienten hin zum aktiven Verbraucher, professionell nutzt.

– Nein, es reicht nicht, weiterhin die gleichen Prozesse, Gesprächsleitfäden, Informationsaufbereitungen und -kanäle und Kommunikations-Silos nur anders, moderner und vermeintlich kreativer zu gestalten.

– Ja, es braucht den Mut zu einem wirklichen Change:
 – von der Indikation zur glaubwürdigen Marke,
 – von der Verschreibung zum Vertrauen,
 – vom Fach-Know-how zur Consumer(Insight)-Betrachtung,
 – von der Unsicherheit zur Sicherheit.

– Und ja, bedienen Sie sich der Markenmacher und Berater, die trotz fortgeschrittener Zeit und ungeahnter kommunikativer Entwicklungen in den letzten Jahrzehnten dennoch wissen, wer Domitzlaff war und welche Bedeutung seine Lehren heute mehr denn je für den Pharma- und Healthcarearkt besitzen.

Klaus Flettner (45)

startete 1984 seine Karriere bei der Nixdorf Computer AG. Dort war er zum Schluss als Vertriebsleiter Deutschland tätig. Ende 1989 gründete er seine erste eigene Agentur: KFP-Marketingkommunikation mit Sitz in Kronberg. 1993 gründete er eine weitere Agentur mit dem Namen Bühler, Flettner und Partner, die später von DDB Worldwide übernommen wurde. Im Anschluss war Klaus Flettner CEO bei DDB Deutschland. Seit 1998 ist er Partner und Geschäftsführer bei Change Communication GmbH in Frankfurt. Im Rahmen der Integration von Change Communication GmbH in die Lowe Gruppe, wurde Klaus Flettner im Jahr 2001 zusätzlich Chief Executive Officer der Lowe Communication Group Deutschland. Anfang 2007 erfolgte ein Management Buy-out von Change Communication GmbH.

✉ k.flettner@change.de

Marke gut verpackt?

Prüfen Sie ihre Verpackung auf Herz und Verstand!

Wir meinen: Eine Produktmarke sollte die Unternehmensmarke stärken und umgekehrt! Aber wie schafft man eine effektive Verknüpfung von Produktmarke und Unternehmensmarke? Dies soll am Beispiel der Produktverpackung gezeigt werden.

Medizin kaufen ist hoch emotional

Forschungen zufolge gibt es keine rein rationale Kaufentscheidung. Hans Georg Hänsel beweist in seinem Buch ‚Warum Kunden kaufen!', dass immer der emotionale Gehirnbereich das Zünglein an der Waage ist. Doch auch dieser lässt sich programmieren.

Eine Marke im Kopf wird positiv aufgeladen, indem positiv besetzte Emotionsfelder geschaffen und miteinander vernetzt werden. Mit jeder Netzwerksynapse steigt der Wert der Marke. Ist das Netz im Kopf des Kunden stabil verlinkt, reichen wenige Signale zu einem Teil des Netzwerks, um die gesamte Markenwelt zu aktivieren.

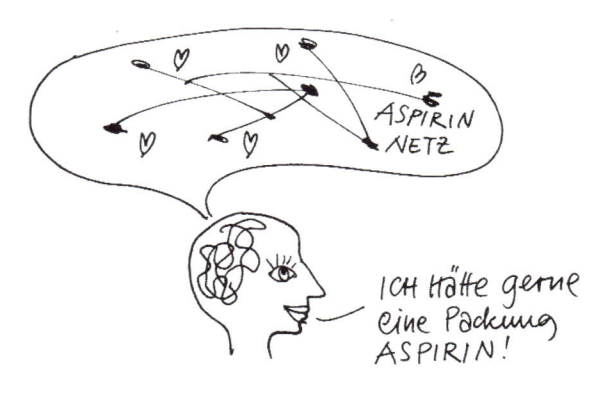

Aspirin: Erfolgreiches Netzwerk in den Köpfen der Kunden. Beim Gedanken an Aspirin springt sofort eine Reihe von Assoziationen an – testen Sie sich selbst!

Einer der emotionalen Netzknoten sollte immer die Herkunft des Produktes sein, also das Pharmaunternehmen selbst. In unserm Beispiel wird die Marke Bayer durch Aspirin aufgeladen und umgekehrt.

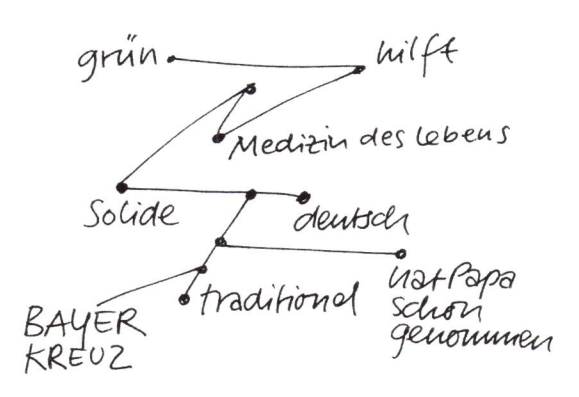

Positiv besetzte Emotionsfelder zu Aspirin®

Produkt- oder Unternehmensmarke?

Einige Pharmaunternehmen setzen bewusst auf die Unternehmensmarke, so wie die Generika-Hersteller Ratiopharm und Sandoz. Dies zeigt sich auch an der Produktverpackung.

So verordnet Ratiopharm seinem gesamten Produktsortiment eine eindeutige Packungsgestaltung, das Firmenlogo (Name mit orangefarbenem Doppelstreifen) rechts unten und dem Produktnamen eingebettet in zwei farbige Doppelstreifen, der Indikationsfarbe. Auch bei Sandoz folgen die Packungen einem System, mit einem farbigen Triangel rechts, in dem ein fettes farbiges „S" eingebettet ist. Die Farben geben Hinweise auf den Wirkstoff und die Wirkstärke und machen so die einzelnen Produkte voneinander unterscheidbar.

Beide Packungskonzepte tragen als Absender eindeutig das Unternehmen, lassen aber gleichzeitig genügend Raum für individuelle Gestaltung zur Identifizierung der Produktmarke.

Waisenkinder oder Einzelkämpfer

Bei den meisten Pharmaunternehmen ist jedoch das Produkt der Hero. Das Unternehmen selber wird in der Wahrnehmung in den Hintergrund gedrängt. Dies zeigt sich auch in der Produktgestaltung. Diese unterscheidet sich in Typografie, Farben, Gestaltungsrastern und Bildern so deutlich voneinander, dass der Absender erst auf den zweiten Blick, anhand seines (häufig sehr klein gedruckten) Herstellerlogos, erkennbar wird.

Da investiert ein Unternehmen jahrelang -zig Millionen Euro in die Entwicklung eines hochwertigen Produktes, dann schickt es sein „Kind" in die große weite Welt und vergisst ihm seinen Nachnamen mitzugeben. Das verwaiste Kind strandet und findet nicht nach Hause. Aber muss dies so sein? Ist es nicht ökonomischer, einen eindeutigen Bezug zum Absender herzustellen?

Energiespeicher Marke

Wir meinen: Die Leistung des Unternehmens und damit sein Name sollte für die Kundschaft erkennbar sein. Als Bild kann man sich eine Batterie vorstellen: Die Power einer Produktmarke lädt sich mit der Zeit auf. Eine der Energiequellen ist direkt das Unternehmen, das bereits eine große Energieportion in Form von hochwertiger Forschung und Entwicklung in ihr Produkt gesteckt hat. Die gewonnene Kundschaft gibt ebenfalls der Produktmarke Power als Transferleistung zurück. Ein Kreislauf entsteht – die Marke beginnt die Unternehmensmarke aufzuladen und umgekehrt.

Energie-Aura der Marke

So etabliert sich eine Energie-Aura um das Produkt, der Kern der Marke wird spürbar. Aufgabe des Unternehmens ist es, diese Aura und damit die Persönlichkeit der Marke kontrolliert und gezielt zu lenken. Kostspielige Fehlentwicklungen wären jetzt fatal. Und oft wird an dieser Stelle von den Unternehmen unbedacht gehandelt.

„So wie ich mich darstelle, so werde ich gesehen."

Jetzt wird die Markenpower sichtbar gemacht. Ein visueller Auftritt als Ausdruck des Markenkerns wird entwickelt. Die Power bekommt eine visuelle Sprache. Ein gutes Corporate Design schafft nachhaltige Wiedererkennbarkeit der Produktmarke und seines Unternehmens. Die Markenpower bekommt positive Speicherplätze im Markt, beim Apotheker, beim Arzt und beim Patienten.

Die Kommunikation der strategischen Ausrichtung auf dem Markt wird durch gutes Corporate Design visuell gefestigt und etabliert.

Basiselemente des Corporate Design – visuelle Konstanten

Welche visuellen Elemente definieren ein Corporate Design?

Logo
Das Logo ist bestimmt für jeden das wichtigste Identitätsmerkmal eines Unternehmens. Wie das Wappen auf dem Schild der Ritter im Mittelalter soll es alles geben – Kraft, Schutz und Macht. Nur reicht das heute bei weitem nicht mehr aus, um sich innerhalb eines Wettbewerbsumfeldes, in dem Angebote nur schwer differenzierbar sind, behaupten zu können. Weitere visuelle Konstanten sind notwendig für die stabile Marken- und Unternehmensidentität.

Corporate Schrift
Bei der Corporate Schrift und dem Umgang mit Schrift, der Typographie, werden schon viele nachlässig. Dabei ist Schrift bei konsequentem Einsatz ein echtes Wiedererkennungsmerkmal. Gute Beispiele sind die typografische Beständigkeit bei Mercedes oder Nivea. Die Corporate Schrift muss gerade im Pharmabereich einem breiten Anforderungsprofil standhalten. Einerseits sollte sie groß und plakativ am POS funktionieren, gleichzeitig winzig klein auf dem Beipackzettel lesbar bleiben und dabei immer Identität stiften.

Corporate Farben
Die Definition einer Farbpalette und die feine Abstimmung der Gewichtung der Farben ist der Schlüssel zum differenzierten visuellen Auftritt. Eine Farbe alleine reicht oft nicht aus. Durch subtil aufeinander abgestimmte Sekundärfarben werden die Gestaltungsmöglichkeiten ergänzt.

Gestaltungsprinzip
Die Art, wie Flächen aufgeteilt werden, wie beispielsweise mit Linien und anderen grafischen Formen umgegangen wird, sollte nicht dem Zufall überlassen werden. Durchgängigkeit bei der Anordnung von Logo, Text, Symbolen, Farbflächen etc. sollte insbesondere auf Packungen einem klaren System, einem Gestaltungsraster folgen.

Systemdesign statt Dekoration

Gutes Design hat System und ist nicht nur reine Dekoration. Ein gutes Corporate Design ist ein Systembaukasten. Seine Elemente sind die Basis des visuellen Auftritts, also Basis jeder Gestaltung über alle Medien hinweg. Logo, Schrift, Farben und Gestaltungsraster sind auf einander abgestimmt. Zusammen ermöglichen sie eine vielfältige und dabei dennoch konsistente visuelle Welt. Sind diese Rahmenbedingungen erst einmal gesetzt, so ist die Umsetzung schnell und damit kostengünstig.

Hätten Sie´s gedacht?

Aktren, Lefax, Aspirin. Alle drei von Bayer. Selbst der Apotheker war bei unserer Umfrage kurz unsicher. Wie kommt's? Da ist doch überall das Bayer-Kreuz drauf.

Es liegt an der fehlenden Konsequenz, wie die Unternehmensmarke eingesetzt wird. Mal steht „Bayer" negativ weiß auf farbigem Hintergrund, mal schwarz auf weißem Hintergrund. Die Abstände zum Rand der Packung sind unterschiedlich. Hier mangelt es an einer klar definierten Herstellermarken-Area: Bayer sollte nicht dort platziert werden, wo es gerade passt, sondern einen immer wiederkehrenden Bereich auf der Verpackung zugeteilt

Testen Sie Ihr Markenbewusstsein. In unserem kleinen Quiz erkennen Sie gute bekannte Produktmarken – doch fällt Ihnen auf Anhieb die jeweilige Unternehmensmarke ein?

bekommen. Oft sind weitere markante Gestaltungselemente notwendig, um eine Herstelleridentität beim Kunden visuell einzuprägen: Ein innewohnendes System zur Flächenaufteilung und ein abgeleitetes Gestaltungsraster würden die Herstelleridentität enorm stützen. Dazu kommt ein typografisches Raster, in dem für alle Produkte Parameter zum Einsatz von Schriften festgelegt werden. Vom Produktnamen bis zum Kleingedruckten folgt alles einem geheimen Code, der sofort spürbar wird. Produktidentitäten beginnen so enorm auf die Unternehmensidentität einzuzahlen.

Prof. Dorothee Weinlich

Prof. Dorothee Weinlich kann auf dreizehn Jahre Erfahrung im Bereich Corporate Design und Branding zurückblicken. Nach dem Abschluss als Diplom-Designerin in Mainz folgte ein zweijähriges Masterstudium in Boston/USA, wo sie mit dem MFA in Design abschloss. Eine prägende Station ihrer Laufbahn war die fünfjährige Tätigkeit als Projektverantwortliche im Bereich strategische Markenpositionierung und -führung bei der CI-Agentur MetaDesign Berlin. Seit 2005 lehrt Dorothee Weinlich interdisziplinäre Design-Grundlagen an der Fachhochschule Hannover. Neben ihrer Lehrtätigkeit arbeitet sie als Marken- und Corporate-Design-Beraterin bei der Pharmaagentur starcompany healthcare in Berlin und gründete kürzlich zusammen mit Dr. Joachim Ducke die Markenakademie Berlin.

✉ d.weinlich@markenakademie-berlin.de

Dr. Joachim Ducke

war nach seinem naturwissenschaftlichen Studium in Frankfurt zwölf Jahre im Vertrieb und Marketing verschiedener Pharmaunternehmen tätig, wie Dr. R. Pfleger GmbH und Altana Pharma. Bei CT Arzneimittel, Berlin leitete Dr. Ducke vier Jahre die Marketingabteilung und war unter anderem verantwortlich für die Entwicklung und Führung der Marken CT und Tussamag. Gemeinsam mit der seit 1990 erfolgreichen Marken-Kommunikationsagentur starcompany* (Kunden z.B. AOL Deutschland, BMW Group, Coca Cola Erfrischungsgetränke, HERTHA BSC, ZDF Haupstadtstudio) wurde 2005 die auf Pharma und Healthcare spezialisierte Full-Service-Agentur starcompany healthcare+ in Berlin ins Leben gerufen.

✉ j.ducke@sc-healthcare.de

Wer strippt schon gern im Supermarkt?

Für tabuisierte Produkte ist Verpackungsdesign die Brücke zum Konsumenten

Konsum ist Lust und Lebensfreude? Der Kunde erwartet Erlebniswelten und Genuss? Gängige Marketingkonzepte klingen in den Ohren von leidgeplagten Verbrauchern und Herstellern wie blanker Hohn. Wenn es um peinliche Bedürfnisse und tabuisierte Produkte geht, werden Verkäufer schnell unsicher und Kunden scheu wie das Reh.

Ich spreche nicht von Latex-Dessous oder der Grundausstattung für den Swingerclub. Dafür gibt es Spezial-Shops, wo man unter sich ist und alles andere als gehemmt. Ich spreche von Schweißfüßen, Hämorrhoiden, Fußpilz, Inkontinenz, 3. Zähnen, Menstruation und Haarausfall. Von Verbrauchern wie du und ich und Produkten wie Motten-Ex, Kondomen und Stützstrümpfen.

Tabu ist nicht gleich Tabu

Erste und wichtigste Regel beim Umgang mit Tabu-Themen ist die Analyse und ggf. Erkenntnis, dass man es mit solchen zu tun hat. Dies liegt nicht immer auf der Hand, denn man darf nicht ohne weiteres von sich auf andere schließen.

Es gibt zwar in jeder Zivilisation eine Art kollektives Peinlichkeitsempfinden, das ziemlich genau regelt, worüber man noch spricht und worüber eben nicht mehr, aber der gesellschaftliche Konsum-Code variiert nach Geschlecht, Alter und Herkunft. So sind z.B. Haartönungen und Schuheinlagen auf der Peinlichkeitsskala von Männern ziemlich weit oben. Der Kauf dieser Produkte nagt am männlichen Selbstbewusstsein und entspricht unterbewusst dem Eingeständnis von mangelnder Potenz. Diese Produktkategorien sind dagegen für Frauen weitgehend unproblematisch. Das Färben der Haare und Tragen von Schuheinlagen sind Bestandteile eines gepflegten Äußeren und werden ebenso offen in den Einkaufskorb gelegt wie Enthaarungscremes, Mundwasser und Zahnaufhellungsprodukte.

Der Kauf von Anti-Kopflaus-Präparaten wird jedoch für jede Mutter zur Tortur, obwohl heute jeder wissen sollte, dass Kopfläuse nicht mit mangelnder Hygiene oder Kindesvernachlässigung zu tun haben.

Interessant an diesem Beispiel ist, dass selbst breit angelegte TV-Kampagnen nichts am Stigma ändern und auch nicht die Tatsache, dass Kopflausbefall nach Schnupfen die häufigste Kindererkrankung ist.

Merke: Basiert ein Tabu auf einem archaischen Muster wie Ekel, ist es sehr, sehr schwer, die Barrieren abzubauen.

Natürlich spielt auch der Zeitgeist eine große Rolle. Was vor 20 Jahren noch äußerst peinlich war, treibt heute niemandem mehr die Röte ins Gesicht. Die Generation meiner Mutter kaufte ihre Binden noch verschämt unter vorgehaltener Hand und bekam sie von der Drogistin unaufgefordert in neutralem Seidenpapier eingeschlagen überreicht. Es ist allem voran ein Verdienst der Marke o.b., dass sich die Frauen heute (zumindest in Europa) vom Stigma der Menstruation befreit haben und nun völlig unbeschwert Tampons und Slipeinlagen für String-Tangas an der Kasse präsentieren. Aber auch hier ist die Grenze zum Tabu irgendwann erreicht. Spätestens wenn neben den 20 ml Blut auch ein paar Tropen Urin aufzufangen sind, ist es mit der Offenherzigkeit vorbei. Obwohl sich Hersteller und Händler bemühen, die Thematik der Blasenschwäche in die Normalität zu führen, ist dies noch ein langer Weg. Hygiene-Einlagen für Inkontinenz sind ein Milliarden-Markt und auch entgegen der landläufigen Meinung kein Seniorenthema, denn betroffen ist immerhin jede vierte Frau und jeder zehnte Mann ab 30 Jahren. Aber nur die wenigsten Betroffenen benutzen ein geeignetes Hygiene-Produkt, allein aus Scham vor dem Coming-out des Kaufaktes.

Der Weltmarktführer für Inkontinenzhygiene hat sein Sortiment um Einstiegsprodukte erweitert, um die Tabu-Barriere zu senken.

Die Stillprodukte von Belly Button treffen mit ihrer emotionalen Ansprache den richtigen Ton, um Mütter unverkrampft mit dem Thema zu konfrontieren.

Grauzonen-Marketing

Der Übergang von „noch normal" zu „tabu" ist auch je nach Intensität des Problems fein graduiert. Mit dieser Grauzone haben speziell große Sortimente zu tun, die sowohl Problemlösungen für leichte Dysfunktionen bis hin zu einem intensiven Handicap anbieten.

Strumpfhosen mit „Control & Shape"-Funktion gegen müde Beine und kleine Besenreiser sind absolut ok. Medizinische Stützstrümpfe gegen Krampfadern haben dagegen immer noch den Charme von Omas Liebestötern, obwohl sie sich tatsächlich an eine sehr große, junge und modebewusste Zielgruppe wenden, nämlich die der stehenden Berufe, also zum Beispiel Verkäuferinnen und Mitarbeiterinnen der Gastronomie.

Den meisten etablierten Herstellern fällt es schwer, diese Randgebiete unter Marketingaspekten mit dem notwendigen Engagement und Know-how strategisch richtig aufzustellen. Die Platzhirsche sind oft seit Jahrzehnten und Generationen darauf trainiert, die Produkt-Technologie weiterzuentwickeln und Lösungen für die schwerste Indikation zu bieten. Darüber baut sich ihre ganze Kompetenz auf, und man ist letztlich im Markenimage für die „harten Fälle" gefangen. Das plötzliche Erwachen kommt häufig erst, wenn Konkurrenten aus dem Fast-Moving-Consumer-Good-Bereich mit ausgeklügeltem Marketing, attraktivem Packungsdesign und innovativem Produktdesign auftauchen. Die Schlacht beginnt dann in den überlappenden Grauzonen wie jetzt gerade zwischen SCA und der Marke Tena, Weltmarktführer für Inkontinenzprodukte, und Procter & Gamble mit Alldays/Allways, dem Weltmarktführer für Damenhygiene.

Die Verbreiterung des Sortiments ist ein probates Mittel, um Produkte aus dem gesellschaftlichen Abseits zu holen. Nach dem Motto: Wenn ich nicht über die „heavy version" sprechen kann, bringe ich ein Einstiegsprodukt oder ergänze meine Range um Produkte aus weniger problematischen Randgebieten.

Ein gutes Beispiel für diese pietätvolle Sortimentspolitik ist das Fußpflegesortiment von Scholl, das eben längst nicht mehr nur Hühneraugenpflaster und Fußpilzspray umfasst, sondern neben Pflege- und Entspannungsprodukten auch eine stylish gestaltete „Party-Linie", die Produkte wie Fersenpolster und Halbsohlen als Highheel-Accessoires für lange Nächte anpreist.

Die Strategie: Pull statt Push

Speziell für internationale Marken ist es wichtig, gesellschaftliche Normen zu berücksichtigen und entsprechend individuell zu agieren. Denn was tabu ist, entscheidet nicht zuletzt die Gepflogenheit des Kulturkreises. Während z.B. in Deutschland das Thema Ehescheidung und Unterhaltszahlung ein gängiges Partythema ist, würde man damit in Amerika jeden Small Talk zum Erliegen bringen. Ebenso hartnäckig hält sich im Land der unbegrenzten Möglichkeiten die Ablehnung und Tabuisierung des Stillens von Babys in der Öffentlichkeit. 80 Prozent der Amerikaner verurteilen dieses bis heute als anstößig – mit verheerenden Folgen: Weit weniger als 50 Prozent der Mütter entscheiden sich für das Stillen.

Dahingegen ist es in den USA kein Problem, Kürbiskern-Produkte gegen Prostata-Leiden marktschreierisch im Supermarkt anzupreisen, wärend es in

Die Verpackungen von Billy Boy zeigen, wie man mit der richtigen Mischung aus Inhaltsbeschreibung und Humor eine Marke aus der Tabuzone holt.

unseren Breiten kaum einer wagt, den Apotheker zu fragen. In Deutschland tobt eine Diskussion in der Politik, ob Kondomautomaten auf Schulhöfen aufgestellt werden sollen, während in den katholischen Ländern Asiens (z.B. auf den Philippinen) der öffentliche Verkauf undenkbar ist.

Hierzulande ist auch die Akzeptanz des Stillens in der Öffentlichkeit größer als im prüden Amerika. Für immerhin 50 Prozent der Bevölkerung und der Mütter ist es völlig normal.

Manchmal versucht der Staat nachzuhelfen, ein Tabu abzubauen. In Deutschland ist es z.B. der Nahrungsmittelindustrie nur erlaubt, Muttermilch-Ersatzprodukte zu bewerben, wenn darin eindeutig erwähnt wird, dass Stillen die beste und natürlichste Art der Säuglingsernährung ist.

Viel mehr als Werberestriktionen bringen aber mutige Marketingkonzepte wie z.B. das von Belly Button: eine junge Hamburger Firma, die den Müttern die Unverkrampftheit und das Selbstbewusstsein an die Hand gibt, sich mit Brustwarzen-Gelen und Stilleinlagen zu beschäftigen. Und es sind Marken wie H&M, die aktuell mit einer sexy Still-BH-Kollektion Vorurteile schneller abbauen, als es Alete & Co recht sein wird. Manchmal geht es erstaunlich schnell, gesellschaftliche Konventionen zu lockern. Immerhin ist es erst 10 Jahre her, dass es nur ein Still-BH-Einheitsmodell gab, und das hatte den Erotikfaktor von Melitta-Filtertüten. Wo die peinliche Scham beginnt, ist letztlich auch typbedingt. Manchem ist es schon unangenehm, alkoholfreies Bier zu kaufen oder mit Klopapierrollen über die Straße zu laufen. Die marktforscherisch erhobene Liste der peinlichsten Themen reicht von Insolvenz bis Impotenz. Einig sind sich alle Nationen und Altersgruppen darüber, dass Letzteres die Spitzenposition unbestritten hält – und daran hat auch Viagra noch nichts geändert.

Was also tun, wenn die Mafo mit der Zielgruppe verstummt? Wenn lieber irgendein Behelf gekauft wird, anstatt einen Verkäufer um Beratung zu fragen? Oder geklaut wird, nur um der peinlichen Situation an der Kasse zu entgehen?

Verpackungsdesign für tabuisierte Produkte ist eine ständige Gratwanderung zwischen Rücksicht auf Befindlichkeiten und Ermutigung zur Normalität. Ein Drahtseilakt zwischen gewünschter Information und unerwünschter Direktheit.

Für die Vermittlung der nötigen Informationen gibt es einfache Regeln: Wenige, kurze Texte, große Typo, verständliche Bilder und Symbole, deskriptive Namen, eine didaktische Sortimentsstruktur, ausführliche Erläuterungen auf Rückseite und Beipackzettel, Cross-Referenzen und Hinweise auf die Internetseite. Denn eines ist sicher: Jedes tabuisierte Produkt ist gleichzeitig ein High-Interest Produkt. Die Zielgruppe hat nicht nur ein deutliches Bedürfnis, sondern auch ein Beratungsdefizit kombiniert mit echtem Leidensdruck. Die Kunst ist jedoch, bei aller Rationalität nicht zu vergessen, dass diese Informationen nicht direkt dargeboten werden dürfen. Eine faktisch-nüchterne Gestaltung käme einer Schocktherapie gleich, die unweigerlich zu der Reaktion „sowas brauch ich doch nicht" führen würde. Für die diplomatische Verpackung der Informationen muss nun mit Fingerspitzengefühl die jeweils richtige Art von Emotionalität gefunden werden.

Mit Humor nehmen

Ein gutes Anschauungsbeispiel dafür liefern Kondomverpackungen. Man muss sich dieser Produkte heute Gott sei Dank nicht mehr schämen, trotzdem möchte niemand ewig vor dem Regal stehen, um seine Lieblingssorte zu finden, denn schließlich stehen die Verpackungen mittlerweile überall in den Kassenzonen, um der hohen Diebstahlrate Herr zu werden. Die Marken Blausiegel und Billy Boy gehen vorbildlich auf die Situation ein: Statt kleiner Texte und verwirrender Produktnamen

L'Oreal trickst den Mann mit einer auf Hightech-getrimmten Verpackung aus und nimmt ihm so die Angst vor dem Verlust seines Selbstwertgefühls.

kommunizieren große Piktogramme bzw. Comic-Zeichnungen die jeweiligen Produkte. Die Gratwanderung zwischen klarer Botschaft und Augenzwinkern ist toll gelungen.

Augenzwinkern wäre bei Inkontinenzprodukten die falsche Strategie. Neben den erwarteten Sachinformationen sollte man sich als Gestalter vor Augen führen, dass all die Frauen, die an Blasenschwäche leiden, in der Regel Kinder geboren haben. Einen emotionaleren und weiblicheren Hintergrund für ein Hygieneprodukt kann es gar nicht geben.

Aber auch die männliche Klientel braucht besonderes Einfühlungsvermögen, wenn es um die Ur-Angst geht, nämlich den drohenden Verlust des männlichen Selbstwertgefühls. Bei Produkten, die diesen Verdacht auch nur entfernt schüren, ist ein starkes Gegenmittel erforderlich. Und das heißt z.B. „High-Tech Design". Mit einem Schuss modernem „Technologie-Look" kauft Mann sogar Anti-Schuppen-Shampoo und Anti-Falten-Creme. L'Oréal Men's Expert ist ein Quantensprung in der Kosmetik und hat das Thema Männerkosmetik im Massenmarkt salonfähig gemacht – dank eines Verpackungskonzeptes, das aussieht wie eine Mischung aus Autopolitur und Handykarton.

Schluss mit Tabus

Wenn ein Tabu erst aufgelöst ist und das Produkt Einzug in den Alltag genommen hat, sieht alles ganz einfach aus. Doch diese Wege zu ebnen ist eine echte Herausforderung für erfahrene Markenmacher. Den Unterschied kann jeder selbst beurteilen: Eis im Winter zu verkaufen ist schwer. Aber kein Tabu. Dekorative Kosmetik für den Mann zu verkaufen ist auch schwer – und (noch) ein Tabu. Wer's als erster knackt, dem winken Millionen beratungsbedürftige Konsumneulinge und keine Konkurrenz. Aber was noch viel wertvoller ist: Wenn eine Marke es schafft, einen tabuisierten Produktbereich mit viel Sensibilität in die Normalität zu führen und damit eine ganze Gesellschaft von einem blinden Fleck zu befreien und vielen Menschen Leidensdruck zu nehmen und Lebensqualität zu geben, werden diese Käufer keine normalen Kunden werden, sondern sehr treue und loyale Stammkunden. Denn echte Problemlösung ist immer noch der beste Weg zur Markenbildung. Und oft muss der Marketer ja auch die Arbeit nicht allein bewältigen. Ich halte dies sogar für kontraproduktiv. Die Kunst ist eher, das richtige Timing abzupassen und sich den Druck der Gesellschaft zur Hilfe zu nehmen. So war Aids sicher ein Beschleuniger hinsichtlich der Liberalisierung von Kondomen. Die Soziodemographie wird ihr übriges tun bezüglich Inkontinenz, und auch die Gesundheitsreform könnte langfristig noch ein interessanter Turbo in puncto Tabubrechen sein.

Salben gegen Fußpilz sind schon rezeptfrei erhältlich – bald auch Salben gegen Vaginalpilz in der Drogerie? Was noch undenkbar klingt, relativiert sich, wenn man bedenkt, dass die entsprechende Marke Canesten die zweitgrößte Marke im Hause Bayer ist – nach Aspirin. Pilzinfektionen sind nun mal ein Volksleiden wie Kopfschmerzen.

Martina Kunert

Martina Kunert ist Geschäftsführerin und Mitinhaberin der auf Marken- und Packungsdesign spezialisierten Designagentur Lothar Böhm GmbH. Parallel zu ihrem Kommunikationsstudium arbeitete sie für die Londoner Designagentur Siegel & Gale und leitete 10 Jahre Scholz & Friends Design. Seit 1997 ist sie Beratungs-Chefin für Kunden der „Fast-Moving-Consumer-Goods" bei Lothar Böhm. In den letzten zwei Jahrzehnten hat sie für sehr viele Markenartikler der Food-, Kosmetik- und Pharmaindustrie gearbeitet und stieß immer wieder auf das Phänomen der tabuisierten Produkte.

✉ martina.kunert@boehm-design.com

Kopfläuse: Ein Tabuthema goes public

Comeback nach der Krise – PR-Offensive gewinnt Vertrauen zurück und sichert langfristige Markt- und Meinungsführerschaft

Nur wenn Image und Umsatz stimmen, genügt auch bei Arzneimitteln möglicherweise noch eine Kommunikation nach dem alten PR-Grundsatz „Tue Gutes und rede darüber". Was aber tun, wenn der gute Ruf unerwartet Schaden nimmt? Wenn durch kolportierte Gerüchte um den Zulassungsstatus und die Wirksamkeit des langjährigen Marktführers die Verkaufszahlen innerhalb von nur vier Wochen dramatisch einbrechen? Dann ist nicht nur kurzfristige Krisen-PR angesagt, sondern auch eine grundlegende Aufarbeitung der entstandenen Missverständnisse und Vorbehalte. Die Eduard Gerlach GmbH, Hersteller des bei Kopfläusen marktführenden Arzneimittels Goldgeist forte, entschied sich für eine PR-Offensive – und hatte Erfolg. Drei Jahre nach Start der Kampagne liegt der Marktanteil von Goldgeist forte trotz zwischenzeitlicher Neueinführung von Wettbewerbspräparaten nicht nur weiterhin bei über 50 Prozent unter den Arzneimitteln. Das Unternehmen hat sich darüber hinaus als aktiver Dialogpartner völlig neu positioniert und in die Meinungsbildung eingebracht.

Kopfläuse sind mit rund 1,6 Millionen Behandlungsfällen pro Jahr allein in Deutschland eine der häufigsten Infektionskrankheiten, bei Kindern und Jugendlichen sogar die zweihäufigste nach Husten. Noch bis vor wenigen Jahren beschränkte sich die Zahl der anerkannten Therapie-Optionen gegen Kopflausbefall auf wenige zugelassene, insektizid wirkende Präparate. Goldgeist forte zeichnet sich hier durch eine unique Rezeptur aus: Ein aus Chrysanthemenblüten gewonnener, natürlicher Pyrethrum-Extrakt als Hauptwirkstoff wird durch Synergisten ergänzt. Trotz fehlendem Ärzte-Außendienst, Endverbraucherwerbung und nur mit einem überschaubaren Budget für Fachanzeigen ausgestattet, nahm Goldgeist forte über mehr als 20 Jahre unangefochten die marktführende Position in dieser Präparategruppe ein. Neben dem

Relevante Zielgruppenmedien aus Fach- und Publikumspresse informieren über die richtige Kopflaus-Behandlung und die Vorteile von Goldgeist forte.

dominierenden OTC-Verkauf in Apotheken machten Verordnungen zu Lasten der GKV immerhin noch etwa 33 Prozent des Gesamtumsatzes aus. Diese Marktverhältnisse änderten sich jäh im Herbst 2002. Goldgeist forte befand sich im noch laufenden Nachzulassungsverfahren plötzlich auf der Negativliste. Der Marktführer galt als nicht mehr verordnungsfähig! Der damit einhergehende, von Wettbewerbern sogleich kommunikativ ausgewertete Image- und Vertrauensverlust gipfelte in einem Rückgang der Verordnungszahlen innerhalb von nur einem Monat von 34 auf 19 Prozent. Parallel diffundierten einige der in Fachkreisen aufgebrachten Vorbehalte auch in die Publikumskreise. Sie trafen auf eine durch Neueinführungen aus dem Medizinproduktebereich sensibilisierte, sich kritisch gegenüber insektiziden Arzneimitteln artikulierende und Aufklärung einfordernde Öffentlichkeit.

Die Strategie

Um das erodierte Vertrauen zurückzugewinnen und auch bisher unwidersprochenen Fehlinterpretationen aktiv entgegenzutreten, genügte es nicht,

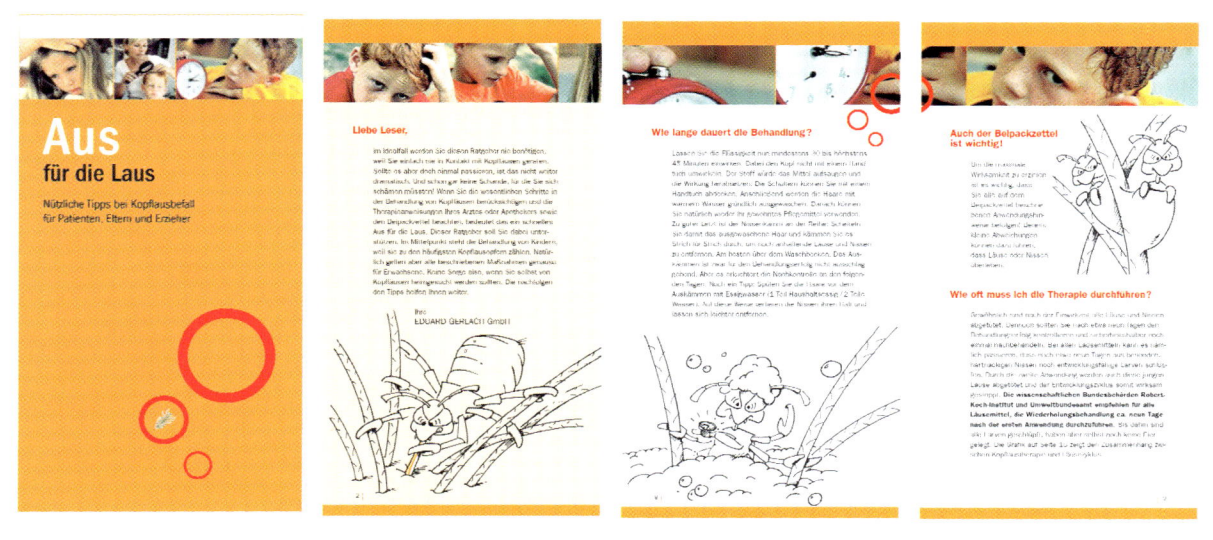

In enger Abstimmung mit den Empfehlungen des Robert-Koch-Instituts erklärt der Elternratgeber „Aus für die Laus" die Behandlung mit Goldgeist forte. Rund 400.000 Broschüren wurden verteilt, größtenteils über Apotheken sowie in Kinderarztpraxen.

von der Negativliste schnell wieder herunterzukommen. Dies gelang, aber die Verordnungszahlen blieben weiter im Keller. Die Frankfurter PR-Agentur Dorothea Küsters Life Science Communications entwickelte deshalb für Eduard Gerlach eine dialogorientierte PR-Offensive. Es galt, neue Kommunikationskanäle zu öffnen und positive Argumente für Goldgeist forte zielgruppengerecht an relevante Multiplikatoren zu vermitteln. Der Negativtrend konnte nur aufgefangen werden, wenn auf die berechtigten Fragen und Anforderungen der unterschiedlichen Anspruchsgruppen valide Antworten gegeben würden, so das zugrunde liegende, auf die Durchsetzungsfähigkeit der eigenen Botschaften vertrauende Kalkül. Ärzte und Apotheker sollten also von der unverändert hohen therapeutischen Qualität des Arzneimittels überzeugt werden, bei Endverbrauchern war Akzeptanz für die insektizide Kopflaustherapie zu generieren.

Die Umsetzung

Eine Literatur- und Meinungsbildner-Recherche sowie ein darauf aufbauender Argumentationskatalog zu Beginn der Kampagne evaluierten die Aussagen, mit denen die Vorteile von Goldgeist forte, insbesondere aber auch die Notwendigkeit einer insektiziden Kopflaus-Therapie glaubwürdig untermauert werden konnten. Da es zum Präparat selbst kaum Neuigkeiten zu vermitteln gab, wurden aus der aktuellen wissenschaftlichen Diskussion und den behördlichen Empfehlungen Themen abgeleitet, mit denen sich Goldgeist forte positiv positionieren und vom Wettbewerb abgrenzen ließ. Im Vordergrund standen die Themenkomplexe „natürlicher Wirkstoff auf pflanzlicher Basis", „Resistenzprophylaxe durch Wiederholungsbehandlung" und „Wirtschaftlichkeit des Arzneimittels".

Als Basis der Dialogkampagne gegenüber Fachkreisen wurde die Mailingserie „Wissens-Update" für Ärzte und Apotheker initiiert. Ein mit produktbezogenen Key Visuals ausgestattetes Anschreiben vermittelt unter einer plakativ zugespitzten therapierelevanten Fragestellung nützliche Tipps und valide Entscheidungshilfen für Goldgeist forte. Über Feedback-Mechanismen konnten die Fachkreise Fragen an den Hersteller richten, Service-Materialien für die Patientenaufklärung anfordern oder sich an Umfragen beteiligen. Die auf diese Weise gewonnenen Daten zur Therapiezufriedenheit mit Goldgeist forte oder zu relevanten Kriterien für die Präparateauswahl wurden wiederum an die Fachkreise zurückgespielt. Die Fachpressearbeit adaptierte parallel zu den Mailings die gleichen Themen und startete einen intensiven Dialog und Informationsaustausch mit Redaktionen der Fachmedien aus Pharmazie, Allgemeinmedizin, Pädiatrie und Dermatologie. Empfehler des Präparates auf Expertenebene erhielten hier ein zusätzliches Forum.

Ein graphisches Schaubild zum Entwicklungszyklus der Kopflaus verdeutlichte anschaulich die Therapierationale für die im Sinne der Rezidivprophylaxe entscheidende Wiederholungsbehand-

Das Poster „Die richtige Kopflaustherapie" erklärt Ärzten und Patienten die Logik eines zweistufigen Behandlungsschemas anhand einer eigens entwickelten Grafik zum Entwicklungszyklus der Läuse. Verfügbar ist der Ärzteservice als hochwertige DIN A4-Schautafel sowie als großformatiges Wandposter für das Wartezimmer.

lung. Der optimale Zeitpunkt für die Behandlung ist aufmerksamkeitsstark hervorgehoben. Das als Beileger in ausgewählten Titeln der pädiatrischen, dermatologischen sowie amtsärztlichen Fachpresse distribuierte Service-Tool konnte auch als großformatiges Wandposter für das Wartezimmer nachbestellt werden. Mit dieser Maßnahme wie auch mit der Unterstützung von eigens für die ärztliche Regress-Prophylaxe entwickelten ICD-10-Gleisen zur Diagnostik von Kopflausbefall konnte sich Goldgeist forte exklusiv bei den Fachkreisen profilieren.

Mit weiteren speziell entwickelten Service-Tools unterstützt Goldgeist forte auch die Patientenaufklärung der Fachkreise sowie das Informationsbedürfnis relevanter Multiplikatoren auf Verbraucherebene. Ein auf den Empfehlungen des Robert-Koch-Instituts aufbauender Elternratgeber im Goldgeist-Design wurde als Beilage in Kindergarten-Fachzeitschriften und Elterntiteln sowie exklusiv in Kinderarztpraxen und Apotheken über das Wartezimmer- und Apothekeninformationssystem verteilt.

Im Rahmen klassischer Publikumspressearbeit sowie exklusiver Presse- und TV-Kooperationen wurde die Botschaften in die Fläche getragen, vielfach unterstützt durch Meinungsbildner-Statements. Durch agenturseitige Recherchen, aktive Ansprache und Überzeugungsarbeit konnten Missverständnisse aufgearbeitet und Vorbehalte neutralisiert werden. Ärztliche Berufsverbände und die Bundeszentrale für gesundheitliche Aufklärung (BZGA) konnten so in eine Argumentation zugunsten der Wirkrationale von Goldgeist forte eingebunden werden. Ein bereits zu Beginn der Kampagne durchgeführtes Foto-Shooting lieferte umfangreiches Bildmaterial. Es trug wesentlich dazu bei, das mit Negativ-Assoziationen verbundene Tabuthema Kopfläuse positiv und sympathisch emotionalisiert zu transportieren und damit sogar für eher lifestylige Titel salonfähig zu machen.

Die Bilanz

Zwar ging es nach dem Markteinbruch Ende 2002 vorrangig darum, mit kurzfristig wirksamen Maßnahmen (Mailingserie, Fachpressearbeit) die Marktposition im Verordnungsbereich zu stärken und den Status quo ante wieder herzustellen. Dieser liegt heute wieder bei 33 Prozent. Die positive Resonanz auf die eingeleiteten Dialogmaßnahmen ermutigte das Unternehmen jedoch zu einem stetigen Ausbau der Kommunikation. Hierdurch ist es gelungen, in einem durch aggressive Wettbewerber und Neueinführungen gekennzeichneten Markt auch die Marktführerschaft zu verteidigen. Goldgeist forte ist mit über 50 Prozent Gesamtmarktanteil weiterhin die souveräne Nummer 1, in der Selbstmedikation außerdem das am häufigsten von Apothekern und PTAs empfohlene Kopflausmittel: Rund 82 Prozent der Apotheker empfehlen das Präparat laut Handbuch für die Empfehlung in der Selbstmedikation 2007 sowie der OTC-Studie Pharma-Report 2006.

Nicht unterschätzt werden darf dabei die Öffnung des Unternehmens für den Dialog mit Publikumszielgruppen. Hier ist es gelungen, Medien und Verbraucherzielgruppen wie Eltern und Erzieher für das ursprüngliche Tabuthema Kopfläuse zu inter-

Grundlage erfolgreicher Pressearbeit: In einem Foto-Shooting wurden wichtige Aspekte der Kopflausbehandlung visualisiert: Übertragungswege, Symptomatik, Diagnostik, Therapie und Compliance.

essieren und dabei auch neue inhaltliche Akzente zu setzen. Innerhalb von drei Jahren seit Kampagnenbeginn erhöhten sich die von der Agentur initiierten Veröffentlichungen von anfänglich 7 Millionen (Herbst 2003) auf inzwischen rund 140 Millionen (2006) inklusive Produkt- oder Wirkstoffnennung in Fach- und Publikumsmedien sowie TV. Die Berichterstattung umfasst tagesaktuelle Presse (Die Welt, Tagesspiegel, WAZ, Frankfurter Rundschau), Apothekenkundenzeitschriften (Apotheken-Umschau, Ratgeber aus Ihrer Apotheke), Gesundheits- und Elternzeitschriften (Focus Schule, Ja zum Kind, Kind & Gesundheit, Baby & Familie, Kinder, Gesundheitsbild), Internetportale (Yahoo) und sogar redaktionelle Beiträge in TV-Magazinen wie Focus TV, Visite, Planetopia, Welt der Wunder und Brisant. Im Hinblick auf die eher kritisch eingestellte Zielgruppe der Endverbraucher hat die multimediale Aufklärungsarbeit die Notwendigkeit einer insektiziden Kopflaustherapie und die Vorteile des natürlichen Pyrethrum-Extraktes von Goldgeist forte glaubhaft vermitteln können. Nach einer aktuellen Elternumfrage (IDS/ IMS 2007) würden drei Viertel der Eltern ihre Kinder mit einem insektiziden Wirkstoff behandeln lassen. Damit das auch so bleibt, sind weitere Maßnahmen (wie zum Beispiel das in Kürze startende Webportal www.kopflaus.de) schon in der Pipeline.

Dorothea Küsters

51, ist Gründerin und geschäftsführende Gesellschafterin der auf Gesundheitskommunikation spezialisierten PR-Agentur Dorothea Küsters Life Science Communications GmbH in Frankfurt. Nach Stationen bei Burson-Marsteller, Manning, Selvage & Lee, McCann Healthcare und Ogilvy Healthcare machte sich die studierte Philologin 1993 selbständig. Dorothea Küsters verbindet die Erfahrung aus internationalen Netzwerk-Agenturen mit dem Commitment und der Expertise der inhabergeführten, spezialisierten Healthcare-Agentur.

✉ *kuesters@dkcommunications.de*

Dr. Johannes Jacobs

57, Diplom-Chemiker, verantwortet in seiner Funktion als Leiter Qualitätskontrolle sowie als Stufenplan- und Zulassungsbeauftragter auch die Öffentlichkeitsarbeit von Goldgeist forte gegenüber medizinischen Fachkreisen und Endverbrauchern. Nach Stationen an der RWTH Aachen (Fachbereich Ausbildung Mediziner und Biologen) sowie in der pharmazeutischen Industrie (Abteilungsleiter Produktion) ist Dr. Jacobs seit 1989 in leitender Position in der Forschungsabteilung der Eduard Gerlach GmbH in Lübbecke tätig.

✉ *info@gehwol.de*

Auf Qualität vertrauen

mit dem „Swissness-Faktor" erfolgreich im deutschen Biomarkt

Bioprodukte boomen – nach den Verbrauchern hat nun auch der konventionelle Handel die Lust an biologisch hergestellten Lebensmitteln entdeckt. Dennoch: Die Biotta AG, Schweizer Marktführer für 100prozentig biologisch produzierte Gemüse- und Fruchtsäfte, ist Newcomer auf dem deutschen Biomarkt und muss trotz der positiven Grundstimmung um die Aufmerksamkeit der Kunden werben, um reüssieren zu können. Die Strategie: Dem jüngst entstehenden „Billig-Biosegment" der Discounter zum Trotz setzt Biotta auf den hohen Qualitätsanspruch der Verbraucher, einen attraktiven Mix aus Genuss- und Wirksäften sowie auf innovative, neuartige Produkte.

Es gab sicherlich schon schlechtere Zeiten für einen Einstieg in den deutschen Markt: Laut einer Untersuchung der Universität Kassel wuchs in 2006 der gesamte Biomarkt im Vergleich zum Vorjahr um rund 17 Prozent auf einen Umsatz von 4,5 Milliarden Euro. Die Situation im Biosaft-Segment stellt sich noch positiver dar. So meldet der Trend-Navigator Bio des Instituts AC Nielsen für 2006 im Vergleich zu 2005 ein Plus von 27 Prozent beim Konsum von Biosäften (siehe Abbildung S.39).

Keine Frage, die positive Entwicklung des Marktes lässt Biotta optimistisch in die Zukunft schauen. Ebenso wie die Erfahrungen, die auf der BioFach-Messe in Nürnberg im März 2007 gemacht wurden: Der spürbar gestiegene Andrang von Händlern, Verbrauchern und Medien belegt die große Attraktivität biologisch hergestellter Produkte – und zeigt, dass die noch vor wenigen Jahren als leicht exzentrisch angesehene Nische „Bio" längst ein fester Bestandteil der deutschen Küchen ist. Diese Analyse wird durch Zahlen aus dem TrendNavigator Bio gestützt: Bereits ein Viertel der deutschen Haushalte behauptet von sich, Wert auf rein biologisch hergestellte Produkte zu legen – und immerhin ein Fünftel der Haushalte ist dazu bereit, mehr Geld für naturreine Lebensmittel auszugeben.

Mit Biotta-Qualität in die Kühlschränke der Deutschen

Biotta setzt seit über fünfzig Jahren auf Bioprodukte in Premiumqualität und kann daher zu Recht als Schweizer Bio-Pionier bezeichnet werden. Heute ist Biotta ein von Bio Suisse zertifiziertes Unternehmen – womit sowohl die deutschen als auch die EU-Qualitätsstandards erfüllt sind. Höchste Qualität bedeutet für Biotta, Bioprodukte von unverfälschter Naturbelassenheit herzustellen – die der Verbraucher schmeckt und die Voraussetzung ebenso für die Markenidentität als konsequent biologischer Erzeuger wie auch für die Markentreue der schweizerischen Konsumenten ist. Der Beweis ist der erfreuliche Marktanteil bei Biosäften von rund 90 Prozent auf dem Heimatmarkt. Es ist unwahrscheinlich, dass Biotta den deutschen Markt in schweizerischen Dimensionen dominieren wird. Dennoch kann in dem Wissen, dass mit hundertprozentig biologisch hergestellten Säften eine Qualität angeboten wird, die auf dem deutsche Premium-Biomarkt nicht gang und gäbe ist, damit gerechnet werden, dass Biotta-Produkte einen festen Platz in den Kühlschränken der gesundheitsbewussten Verbraucher finden werden. Und nicht zu vergessen: Biotta ist seit über fünfzig Jahren eine Marke mit gewachsener Identität – und präsentiert sich nun auf einem Markt, der rar ist an populären Marken und auf dem die Siegel der Anbauverbände größtenteils bekannter sind als die Unternehmen selbst, wie kürzlich das Markforschungsunternehmen Ears and Eyes feststellte. Das Potential für einen erfolgreichen Markteintritt ist zweifellos vorhanden.

Attraktive Innovationen als Teaser für die Produktpalette

Der Exportanteil liegt derzeit bei rund 30 Prozent und soll künftig weiter steigen. Selbstverständlich wird Deutschland ein Schlüssel sein für das

Biotta Bio Energy und Biotta Wellness Woche

Exportwachstum. In 2007 strebt Biotta erst einmal einen bundesweiten Verkauf im Fachhandel sowie im ausgewählten Lebensmitteleinzelhandel an. Ausgewählte Produkte sind also bereits in Apotheken, Reformhäusern, Bioläden und über den Online-Vertrieb zu erhalten. Die Nachfrage der Konsumenten an der gesamten Produktpalette soll mittel- und langfristig über den „Swissness-Faktor" generiert werden – also mit verlässlicher und herausragender Qualität.

Kurzfristig kann sich Biotta auf dem deutschen Markt vor allem mit innovativen und einzigartigen Erzeugnissen einen Namen machen: als Türöffner und Speerspitzen des Sortiments wurden der „Biotta Bio Energy-Drink" sowie die „Biotta Wellness Woche" genutzt.

Der Biotta Bio Energy ist besonders für Verbraucher zwischen 25 und 40 Jahren attraktiv. Mit diesem Produkt wird eine Zielgruppe angesprochen, die nicht nur kaufkräftig ist, sondern auch mit der Marke wachsen kann. Als ein koffeinhaltiges, biozertifiziertes Spezialgetränk aus Fruchtsäften und Guarana-Extrakt bietet es eine absolut natürliche Energiequelle sowie eine magenschonende Alternative zu Kaffee und synthetischen Energie-Getränken. Wer mittags im Büro nach dem fünften Kaffee in unangenehmer Weise seinen Magen spürt, ist also auch aus gesundheitlicher Perspektive gut beraten, wenn er auf den Biotta Bio Energy umsteigt. Der Drink ist in einer 25cl-Einweg-Glasflasche zum Preis von 2,50 Euro (unverbindliche Preisempfehlung) bis Mitte 2007 exklusiv nur in Apotheken erhältlich.

Gesundheitsbewusste Verbraucher, zumeist Frauen, will Biotta mit der Biotta Wellness Woche gewinnen, die in der Schweiz eines der am meisten nachgefragten Produkte ist. Hier handelt es sich um eine Fastenkur für gesundheitsbewusste Konsumenten, die die Leistungsfähigkeit erhält und damit besonders für Arbeitnehmer und Arbeitnehmerinnen attraktiv ist. Es muss sich also niemand mehr Urlaub nehmen, um zu fasten. Die Biotta Wellness Woche enthält alle Nährstoffe, die der Fastende braucht, und ist zu einem Preis von 39,90 Euro (unverbindliche Preisempfehlung) bereits in Apotheken, Reformhäusern, Bioläden und im Online-Vertrieb erhältlich.

Die Marke Biotta genießt das jahrzehntelange Vertrauen der Schweizer Konsumenten auch aufgrund der Kompetenz bei der Herstellung von Wirksäften wie dem Biotta Bio-Preiselbeersaft Plus (gegen Blasenbeschwerden) und dem Biotta Bio-Kartoffelsaft (gegen Sodbrennen), die zu Beginn der Unternehmenshistorie den Markenkern ausmachten. Deren Wirksamkeit wurde durch unabhängige Studien untermauert und führt letztlich zu einer Produkttreue, die einen rückkoppelnden, positiven Effekt auf die gesamte Produktpalette hat.

Da auch für Biotta Stagnation mit Rückschritt gleichzusetzen ist, wird sich das Unternehmen auf dem Markt langfristig als Innovationsleader präsentieren – indem zum Beispiel neue Wirksäfte eingeführt werden. Auch in diesem Sektor gehört es zu dem Qualitätsanspruch und der Philosophie Biottas, dass Neuprodukte von fachärztlicher Seite und der Forschung entsprechend begleitet werden.

Gezieltes Marketing und Ausbau der Vertriebskanäle

Trotz der Attraktivität des Biotta Energy Drinks und der Biotta Wellness-Woche wurde nicht erwartet, dass die Konsumenten ohne ein gezieltes Marketing auf die Biotta-Produkte aufmerksam werden. Besonders beim Markteintritt, aber auch nachdem sich Biotta etabliert hat, wird das Unternehmen als Berg zum Propheten kommen und darauf hinarbeiten, dass die Produkte nicht nur konsumiert, sondern auch weiterempfohlen werden. Wobei man auch in Zeiten des heiß diskutierten Web 2.0 der Auffassung sein kann, dass Mundpropaganda von Mensch zu Mensch mindestens ebenso effizient und glaubwürdig ist wie die Kommunikation in Onlineforen. Also muss dafür gesorgt werden, dass die Konsumenten Biotta kennenlernen und sich von den Produktvorteilen überzeugen lassen.

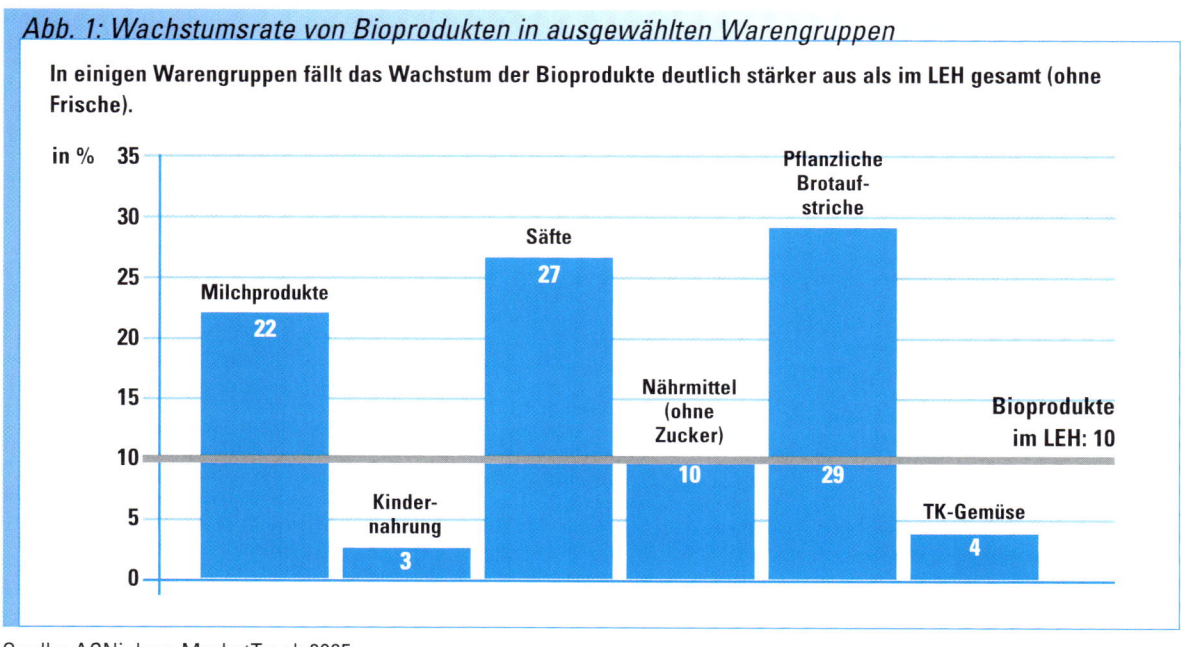

Abb. 1: Wachstumsrate von Bioprodukten in ausgewählten Warengruppen

In einigen Warengruppen fällt das Wachstum der Bioprodukte deutlich stärker aus als im LEH gesamt (ohne Frische).

Warengruppe	Wachstum in %
Milchprodukte	22
Kindernahrung	3
Säfte	27
Nährmittel (ohne Zucker)	10
Pflanzliche Brotaufstriche	29
TK-Gemüse	4
Bioprodukte im LEH	10

Quelle: ACNielsen MarketTrack 2005

Für eine klare und einfache Positionierung der Marke als gesund und konsequent biologisch setzt Biotta daher nur vereinzelt auf klassische Anzeigenkampagnen – eine höhere Priorität und Glaubwürdigkeit wird einer Berichterstattung über die Produkte in der relevanten Fach- und Publikumspresse beigemessen. Wer wie Biotta selbstbewusst seinen Qualitätsanspruch als Identifikationsfaktor fest im Markenprofil verankert hat, muss dafür sorgen, dass die Qualität auch entsprechend kommuniziert wird. Durchaus erfolgreich werden schon heute in der Presse die Vorteile der Produkte erläutert, der Bekanntheitsgrad Biottas damit erhöht und das Profil nachhaltig geschärft.

Natürlich nützt auch das erfolgreichste Marketing nichts, wenn die Produkte nicht in den Regalen zu finden sind. Und da Biotta in Deutschland ab dem Jahr 2008 eine stetig wachsende Nachfrage an der Produktpalette erwartet, stellt die weitere Entwicklung Biotta und die Vertriebspartner vor logistische Herausforderungen, die es zu bewältigen gilt. Einerseits sollen die Bedürfnisse der Konsumenten durch eine clevere und effiziente Vertriebsorganisation befriedigt und andererseits soll mit Hochdruck daran gearbeitet werden, die Nachfrage weiter zu steigern. Ein Ausbau in der Zusammenarbeit mit dem Groß- und Fachhandel ist dabei unerlässlich. Auch der Gastronomiebereich wird für Biotta zukünftig verstärkt an Attraktivität gewinnen, ebenso werden die Kanäle im Convenience-Sektor für Biotta-Genusssäfte aktiviert.

Mit entsprechender Begleitung in Marketing und PR wird Biotta spätestens 2008 nachhaltig das Vertrauen der deutschen Konsumenten gewonnen haben, die bei biologisch hergestellten Produkten zuerst auf die Qualität achten. Für sie steht Biotta für eine hohe Glaubwürdigkeit, einen spürbaren gesundheitlichen Nutzen und einen hervorragenden Geschmack. Der „Swissness-Faktor" schmeckt und wirkt!

Thomas Allenspach

(41) ist seit 2005 Geschäftsführer der Biotta AG und Mitglied der Geschäftsleitung der Thurella AG, Tägerwilen, Schweiz. Der diplomierte Unternehmensführer verdiente sich seine ersten Sporen bei der Groba AG, Brüttisellen und der Paidol, Gossau, bevor er von 1992 bis 1997 in verschiedenen Positionen für Coop, Zürich arbeitete. Danach war er bis 2003 Marketingleiter und Mitglied der Geschäftsleitung der Hiestand AG in Singapur. 2003 kehrte er zurück in die Schweiz und arbeitete bis 2005 als Business Unit Manager für Heineken Switzerland.

✉ *thomas.allenspach@biotta.ch*

PRODUKTE

Vom Gattungsbegriff für Tonika zur innovativen Gesundheitsmarke

Wie sich Queisser Pharma mit seiner Marke Doppelherz den kommunikativen Herausforderungen in einem sich stetig verändernden Healthcare-Markt stellt.

Jahrzehntelang war „die Kraft der zwei Herzen", einer der bekanntesten und beliebtesten Markenslogans Deutschlands, unmittelbar mit einem Produkt verbunden: dem klassischen Doppelherz Tonikum. Als dessen Markt sich zunehmend rückläufig entwickelte, reagierte das Unternehmen Queisser Pharma prompt: Mit der Einführung der ‚Doppelherz aktiv'-Linie, die heute überwiegend im Lebensmitteleinzelhandel sowie in Drogeriemärkten erhältlich ist, erweiterte das Unternehmen sein Produktportfolio im wichtigen Segment der Vitamin- und Mineralstoffpräparate.

Bestätigt durch diesen Erfolg wird Queisser Pharma jetzt mit der zweiten Submarke ‚Doppelherz system' der steigenden Nachfrage in Apotheken nach innovativen Produkten, die Vitalität und Wohlbefinden bis ins hohe Alter versprechen, gerecht. Und dabei kommt der – vermeintliche – Markenklassiker auch modernen spezifischen Anforderungen seiner Vertriebspartner nach: Doppelherz system ist exklusiv als einzige Doppelherz-Range ausschließlich über den Distributionskanal der Apotheke erhältlich.

Heute, im Jahr 2007, werden so bereits mehr als 30 Produkte zur Nahrungsergänzung unter der Vertrauensmarke Doppelherz angeboten – vom Tonikum über Magnesium- und Lecithin-Produkte (Doppelherz aktiv) bis hin zu besonderen Vitalstoffkombinationen zur Vorbeugung von Herz-Kreislauf- oder Wechseljahrsbeschwerden (Doppelherz system).

Die Strategie, durch Produktinnovationen neue Verwender zu gewinnen, Umsatz- und Wachstumsziele zu erfüllen und die Marke zu verjüngen, ohne Stammverwender zu verunsichern, geht auf: So machen die Neuprodukte heute bereits mehr als 50 Prozent des Umsatzes aus. Dieser hat sich allein in den letzten sieben Jahren nahezu verdoppelt. Tendenz weiter steigend.

Als mittelständisches Unternehmen stellt sich Queisser Pharma dabei – mit vergleichsweise kleinen Mediabudgets – im hochkompetitiven Markt der Nahrungsergänzungsmittel erfolgreich dem Wettbewerb mit globalen Pharma-Playern und preisaggressiven Handelsmarken.

Die kommunikative Leitidee

„Altern ist keine Frage des Alters. Bewusst alt werden ist eine Lebenseinstellung."

Dominierte bei den Verbrauchern in den 80er und 90er Jahren die beinahe selbstlose Ausbeutung

Doppelherz – Die Kraft der zwei Herzen.		
Doppelherz	Doppelherz aktiv	Doppelherz system
Die „Klassiker"	Die „Lebens-Aktivatoren"	Die „Mediziner"
Tonika-Produkte zur Stärkung des Herz-Kreislauf-Systems	Vitamin- und Mineralstoffpräparate zur Nahrungsergänzung	Systematisch abgestimmte Wirkstoffkombinationen – exklusiv für die Apotheke

Die Doppelherz-Markenarchitektur 2007

Die Doppelherz-Markenwelt für den Endverbraucher

Doppelherz aktiv. Endverbraucher-Kampagne Gelenkkapseln

von Körper und Geist (= Symbol der Jugendlichkeit), ist es heute umgekehrt: Gesundheit, Körper und Geist werden gepflegt, um möglichst lange jung und vor allem gesund zu bleiben. Altern ist demnach keine Frage des Alters. Alt werden ist eine Lebenseinstellung.

Menschen, die alt werden wollen, haben Freude am Leben, sind positiv und selbstbewusst.

Nach dem Motto „Zukunft ist wichtig. Doch leben tun wir in der Gegenwart" wird folgende Kernbotschaft umgesetzt: „Lebe, liebe und genieße dein Leben. Doppelherz-Produkte geben dir die Kraft dazu."

Die Kampagne zeigt Menschen von Mitte 40 bis Ende 60, die Aktivitäten nachgehen, die sozialen, familiären oder individuellen Sinn haben oder einfach nur Spaß machen. Diese Bandbreite an Aktivitäten bietet die Möglichkeit, die Wirkung der unterschiedlichen Produkte einfach, plakativ und für die Zielgruppen auch zum Teil außergewöhnlich darzustellen.

Doppelherz aktiv

Erfolgreiche Eroberung auch jüngerer Marktsegmente

Die ‚Doppelherz aktiv'-Linie ist überwiegend im LEH- und in Drogeriemärkten erhältlich. Seit 2000 werden jährlich neue Vitamin- und Mineralstoffpräparate sowie Herz-Kreislauf-Produkte auf den Markt gebracht. Schon seit über sechs Jahren ist Doppelherz damit einer der führenden Innovatoren für Nahrungsergänzungsmittel.

Die Kommunikation richtet sich dabei an eine erweiterte Zielgruppe, die zunehmend auch jüngere Konsumenten umfasst. Aktivierende Aussagen wie „Bewegung macht Spaß. Sorgen Sie dafür, dass es so bleibt" sollen Verwender dazu animieren, sich aktiv um ihre Gesundheit zu kümmern und Krankheiten vorzubeugen. Gezeigt werden dabei aktive und sympathische Menschen in Bewegung, die ihr Leben genießen.

Doppelherz Lecithin steigert die geistige Leistungsfähigkeit. Diese Botschaft sollen die Sondermotive ungesehen und einzigartig transportieren. Insgesamt wurden für die Fotoproduktion rund 25.000 (!) von Hand beschriebene Post-its verwendet. Die Anzeigen wurden in Publikumszeitschriften wie ‚Frau im Spiegel' sowie in Lifestyle-Magazinen für jüngere Zielgruppen eingesetzt.

Doppelherz system

Einbeziehung der Apotheken als exklusive Vertriebspartner

Von einigen Apothekern teils als traditionelle Drogerie-Brand verpönt, ging es für Queisser Pharma zunächst darum, vorhandene Akzeptanzprobleme im wichtigen Vertriebskanal Apotheke auszuräumen. In strategischen Workshops mit Apothekern sowie pharmazeutisch-technischen AssistentInnen wurde dabei neben den klassischen Anforderungen für einen Produkt-Launch (z. B. eine exklusive Distributionsgarantie) sowie die Notwendigkeit von ausführlichen Produktschulungen vor allem eines sehr deutlich: Das Design und die Kommunikation für die neue Subbrand müssen

Doppelherz system. Endverbraucher-Kampagne Meno Plus

sich eindeutig von der bereits erfolgreich gelaunchten ‚Doppelherz aktiv'-Range unterscheiden.

Auf Basis des daraufhin neu gestalteten Verpackungsdesigns (Agentur: Enterprise IG, Hamburg) wurde eine eigenständige Kommunikationslinie entwickelt, die diesen Anforderungen gerecht wird.

Auch in der werblichen Kommunikation wurde auf eine klare Trennung der Produktlinien geachtet. Mit der Etablierung einer blauen, klinischen Welt wird die medizinische Kompetenz von Doppelherz system verdeutlicht.

Darüber hinaus wird zwischen Endverbraucher- und Fachkommunikation unterschieden.

So wird die Fachzielgruppe stärker mit wissenschaftlichen Informationen und mit dem Einsatz von in der Medizin bekannten Elementen angesprochen.

Für die Kommunikation mit dem Endverbraucher hingegen wird unter Berücksichtigung der neuen ‚Doppelherz-system'-Markenwelt die bereits etablierte emotionale Bildsprache von Doppelherz aktiv genutzt. Damit zahlt jedes Werbemittel trotz

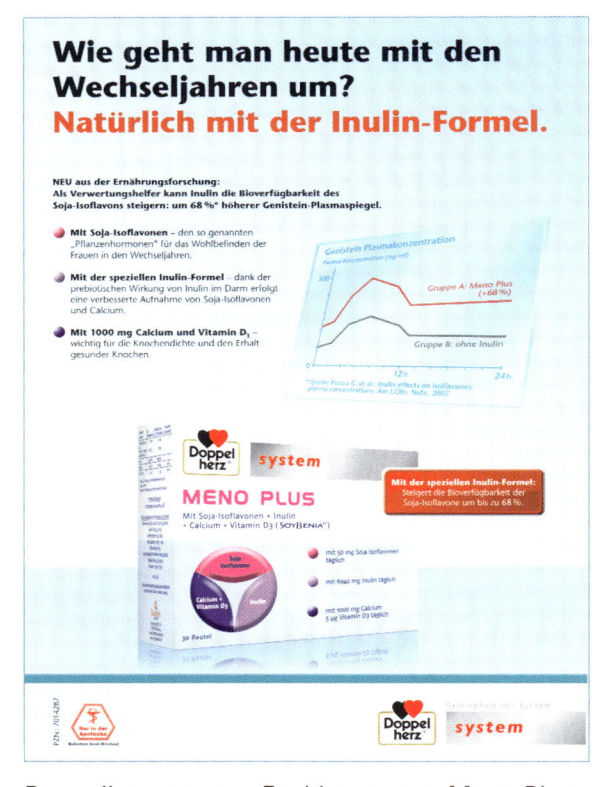

Doppelherz system. Fachkampagne Meno Plus

Doppelherz aktiv. Sondermotiv für Lecithin

der notwendigen Differenzierung eindeutig auf das Konto von Doppelherz als Dachmarke ein.

Kontinuität zahlt sich aus

Doppelherz auch erfolgreich bei Effizienz- und Kreativwettbewerben

Bereits zweimal wurde Doppelherz als einzige Marke im Healthcare-Segment der GWA-Effie für ausgewiesen wirkungsvolle, kreative und effiziente Markenkommunikation ausgezeichnet (1992 und 2003).

Erst vor wenigen Wochen erhielten einzelne Arbeiten für Doppelherz bereits wieder Kreativ-Preise beim Art Directors Club Deutschland (Silber, Bronze, 2x Auszeichnung) und beim Ramses Award (Silbermedaille für Funk-Kampagne).

Raphael Brinkert

Kommunikationswirt, studierte Internationale BWL an der ISM in Dortmund und Kommunikationswissenschaften an der WAK in Köln. Seine Laufbahn begann er 1996 bei H.F. & P. Düsseldorf, bevor er im Anschluss an sein Studium zur Coca-Cola GmbH nach Essen wechselte. Seit November 2000 ist Raphael Brinkert bei Scholz & Friends, Hamburg. Seit 2007 ist er Familyleiter Beratung.

✉ *raphael.brinkert@s-f.com*

BOOM-SEKTOR HEALTHCARE-DIENSTLEISTUNGEN

- Vom Arzt zum Unternehmer, vom Patienten zum Kunden............. 46
  EOS Health AG

Krankenkassen + Versicherungen

- Vom Payer zum Player
  Wie Krankenkassen sich auf den veränderten
  Gesundheitsmarkt einstellen 48
  Deutsche BKK

- Rückhalt für Deutschland
  Eine Initiative von Prof. Grönemeyer und der Techniker Krankenkasse 52
  Techniker Krankenkasse

Kliniken + Krankenhäuser

- Patient Krankenhaus: Erstbefund: eindeutig. Es fehlt an Profil...... 57
  Peter Schmidt Group

- Der Kampf um die Patienten ist entbrannt
  Krankenhäuser besinnen sich im Wettbewerb immer mehr
  auf die Öffentlichkeitsarbeit.. 60
  Kohl PR & Partner

Ärzte

- Franchising – das Rezept für Ärztemarketing..................................... 63
  Wingral & Partner

- Selbstheilungsmöglichkeiten
  (k)ein Thema für die Hausarztpraxis?
  Arzt-Patienten-Kommunikation und der besondere Nutzen
  des Salutogenese-Konzepts 66
  Universitäten Göttingen und Witten/Herdecke

Apotheken

- Erfolgreiches Marketing für OTC-Produkte
  Eine Stammapotheke muss mehr bieten als Bonuspunkte und Rabatte........ 69
  Institut für Management im Gesundheitsdienst Augsburg

- Profilsuche zwischen tradierter Marke und Discount
  Apotheken sollten in der Kommunikation ihre
  Qualitätsversprechen herausstellen 74
  Institut für Handelsforschung

- Apothekenpreise – oder wie man ihnen entgeht
  Der Online-Versand hat gerade erst begonnen 77
  Ipsos GmbH

Vom Arzt zum Unternehmer, vom Patienten zum Kunden

Chancen im Wandel des Gesundheitssystems

Das Gesundheitssystem verändert sich – und mit ihm das Verhalten seiner Akteure. Bedingungsloses Vertrauen zwischen Arzt und Patient ist keine Selbstverständlichkeit mehr. Heute trägt der Patient zumindest einen Teil seiner Behandlungskosten selbst. Er hinterfragt die Notwendigkeit von Untersuchungen und Behandlungen deshalb öfter als früher.

Das stellt den Arzt vor Aufgaben, für die er nicht ausgebildet wurde. Weil seine Patienten immer mehr zu anspruchsvollen Kunden werden, muss der Arzt immer mehr zum Unternehmer werden. Erschwerend kommt für ihn hinzu, dass seine finanzielle Situation immer stärker von der Zahlungsmentalität seiner Kunden abhängt. Mit Begriffen, die gestandene Unternehmer virtuos jonglieren, wie Umfeldanalyse, Positionierung, Strategie, Personalführung, Beschwerdemanagement oder Cash Flow, müssen sich zunehmend auch Ärzte beschäftigen. Nur Sprechstunden abzuhalten reicht nicht mehr – eine solide Geschäftsführung wird immer bedeutender. Dabei steht nicht allein das zu erwartende Plus an Umsatz und Gewinn im Vordergrund. Es geht außerdem auch um mehr Arbeits- und Lebensqualität für alle Beteiligten.

Gute Arbeit ohne gute Preise funktioniert nicht auf Dauer

Der Wandel im deutschen Gesundheitssystem beschränkt sich aber nicht auf das Verhältnis von Ärzten und Patienten. Auch die klassischen Dienstleister der Ärzte befinden sich in einer Situation, in der ihre Angebote mit denen ihrer Konkurrenten aus dem In- und Ausland verglichen werden. Zahnlabore zum Beispiel müssen nicht mehr nur mit guter Arbeit überzeugen, sondern obendrein noch mit „guten" Preisen. Wer hier glaubt, dass sich die überlegene Qualität „Made in Germany" auch in Zukunft stets durchsetzen werde, sollte die internationale Autoindustrie beobachten: Im Mutterland des Autos ziehen die Modelle koreanischer Billigmarken hinsichtlich Qualität und Wertigkeit mit deutschen Premium-Marken beinahe gleich.

Im besten Fall geht es um den Vorsprung vor dem Wettbewerber

Keine Frage also, der Wettbewerb im gesamten Healthcare-Bereich hat stark zugelegt. Automatisch gewinnt damit auch die Kommunikation der Akteure untereinander an Bedeutung. Dabei geht es nicht allein darum, wie Ärzte mit Patienten reden und wie sie ihnen ihre medizinischen Leistungen „verkaufen". Es geht vielmehr um die grundsätzliche Positionierung und Bekanntmachung von Leistungen und Produkten, Entwicklung von Profil und Image, Schaffung von Identifikationsmöglichkeiten. Kurzum: Es geht um das Marketing, um den Vorsprung vor dem Wettbewerber. Auch für Ärzte.

Doch gerade in einer Branche, die für Vertrauen, Ethos und hohe Moral steht, ist ein marktschreierisches und plakatives Auftreten kontraproduktiv. Der über Jahrhunderte aufgebaute Vertrauensvorsprung wäre allzu schnell verspielt, wenn zu offensichtlich um Patienten respektive Kunden gebuhlt würde. Was also tun?

Benchmarking ist auch für die Akteure des Healthcare Marktes interessant

Das Wichtigste bei der Entwicklung des eigenen Marketings ist, was in der Industrie bereits seit vielen Jahren praktiziert wird: Benchmarking, also beobachten wie die Besten (auch der eigenen Branche) bestimmte Prozesse handhaben, und das Ergebnis auf den eigenen Bereich übertragen.

Und tatsächlich existieren Benchmarks in der Medizin: So gibt es zum Beispiel Teilbereiche des

Healthcare-Sektors, die den Wandel schon sehr weit vollzogen haben. In der ästhetisch-plastischen Chirurgie zum Beispiel sind die Patienten bereits Kunden, weil sie seit jeher ihre Behandlungen selbst bezahlen müssen. Nur in Ausnahmefällen übernimmt die Krankenkasse die Rechnung eines Schönheitschirurgen. Und auch bei den Zahnärzten werden – zumindest von den gesetzlichen Krankenversicherungen – nur noch die notwendigen Eingriffe übernommen. Bei einem Blick auf das Marketing und die Kommunikation dieser beiden Berufsgruppen lässt sich viel über die Bewältigung der neuen Herausforderungen für Ärzte lernen.

Networking wird auch für Ärzte immer wichtiger

Ein weiter erfolgversprechender Weg, vom Arzt zum Unternehmer zu mutieren, ist der regelmäßige Austausch mit Kollegen. Erkannt haben dies bereits einige Healthcare-Akteure und so bilden sich immer mehr Clubs und Interessenverbände, die ihren Mitgliedern professionelle Networking-Plattformen anbieten.

Ein Beispiel hierfür ist der „Medical Business Women Club", kurz MBWC. Der MBWC richtet sich ausschließlich an Frauen in Heilberufen und bietet seinen Mitgliedern ein Forum für Fragen rund um Recht, Betriebswirtschaft und Geschäftsführung, hinzu kommen der kollegiale Austausch und eine professionell organisierte Fortbildung. Erklärtermaßen schafft der MBWC seinen Mitgliedern ein Fundament, mit dem sie neben den medizinischen Kernkompetenzen auch die unternehmerischen Herausforderungen ihres Berufes meistern können.

Synergien nutzen, Kooperationen suchen

Eine weitere Möglichkeit, als ärztlicher Unternehmer erfolgreich zu sein, ist das Nutzen von Synergien. Wie in allen anderen Branchen, so haben auch die Akteure im Healthcare-Bereich gemeinsame Interessen und Ziele. Und was dank etlicher Verbände und Interessensgruppen auf politischer Ebene bereits seit Jahren funktioniert, kann auch in der angewandten Medizin erfolgreich sein.

Erfolgreich umgesetzt wurde dieser Ansatz zum Beispiel von Dentagen, einer aktuell 800 Labore starken Dienstleistungs- und Einkaufsgenossenschaft für das Zahntechniker-Handwerk in Deutschland. Die Mitglieder von Dentagen können unterschiedliche wirtschaftliche Vorteile nutzen, darunter auch Angebote im Bereich des Marketings. Von besseren Lieferkonditionen über spezielle Fortbildungen bis hin zu gemeinsamen Kommunikationsstrategien bietet Dentagen seinen Mitgliedslaboren ein umfassendes Programm an Mehrwerten, die nur ein Ziel haben: Vorsprung vor den Wettbewerbern schaffen.

Fazit: Klug und sorgfältig ausgesuchte Kooperationen können wertvolle Synergien und Mehrwerte schaffen und Marketingmaßnahmen wie Kommunikationsstrategien gemeinsam zum Erfolg führen. Nur so kann der Vorsprung erreicht werden, den es braucht, um nicht nur gegen die Konkurrenz zu bestehen, sondern sich auch von ihr abzusetzen.

Uwe Schäfer

Jahrgang 1963, ist seit 2006 Vorstand für die Bereiche Finanzen, Marketing und Kooperationen bei der EOS Health AG, Hamburg. Der gelernte Bankkaufmann und Diplom-Finanzierungs- und Leasingwirt (VWA) war drei Jahre selbständiger Unternehmensberater mit den Schwerpunkten Unternehmensfinanzierung, Finanzkommunikation und Finanzanalysen und arbeitete zuvor zehn Jahre bei der ABN AMRO Bank, Amsterdam, in den Bereichen Corporate Banking und Credit Structuring in leitender Funktion. Die EOS Health AG ist spezialisiert auf das Factoring (Vorfinanzierung und Ankauf von Forderungen) sowie Ratenzahlungsangebote für Patienten. Kunden sind Zahnärzte, Fachärzte, Labore, Kliniken und Zentren.

✉ *u.schaefer@eos-health.ag*

Vom Payer zum Player

Wie Krankenkassen sich auf den veränderten Gesundheitsmarkt einstellen

„Kein Stein bleibt auf dem anderen" – so charakterisiert Ralf Sjuts, Vorstandschef der Deutschen BKK, die anstehenden Veränderungen im deutschen Gesundheitssystem. **Die Gesundheitsreform, offiziell Wettbewerbsstärkungsgesetz genannt, ist eher ein kleines Beben, das aber bereits genügt hat, das Gebäude kräftig durchzurütteln. Schließlich ist die Gesundheitsbranche mit 260 Milliarden Euro Umsatz (das entspricht 12,2 Prozent vom Bruttoinlandsprodukt) eine der größten in Deutschland. 14 Millionen Menschen sind in diesem Segment beschäftigt. Es gibt also jede Menge Interessen, die vertreten werden – und es geht um viel Geld.**

Früher war das Motto der Krankenkassen „einheitlich und gemeinsam", zum Beispiel bei Vertragsabschlüssen mit Ärzten. Inzwischen wünschen sich viele Krankenkassen mehr Freiheit, und das heißt auch: mehr Wettbewerb. Sie wollen ihre Stärken ausbauen und den Versicherten eine moderne und effektive medizinische Versorgung bieten. Bisher war es jedoch schwierig, sich am Markt zu differenzieren: 96 Prozent der Leistungen der gesetzlichen Krankenversicherung sind – wie der Name schon sagt – gesetzlich vorgeschrieben. Neben hoher Qualität und gutem Service gab es bisher nur wenige Nischen, in denen die Kassen ihre Leistungsfähigkeit unter Beweis stellen konnten. Das ändert sich nun.

Die Gesundheitsreform verschafft den Krankenkassen neue Freiheiten. So tüfteln auch die größten Gegner der Reform mittlerweile eifrig an neuen Tarifen mit Selbstbehalten, Prämien und Kostenerstattung. Für den Verbraucher bedeutet das: Erstmals lassen sich die Krankenkassen deutlich unterscheiden durch individuell gestaltete Tarife und Leistungen. Dank neuer Vertragsfreiheiten werden Rabattverträge mit Pharmafirmen geschlossen, um Kosten zu senken. Immer noch gehören Arzneimittel zu den größten Posten auf der Rechnung der Kassen. Die Integrierte Versorgung – also das Zusammenspiel von Klinik- und niedergelassenen Ärzten sowie weiteren Dienstleistern im Sinne einer optimalen medizinischen Versorgung des Patienten – wird weiter ausgebaut.

Nicht mehr einheitlich, aber gemeinsam

Und man schließt sich zusammen: Die Zahl von 256 Krankenkassen zu Beginn der Reformdebatte im Juni 2006 schrumpfte auf 242. Damit setzt sich der Trend zu weniger Krankenkassen fort. Die historisch gewachsene Vielfalt spiegelte sich noch 1991 in der Anzahl der Kassen wider: Damals teilten sich über 1.200 Krankenkassen den Markt. Seither gab es zahlreiche Fusionen innerhalb der Kassenarten (z.B. AOK, BKK). Mit der neuen Gesundheitsreform werden auch über die Kassenart hinaus Fusionen möglich, beispielsweise könnte sich eine Allgemeine Ortskrankenkasse mit einer Betriebs- oder Innungskrankenkasse zusammenschließen. Die Zusammenschlüsse verschaffen den Kassen die nötige Marktmacht und das gebündelte Knowhow, um im zunehmenden Wettbewerb zu bestehen. Das Ziel, die Verwaltungskosten durch die Schaffung großer Kassen zu senken, wird allerdings kaum erreicht. Häufig arbeiten kleine Kassen flexibler und sogar kostengünstiger als große Kassen.

Neben Fusionen gibt es zahlreiche Kooperationen zwischen den Kassen, insbesondere in den Bereichen Einkauf und Verträge. So kommt es häufig vor, dass dem Vertrag einer großen Kasse weitere, meist kleinere Kassen beitreten. Bestes Beispiel ist der Homöopathievertrag der Deutschen BKK, abgeschlossen am 1. Juni 2005, der erstmals die „Homöopathie auf Chipkarte" möglich machte. Inzwischen sind über 90 Betriebskrankenkassen diesem Vertrag beigetreten bzw. haben einen identischen Vertrag geschlossen.

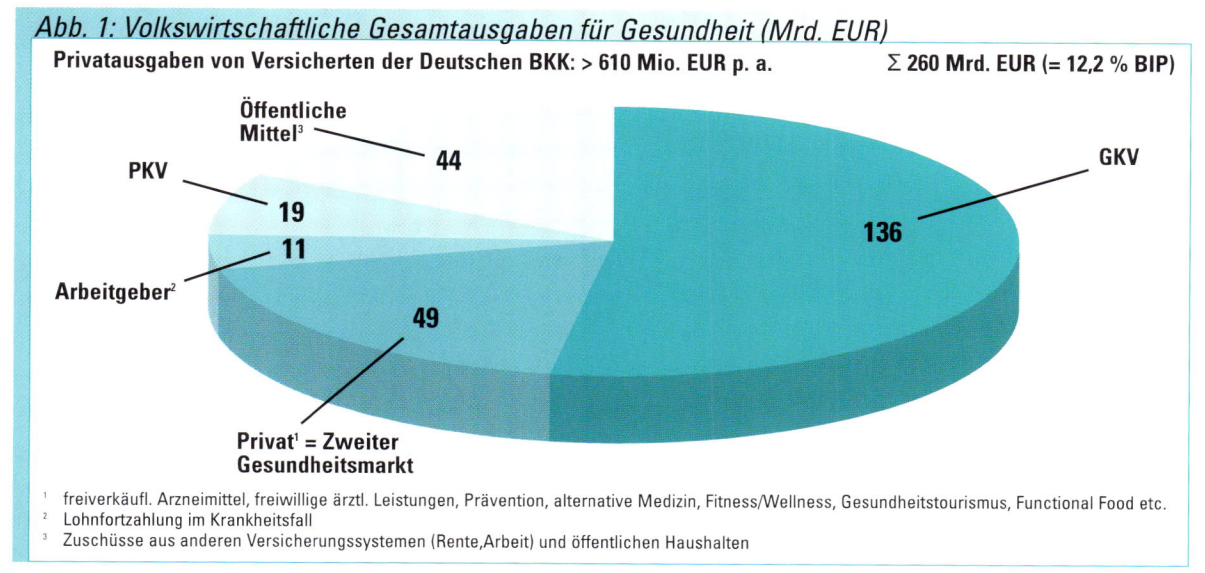

Abb. 1: Volkswirtschaftliche Gesamtausgaben für Gesundheit (Mrd. EUR)

Privatausgaben von Versicherten der Deutschen BKK: > 610 Mio. EUR p. a.   Σ 260 Mrd. EUR (= 12,2 % BIP)

- Öffentliche Mittel[3]: 44
- PKV: 19
- Arbeitgeber[2]: 11
- Privat[1] = Zweiter Gesundheitsmarkt: 49
- GKV: 136

[1] freiverkäufl. Arzneimittel, freiwillige ärztl. Leistungen, Prävention, alternative Medizin, Fitness/Wellness, Gesundheitstourismus, Functional Food etc.
[2] Lohnfortzahlung im Krankheitsfall
[3] Zuschüsse aus anderen Versicherungssystemen (Rente, Arbeit) und öffentlichen Haushalten

Quelle: Statistisches Bundesamt, Roland Berger

Zukunftsweisend ist der Zusammenschluss einzelner Kassen zu einer Holding, die dann gemeinsam einen dritten (oder mehrere) Kooperationspartner mit einer Dienstleistung beauftragt. Dies spart erheblichen Aufwand bei Auswahl, Einkauf und Vertragsabwicklung bis hin zum Controlling.

Size does(n't) matter

Größe allein reicht nicht aus, um im sich verändernden Markt zu bestehen. Nötig sind unternehmerisches Denken und Handeln. Betriebswirtschaftliche Instrumente wie Zielplanung, Prozessmanagement und Controlling werden erfolgreich eingesetzt. Der Austausch mit Unternehmen fremder Branchen, aber auch Versicherungsunternehmen wie der privaten Krankenversicherung ist wichtig, um Impulse von außen zu bekommen. Um dem wachsenden Bedarf an spezialisiertem Know-how Rechnung zu tragen, stellen Krankenkassen vermehrt Spezialisten aus anderen Branchen ein, zum Beispiel Kommunikationsprofis und medizinisches Fachpersonal. Eine dauerhafte Herausforderung bleibt die Informationstechnologie. In Zeiten, in denen man fast überall auf der Welt mit einer Plastikkarte bezahlen oder Geld abheben kann, erstickt das Gesundheitswesen in einer Papierflut: Rezepte, Überweisungen, „gelbe Zettel", Heil- und Kostenpläne und viele weitere Formulare. Die Einführung der elektronischen Gesundheitskarte stößt zum Teil auf erheblichen Widerstand bei den Ärzten. Mit Datenschutz und Patientenrechten wird argumentiert, wenn es vermutlich eher um Angst vor mehr Transparenz bei Behandlungen und Verschreibungen geht. Auch die Abrechnungsgesellschaften, die bislang für die Rezepte zuständig sind, fürchten um ihre Existenz. Bei der Verarbeitung der Patientendaten konkurrieren zwei Softwaresysteme um die Marktführerschaft: AOKen und BKKen favorisieren jeweils eigene Software. Es bleibt spannend, wer sich durchsetzen wird oder ob auf Dauer mehrere Systeme koexistieren können.

Paralleluniversum zweiter Gesundheitsmarkt

Parallel zum Markt der gesetzlichen Krankenkassen, dem sogenannten ersten Gesundheitsmarkt, wächst und gedeiht ein zweiter: der privat finanzierte Gesundheitsmarkt. Von den 260 Milliarden Euro, die jährlich insgesamt für die Gesundheit in Deutschland ausgegeben werden, macht die GKV 136 Milliarden Euro aus. Bereits 49 Milliarden Euro investieren die Deutschen aus eigener Tasche für Gesundheitsleistungen – Tendenz steigend. Naheliegend wäre die Vermutung, dass damit genau die Leistungen kompensiert werden, die in den letzten Jahrzehnten aus dem Katalog der Krankenkassen gestrichen wurden. Das ist aber nur zum Teil richtig. Vielmehr wollen die Mitglieder der Wohlstandsgesellschaft ihr Leben länger und gesund genießen. Schade nur, dass dieser Trend in ganz Deutschland an den Krankenkassen vorbeigeht. In ganz Deutschland? Nein, in Wolfsburg wagt es die Deutsche BKK, den zweiten Gesundheitsmarkt zu erobern. Nach anderthalb Jahren Entwicklungszeit wurde im Januar 2007 die GesundheitsWelt direkt

GmbH gegründet. Das eigenständige Unternehmen wird exklusiv für die Mitglieder der Deutschen BKK Produkte und Dienstleistungen rund um die Gesundheit anbieten. Aktuell arbeitet die GesundheitsWelt direkt GmbH mit 50 Kooperationspartnern aus unterschiedlichen Bereichen zusammen. Hierzu gehören Massagen und Wellnessreisen genauso wie die Augenlaser-Operation, „Essen auf Rädern" oder Sport- und Fitnessgeräte. Alle Produkte sind qualitätsgeprüft und haben ein besonders gutes Preis-Leistungs-Verhältnis. Die Deutsche BKK verspricht sich von dem neuen Unternehmen vor allem eins: Bestandskunden zu halten, indem ein echter Mehrwert geboten wird, und neue Kunden zu gewinnen.

Ist der Kunde schon König?

In puncto Kundenorientierung hat die Gesundheitsbranche (und damit auch die Krankenkassen) ihr Potential mitnichten ausgeschöpft. Das liegt unter anderem an starren gesetzlichen Regelungen, die der Kasse wenig Spielraum für eigene, kundenfreundliche Entscheidungen lassen. Durch neue Spielräume bei Verträgen zum Beispiel mit Kliniken und Reha-Anbietern haben die Kassen aber jetzt die Chance, speziell für ihre Kunden effektive Behandlungswege und -methoden auszuhandeln. Ein weiteres Problem: Ein gesunder Kunde merkt oft gar nicht, dass er eine Krankenkasse hat. Es gibt wenige oder gar keine Berührungspunkte und damit auch kaum Gelegenheit für die Kasse, ihren guten Service unter Beweis zu stellen. Geht dann beim ersten Kontakt etwas schief, ist der Kunde unter Umständen unzufrieden und wechselt zu einer anderen Krankenkasse. Ein sinnvoller Ansatz, um unter anderem mit gesunden Kunden zu kommunizieren, sind Präventionsmaßnahmen. Diese sind aus medizinischer Sicht notwendig, bergen aber zudem kommunikatives Potential. Hier kann die Krankenkasse ihre Beratungs- und Versorgungsqualität unter Beweis stellen. Von der Kasse bezuschusste Gesundheitskurse wie Yoga, Tai Chi, Ernährungsberatung oder Raucherentwöhnung, Fitnesschecks für Kinder oder Sportevents bieten die Chance, mit dem Kunden ins Gespräch zu kommen.

Gezielt und offen kommunizieren

Doch wie kommt man an die Menschen heran, sensibilisiert sie für die Themen Gesundheit und Prävention – insbesondere diejenigen, die bereits gesundheitliche Probleme haben? Wie verschafft man dem Kunden Durchblick im komplexen Gesundheitssystem? Die wenigsten Versicherten haben eine Vorstellung davon, wie ihre Krankenkasse funktioniert. Das Image des „Payers", also des Zahlers (oder noch schlimmer: des Nicht-Zahlers) klebt an den Krankenkassen. Offenheit und Transparenz sind nötig, um das auf den ersten Blick wenig attraktive Thema Krankenkasse interessant zu machen. Eine strategische Kommunikation, die sich nicht auf Gesundheitstipps und Patientenbeschwerden reduziert, aber auch nicht in politischem Gerangel verzettelt, hilft den Krankenkassen, den Draht zu ihren Versicherten und zu potentiellen Kunden zu finden. Wer von den 242 Krankenkassen es schafft, seine Produkte und Leistungen verständlich und übersichtlich zu kommunizieren und langfristig ein stabiles Image zu schaffen, trägt damit nicht nur zum Überleben im Markt bei. Dann kommt auch endlich die Botschaft beim Kunden an, dass die moderne Krankenkasse sich vom reinen Abrechner zum qualifizierten Gesundheitsmanager gewandelt hat: vom „Payer" zum „Player".

Deutsche BKK

Die Deutsche BKK ist die größte Betriebskrankenkasse Deutschlands mit über einer Million Versicherten. Sie ist hervorgegangen aus den Betriebskrankenkassen der Unternehmen Volkswagen, Deutsche Post und Deutsche Telekom. Ihren Versicherten bietet die Deutsche BKK u.a. Zusatzleistungen aus dem Bereich der Homöopathie und Naturheilkunde sowie zahlreiche Präventions- und Modellprojekte. Die Deutsche BKK ist bundesweit für jedermann geöffnet und verfügt über 47 Filialen, ihr Sitz ist Wolfsburg. Der allgemeine Beitragssatz beträgt 14,2 Prozent.

Lydia Krüger

(34) ist seit 2006 Pressesprecherin der Deutschen BKK, Wolfsburg, Deutschlands größter Betriebskrankenkasse. Nach ihrem Studium der GWK an der HdK Berlin arbeitete Frau Krüger zunächst als Journalistin und PR-Beraterin.

✉ lydia.krueger@deutschebkk.de

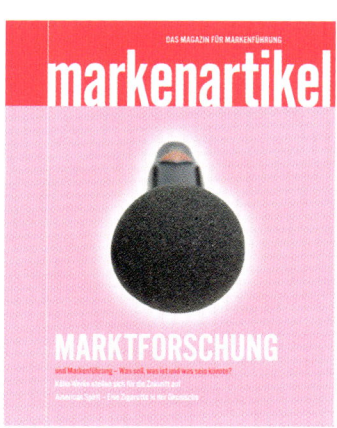

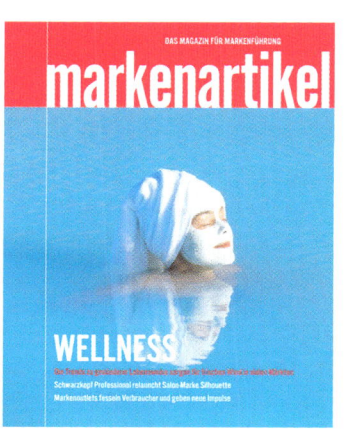

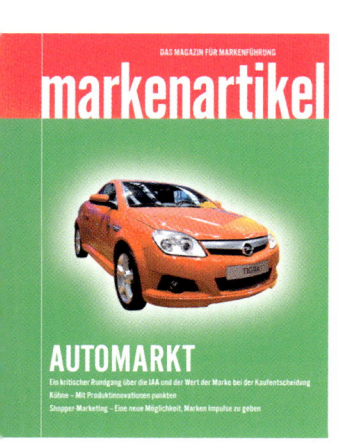

JEDEN MONAT NEU

MARKENARTIKEL – DAS MAGAZIN FÜR MARKENFÜHRUNG

Fordern Sie jetzt bei Birgit Jessen Ihr persönliches Kennenlern-Exemplar an!
Telefon: 040/60 90 09-62
Email: jessen@new-business.de

Rückhalt für Deutschland

Eine Initiative von Prof. Grönemeyer und der Techniker Krankenkasse

Marketing bei der TK bedeutet unter anderem, den Kunden dabei zu helfen, das Bewusstsein für die eigene Gesundheit zu schärfen. Das ist eine große Herausforderung. Denn: Mitgliedsbeiträge müssen verantwortungsvoll und zielgerichtet eingesetzt werden. Das gebietet die Eigenverantwortung als Techniker Krankenkasse (TK) gegenüber ihren Versicherten und nicht zuletzt ihrer gesetzlichen Verpflichtung. Dennoch ist es möglich, mit limitierten finanziellen Mitteln ein Maximum zu erreichen. Dies zeigt die gemeinsame Initiative ‚Rückhalt für Deutschland', die die TK gemeinsam mit dem Rückenspezialisten und Inhaber des Lehrstuhls für Radiologe und Mikrotherapie der Universität Witten/Herdecke, Prof. Dr. Dietrich Grönemeyer, ins Leben gerufen hat.

Mit einem thematisch aufeinander abgestimmten Medien- und Eventmix und einer Allianz aus verschiedenen Aktionspartnern zieht sich ‚Rückhalt für Deutschland' wie ein roter Faden durch den öffentlichen Auftritt. Ziel der Initiative: Die Menschen zu motivieren, sich mehr zu bewegen. Das beugt Rückenbeschwerden vor.

Warum gerade das Thema Rücken?

Zwei von drei Menschen in Deutschland leiden mindestens einmal im Jahr unter Rückenschmerzen, und fast jeder zehnte Krankheitstag geht auf Rückenbeschwerden zurück. Dabei könnten vier von fünf Betroffenen die Schmerzen allein durch Muskeltraining und ausreichende Bewegung vermeiden. Deshalb haben sich die Techniker Krankenkasse (TK) und Professor Dr. Dietrich Grönemeyer mit der Initiative ‚Rückhalt für Deutschland' das Ziel gesetzt, die Menschen zu motivieren, rechtzeitig für ihren Rücken aktiv zu werden.

Mit zahlreichen Veranstaltungen in ganz Deutschland, ausführlichem Informationsmaterial und

Die Allianz der Initiative ‚Rückhalt für Deutschland'

- Techniker Krankenkasse
- Prof. Dr. med. Dietrich Grönemeyer
- Burda
- Deutscher Olympischer Sportbund
- Deutsche Sportjugend
- Intersport
- Sony
- medienkontor Verlagsgesellschaft (TV Gesund & Leben)
- RTL II

einer Internetpräsenz gibt ‚Rückhalt für Deutschland' konkrete, praktische Hinweise, wie Rückenbeschwerden vermieden werden können. Denn: Rückenschmerzen sind keine Krankheit. Jeder kann Rückenschmerzen durch regelmäßige Bewegung wirkungsvoll vorbeugen. Diese Botschaft vermittelt Prof. Grönemeyer seinem Publikum.

Vorträge und Events rund um den Rücken

Vorträge

In Vorträgen bei Firmen, im Rahmen von großen Sportveranstaltungen und Gesundheitstagen gab Prof. Grönemeyer konkrete Tipps für physiologischen Rückhalt. Hier sprach er auf der Basis von ‚Mein Rückenbuch' über grundsätzliche Themen, Daten und Fakten zu Rückenleiden, deren Ursachen und Präventionsmaßnahmen. Außerdem zeigte Prof. Grönemeyer in praktischen Übungen, was einen starken Rücken ausmacht und wie man ihn fit machen kann.

Es gab aber auch weitere Unterstützer der Initiative ‚Rückhalt für Deutschland'. So hielt zum Beispiel der ehemalige Tennis-Profi Charly Steeb für Mitar-

Die Expertenrunde im Dortmunder Signal Iduna Park: Prof. Dr. Dietrich Grönemeyer, Moderator Roman Köster, Uwe Seeler und Jahrhundert-Handballer Erhard Wunderlich (v.l.n.r.)

Im TK-Rücken-Center können sich Interessierte die Füße vermessen und einen Rücken-Check durchführen lassen, so wie beim Burda Health Day 2006 im März in Berlin.

beiter des Airbus-Konzerns Vorträge zu seinem Motivationsprogramm ‚Moving - ab jetzt gesund'. Der dreimalige Daviscup-Sieger und sein Trainer Markus Hornig haben mit ‚Moving' ein Programm entwickelt, das zeigt, wie man seine Lebensgewohnheiten Schritt für Schritt umstellt.

Talkrunden
Ein weiteres Highlight: Um mit dem Rückenexperten Prof. Grönemeyer und Fußball-Größen wie Uwe Seeler oder Horst Hrubesch über die deutschen Chancen bei der Fußballweltmeisterschaft und das Thema „Rückenleiden" zu diskutieren, fanden Talkrunden im VIP-Bereich von zahlreichen WM-Stadien statt.

‚Rückhalt für Deutschland' macht Firmen mobil

Bundesweit ging ‚Rückhalt für Deutschland' in mehr als 100 Städten auf Tour. An Universitäten und bei großen Sportveranstaltungen konnten die Teilnehmer testen, wie es um die Gesundheit ihres Rückens und ihrer Füße bestellt ist. Der Großteil der Veranstaltungen fand jedoch in Betrieben statt.

Im TK-Center konnten Interessierte einen Rückencheck und eine Fußvermessung mit anschließender Beratung durchführen lassen. Beim Rückencheck wird die Wirbelsäule mit dem neuesten Messverfahren gescannt (Normalstellung, gebeugt, unter Belastung). Beweglichkeit, Haltung und Haltevermögen werden so ermittelt. Die Mess-

daten werden an einen Drucker gefunkt, der das Ergebnis ausdruckt.

Außerdem kann man sich die Füße per Scanner exakt vermessen lassen. Das Ergebnis umfasst eine Empfehlung für den richtigen Walking-Schuh und die optimale Stocklänge. Beraten werden die Teilnehmer von Fachpersonal des Deutschen Olympischen Sportbundes.

Die ‚Rückhalt für Deutschland'-Tour ist eine Kooperation mit dem Deutschen Olympischen Sportbund und der Deutschen Sportjugend.

Werbung

Bei der Werbung setzt die TK auf Medienkooperationen mit thematisch passenden Publikumszeitschriften. Beispiele sind ‚Fit for Fun', ‚Focus', ‚Focus Schule', das Apotheken-Magazin ‚TV Gesund & Leben' (medienkontor Verlagsgesellschaft) sowie der TV-Sender ‚Focus Gesundheit'.

Neben klassischen Anzeigen in Publikumszeitschriften von Medienpartnern gab es eine zeitlich begrenzte Online-Bannerkampagne sowie die Schaltung von TV-Spots auf RTL II zur ‚Rückhalt für Deutschland'-Tour mit dem Deutschen Olympischen Sportbund und der Deutschen Sportjugend.

Ein weiterer Schwerpunkt ist die redaktionelle Anzeigenschaltung in der ‚Bild'-Zeitung: Begleitend zu den Talkrunden in WM-Stadien wurden Advertorials zur Ankündigung und im Nachgang der Veranstaltungen in den jeweils regionalen ‚Bild'-Ausgaben geschaltet. Darüber hinaus wurde ausführlich über die Initiative ‚Rückhalt für Deutschland' auf einer vierseitigen Anzeigenstrecke (Tabloid-Format) in der bundesweiten ‚Bild' berichtet.

Eine besondere Partnerschaft – "Rückhalt für Deutschland" und FOCUS

Die TK ist mit ‚Rückhalt für Deutschland' auch Medienkooperationen eingegangen. So wurde gemeinsam mit dem TV-Sender ‚Focus Gesundheit' die DVD ‚Mein gesunder Rücken' herausgebracht. Auf der DVD erfährt man, wie man seinen Rücken stark und fit für den Alltag macht. Das Training beinhaltet unter anderem ein 20-Tage-Programm, mit dem man in nur zehn Minuten täglich Rücken und Bauch stärkt, Verspannungen löst und die Wirbelsäule beweglich hält. Das Alltagstrai-

Die gemeinsam mit 'Focus Gesundheit' entwickelte DVD "Mein gesunder Rücken" zeigt in praktischen Übungen, wie man seinen Rücken fit hält.

Rückhalt für Deutschland in Zahlen

- Reichweite Medienpräsenz inklusive redaktioneller Anzeigen: ca. 36,5 Millionen
- Anzahl erreichter Menschen über Events: ca. 354.000
- Durchgeführte Fußvermessungen: 22.050
- Reichweite RTL II Spot: 5.520.000 Zuschauer

ning mit Erläuterungen von Prof. Dr. Dietrich Grönemeyer enthält Übungen für zwischendurch – zu Hause, im Büro oder Auto. Außerdem gibt es viele Hintergrundinformationen für einen gesunden Rücken.

Dieses Produkt wurde in zwei ‚Focus'-Ausgaben im November 2006 zur Bestellung per Coupon oder via Internet angeboten. Aufgrund der großen Nachfrage lag zusätzlich die Rücken-DVD ‚Mein gesunder Rücken' dem ‚Focus' Nr. 47/06 als Titelbeikleber bei.

Jede Menge Infomaterial für Groß und Klein

Wer wissen will, was seinem Rücken gut tut, für den hält die TK ein umfangreiches Paket an Infomaterial bereit. Vom richtigen Sitzen am Arbeitsplatz

DIENSTLEISTUNGEN

Wer auf der Suche nach Tipps für einen rückenfreundlichen Büro-Alltag ist, findet diese in der Broschüre ‚So halten Sie Ihren Rücken fit'. Und dass man nicht mehr als täglich zehn Minuten benötigt, um seinem Rücken etwas Gutes zu tun, zeigt der Leporello ‚10 Minuten für den Rücken'. Er enthält die besten Übungen fürs tägliche Training.

TK-Gesundheitsangebote für den Rücken

Mit speziellen Bewegungskursen bietet die TK ihren Versicherten an, noch mehr für ihren Rücken zu tun. Dass die Qualität stimmt und die Angebote ausschließlich von qualifizierten Fachleuten geleitet werden, versteht sich dabei von selbst.

Walking & Nordic Walking
Diese gelenkschonenden Ausdauersportarten sind für den Rücken vorteilhaft, weil die harmonischen Bewegungsabläufe Muskelverspannungen im Schulter-Nacken-Bereich lösen können. Walken schont Gelenke, Bänder und die Wirbelsäule.

Die Broschüre ‚Kindern den Rücken stärken' enthält wichtige Tipps für eine gesunde und bewegte Kindheit. Die Broschüre ‚Der Rücken' zeigt, was man tun kann, um beweglicher zu werden und rückenfreundlicher zu leben.

bis hin zu Bewegungsspielen für Kinder. Ein Angebot an Trainingspostern zeigt Übungen zum Dehnen und Kräftigen der Rückenmuskulatur sowie gesunde Alternativen zu Krankmacher-Übungen.

Werbung, die wirkt!

KONPRESS: Top-Anzeigenkontaktchance!*

*LpwS: 85,8% lt. ma 2007/I

- **KONPRESS erzielt jede Woche rund 3 Millionen Kontakte**

- **KONPRESS erreicht die gesundheitsorientierte Zielgruppe 50plus**

- **KONPRESS-Leser liegen bei den Verbrauchsintensitäten vieler OTC-Präparate weit über denen des Bundesdurchschnitts**

- **KONPRESS ist der ideale Werbeträger für optimales und zielgruppenorientiertes Healthcare-Marketing**

KONPRESS-Medien eG
Kurfürstenwall 19
45657 Recklinghausen
Tel.: 0 23 61 / 92 01-0
Fax: 0 23 61 / 92 01-30
E-Mail: info@konpress.de
Internet: www.konpress.de

KONfessionelle PRESSe — Vermarkter von 42 konfessionellen Wochenzeitungen

Fordern Sie weitere Infos über KONPRESS und die Zielgruppe der „Best Ager" sowie über unsere Schwerpunktthemen 2007 an.

KONPRESS optimiert Ihren Mediaplan optimal!

TK-Rückenkurse
In ausgewählten Fitness-Studios und Gesundheitszentren bietet die TK seit 2006 zwei neue Rückenkurse an. Im Angebot ‚Rücken plus' lernen die Teilnehmer das gerätegestützte Rückentraining kennen, während im Kurs ‚Rücken basic' zum Beispiel Physioball und Latexband eingesetzt werden. Mehr unter www.tk-online.de/gesundheitskurse.

Entspannung
Vielfach ist auch Stress der Auslöser für Rückenprobleme. Bei den Kursen zu Entspannungsverfahren lernen die Teilnehmer, mit emotionalen und körperlichen Spannungen umzugehen oder diese nach Stresssituationen abzubauen.

www.rueckhalt-fuer-deutschland.de
Die zentrale Informationsplattform für ‚Rückhalt für Deutschland'. Hier erhalten alle Interessierten detaillierte Informationen zur Prävention von Rückenleiden, zu den Leistungen und Angeboten der TK sowie zu allen Veranstaltungen, Aktionen und Partnern der Initiative.

Rückhalt in Deutschland

Techniker Krankenkasse
Gesund in die Zukunft.

Als innovative Krankenkasse setzt die TK seit langem Maßstäbe in der medizinischen Versorgung ihrer Mitglieder und bei der Gesundheitsvorsorge. So ist die TK die erste Krankenkasse, die Impfungen gegen Gebärmutterhalskrebs bezahlt. Außerdem bezahlt die TK als erste Krankenkasse ihren Mitgliedern modernes Insulin. Zahlen sprechen für sich: Mehr als sechs Millionen Menschen sind bei der TK versichert.

Die TK nimmt aber auch eine Vorreiterrolle auf dem Gebiet der Prävention von Rückenleiden ein. Prävention beginnt und endet allerdings nicht beim Rückentraining. Erfolgversprechender ist es, Menschen zu einer vorbeugenden und gesundheitserhaltenden Verhaltensweise zu motivieren.

Die gemeinsam mit Prof. Grönemeyer ins Leben gerufene Initiative ‚Rückhalt für Deutschland' soll dazu beitragen, die Verantwortung für die eigene Gesundheit selbst in die Hand zu nehmen.

Prof. Dr. med. Dietrich Grönemeyer

ist Inhaber des Lehrstuhls für Radiologie und des weltweit einzigen Lehrstuhls für Mikrotherapie in Bochum.

Durch neue Therapiewege sowie zahlreiche Veröffentlichungen zum Thema Prävention und Therapie von Rückenschmerzen hat sich der Spezialist einen Namen gemacht. Er begleitet die TK bei der gemeinsamen Initiative ‚Rückhalt für Deutschland' mit seiner Kompetenz und seinem Fachwissen.

Professor Dr. Grönemeyer profilierte sich als Spezialist für die Behandlung von Rückenleiden auch international. 1988 führte er die weltweit erste Operation am offenen Kernspin- und Computertomografen durch.

2003 erhielt Prof. Grönemeyer den ‚World Future Award' für seinen Beitrag im Kampf gegen Krebs aus der Hand von Michail Gorbatschow. Akzente setzte er auch mit seinen Büchern. Bestseller wurden ‚Mensch bleiben', ‚Mein Rückenbuch', ‚Der kleine Medicus' und ‚Lebe mit Herz und Seele'.

Alexandra Krotz

(41) ist Fachreferentin im Fachbereich Werbung, Internet, Redaktion bei der Techniker Krankenkasse. Die Diplom-Ernährungswissenschaftlerin blickt zurück auf eine sechsjährige Tätigkeit im Bereich Gesundheitsförderung und Prävention und hat neunjährige Erfahrung als Redakteurin. Seit 2006 ist Alexandra Krotz Projektleiterin der Initiative ‚Rückhalt für Deutschland'.

✉ *alexandra.krotz@tk-online.de*

Patient Krankenhaus – Erstbefund: Eindeutig. Es fehlt an Profil.

Ein Intensiv-Check-up der Erscheinungsbilder der Krankenhäuser hat gezeigt, dass der visuelle Auftritt deutscher Kliniken nur wenig differenzierend ist. Die Markeninhalte bleiben abstrakt und die Positionierungen sind diffus. Eine Tatsache, die erstaunt – vor allem in Hinblick auf die verschärften Rahmenbedingungen im Gesundheitswesen. Sehen sich Krankenhäuser im Kampf um die Gunst der Patienten, Einweiser und Kostenträger doch regelrecht absatzmarktbezogenen Herausforderungen gegenüber. Sie müssen sich, wie in durch Marken bestimmte Branchen, zum Beispiel der Konsumgüterindustrie, gegenüber der Konkurrenz profilieren, im Meinungsbild der relevanten Zielgruppen eine unverwechselbare Alleinstellung einnehmen und eine langfristige Bindung der Kunden erreichen.

In Zeiten von Reiz- und Informationsüberflutung vertrauen Kunden auf Marken. Sie besetzen wertvolles Terrain in ihren Köpfen und geben ihnen Orientierung im Informationsdschungel aus Dienstleistungen und Produkten. Krankenhäuser haben es heute mit mündigen Patienten zu tun, die nicht mehr nur Behandlungsfall sind. Patienten sind Kunden, die immer besser informiert sind und umworben werden wollen. Eine stringente Markenführung und ein einheitlicher Auftritt bietet Kliniken dabei nicht nur die Chance, sich gegenüber der Konkurrenz zu differenzieren, sondern hilft gleichermaßen Patienten und Einweisern, die für sie richtige Entscheidung zu treffen und ihnen dabei ein Gefühl von Sicherheit zu vermitteln. Für die Häuser ist es also überlebensnotwendig, eine bekannte Marke herauszubilden und die eigenen Stärken aktiv nach außen zu kommunizieren.

In den USA ist die Idee, Krankenhäuser als Marke zu etablieren, nicht neu. Die Mayo Clinic, das Cedars-Sinai Hospital oder auch das Johns Hopkins Medicine sind Krankenhäuser, die auf nationaler und sogar teils auf internationaler Ebene als

Peter Schmidt Group gestaltet Erscheinungsbild der Charité

echte Krankenhausmarke verstanden werden können. Als gelungenes Beispiel in der deutschen Kliniklandschaft kann die Charité angeführt werden. 2003 leitete die Klinik einen Markenbildungsprozess ein und gab sich ein neues Erscheinungsbild. Der neue visuelle Auftritt markierte vor vier Jahren den Vollzug einer außergewöhnlichen Fusion innerhalb der deutschen Medizin- und Forschungslandschaft: Aus vier Standorten entstand eine der größten Universitätskliniken Europas. Heute umfasst die Charité 128 Kliniken und Institute, verteilt auf die vier Standorte Campus Benjamin Franklin, Charité Campus Buch, Charité Campus Mitte und Campus Virchow-Klinikum. Das neue Markenzeichen besteht aus modern anmutenden Großbuchstaben und stellt die beiden Cs in den Begriffen Charité und Campus optisch in den Mittelpunkt.

Erste Hilfe in Sachen Marke

Ein hohes Qualitätsniveau bei medizinischen Leistungen ist bei der Markenbildung zwar ein wichtiger Faktor und auch Voraussetzung für den wirtschaftlichen Erfolg einer Klinik, nicht aber ausreichend zur Profilierung gegenüber dem Wettbewerb. Von hoher Bedeutung ist vielmehr, herauszuarbeiten, was die Marke verkörpert, und zu ergründen, für welche Schlüsselkompetenzen sie steht. Dabei lassen sich im Krankenhaussektor verschiedene Markengegenstandsbereiche abgrenzen: Auf der obersten Ebene steht die Verbundmarke. Bezieht sich die Marke auf ein Krankenhaus als Ganzes, spricht man von Unternehmensmarke, die unter dem Dach einer gemeinsamen Verbundmarke geführt werden kann. Weiter heruntergebrochen können natürlich auch einzelne Abteilungen oder gar ärztliche Spezialisten als Marke unter der Unternehmensmarke etabliert werden.

Um ein Gesamtbild entwerfen zu können, hat die Peter Schmidt Group ein Modell entwickelt, das Marken, Design und Zielgruppen in gleichen Dimensionen abbilden kann. Es dient als qualitatives Positionierungsmodell, in dem sich auch der Krankenhausmarkt spiegeln lässt.

Die Status-quo-Positionierungen der Top Player im deutschen Markt befinden sich heute fast ausschließlich in einem konservativen, älteren Umfeld, das Streben nach Geborgenheit repräsentiert und diesen zunehmend wachsenden Teil der Gesellschaft widerspiegelt. Für einen Krankenhausbetreiber, der ein Leistungsportfolio von Reha-, Pflegeheimen und Akutkrankenhäusern abdeckt, ist dieser Positionierungsraum hochgradig relevant. Die Positionierung einer zukunftsgewandten Marke ist in diesem Setting nicht möglich. Für einen Krankenhausbetreiber, der sein Leistungsangebot spezialisiert und sich der Forschung an innovativen Technologien verschrieben hat, macht zum Beispiel eine vom Wettbewerbsumfeld isolierte Positionierung in einem visionären, kreativen und sich durch Intellectual Leadership auszeichnenden Raum Sinn. Selbst eine Positionierung in einem Milieu, das als provokant, unterhaltend und aktionsgetrieben beschrieben werden kann, ist möglich. Zum Beispiel für Kliniken, die ambulante Pflegedienste im Bereich Sportmedizin anbieten. Krankenhausbetreiber, die marktwirtschaftlich ausgerichtet sind, renditestark operieren und eventuell sogar als Aktiengesellschaft auftreten, ist eine Positionierung in einem ambitionierten, durch Leistung und Qualitätsführerschaft gekennzeichneten Positionierungsraum empfehlenswert. Wichtig ist hierbei immer, dass das Leistungsportfolio und die Vision des Klinikbetreibers ein glaubwürdiges Szenario bilden, welches konsequent klinikübergreifend gelebt werden kann.

Ausgehend von einem so erfassten Status quo des Marktes und der Ist-Positionierung im Wettbewerb ist es möglich, Szenarien für eine zukünftige Markenpositionierung abzuleiten und eine strategische Zielpositionierung für die Markenidentität zu entwickeln. Die Positionierungsszenarien vermitteln dem Unternehmen ein Gespür dafür, dass jede Positionierung andere Konsequenzen hat. Sie zeigen, wie es sich anfühlt, wenn man sich im Krankenhaussektor zum Beispiel für die Position „Führend durch Kompetenz und Sympathie" entscheidet und wie die Bildsprache, die Innenräume oder gar die Corporate Fashion aussehen. Dabei ist es wichtig, diese Informationen für die Kunden visuell aufzubereiten. Üblicherweise liegen in Unternehmen Beschreibungen der Markenidentität in Form von Leistungsansprüchen und Werten vor. Diese Attributlisten sind, wie der Status quo des Krankenhausmarktes zeigt, meist austauschbar. Deshalb müssen Markenleitbilder entwickelt werden, die die Markenwelt beschreiben und visualisieren und die Identität einfach und unmittelbar vermitteln. Die Verbindung von Markenwerten und Markenästhetik ermöglicht eine bisher unbekannte Verbindlichkeit in der Kommunikation der Markenidentität.

Erst wenn die Markenpositionierung ausformuliert und in ein Markenleitbild überführt wurde, kann mit der Entwicklung von operativen Leitbildern für Design, Kommunikation, Architektur und Service sowie eines neuen Corporate Design begonnen werden. Eine markenimmanente Designsprache vervollständigt nicht nur das einheitliche Markenbild, sondern ist maßgeblich dafür verantwortlich, als Krankenhaus eigenständig und bestimmend im Markt aufzutreten.

Operation Markenimplementierung

Die Marke kann ihre volle Wirkung nur entfalten, wenn sie geschlossen und widerspruchsfrei kommuniziert und nach allen Regeln der Kunst implementiert wird. Mit dem Tool Brand Portal gibt die Peter Schmidt Group Unternehmen ein Instrument an die Hand, das sie in der konsequenten Umsetzung des neuen Erscheinungsbildes in die Praxis unterstützt. Als digitale Markenzentrale bündelt das Brand Portal alle relevanten Angaben und Ausführungsbestimmungen zum Corporate Design. Außerdem vereinfacht es Arbeitsprozesse, indem es die zentrale Verteilung von Materialien, wie Broschüren und Werbemitteln, ermöglicht. In Kombination mit dem von der Agentur entwickelten iBrams-System lässt sich sogar die Erstellung von Kommunikations- und Werbemitteln über das Internet automatisieren. So profitieren nicht nur die Mitarbeiter, sondern auch externe Dienstleister. Agenturen oder Druckereien haben immer ungehinderten Zugriff auf aktuelle Daten, deshalb müssen Layout-Richtlinien oder Vorlagen nicht mehr individuell und wiederholt an jeden externen Partner verschickt werden. In einem frühen Stadium der Markenneuausrichtung kann das Brand Portal als Arbeitsplattform für gemeinsame Abstimmungsprozesse genutzt werden.

Die Umsetzung des neuen Erscheinungsbildes in die Praxis ist ein komplexer Prozess und stellt hohe Anforderungen an die Krankenhausorganisationen. Erst nach erfolgreich abgeschlossener Operation entlassen wir unseren Kunden beruhigt mit dem Abschlussbefund „Kern Gesund".

Friederike Biegel

Jahrgang 1974, betreut als Senior Consultant bei der Peter Schmidt Group Frankfurt schwerpunktmäßig Kunden aus dem Bereich Services, u.a. Banken, Airlines und Kliniken, und ist einer der Hauptansprechpartner im Bereich strategische Markenführung und Design. Nach ihrem Design-Studium (BA Hons Int. Design, Kingston University, Großbritannien) war sie drei Jahre in London als Senior Designer bei Allen International tätig, einer Design- und Brandingagentur. 2001 wechselt sie zur design.net AG, heute Peter Schmidt Group.

✉ *friederike.biegel@peter-schmidt-group.de*

Der Kampf um die Patienten ist entbrannt

Krankenhäuser besinnen sich im Wettbewerb immer mehr auf die Öffentlichkeitsarbeit

Patienten und Krankenhausmitarbeiter müssen sich auf schwierige Zeiten einstellen. Experten fürchten, dass die Gesundheitsreform in den Kliniken zu Personalabbau und zur Schließung ganzer Einrichtungen führen wird. Das kann für Patienten längere Wartezeiten bedeuten und für das Klinikpersonal Gehaltskürzungen – wenn nicht sogar Arbeitslosigkeit. Unter besonderem Druck stehen die Kur- und Rehakliniken. Bei ihnen führt die Gesundheitsreform zu dramatischen Einbrüchen der Übernachtungszahlen.

Die Situation der Krankenhäuser war bereits vor der Reform angespannt, denn in Deutschland gibt es offenbar deutlich zu viele Krankenhäuser. Gesundheitsexperten gehen seit längerem davon aus, dass im harten Wettbewerb um die Patienten viele Kliniken in naher Zukunft auf der Strecke bleiben werden. Eine im Januar 2007 bekanntgewordene Studie bestätigt, dass die Branche vor einem harten Anpassungsprozess steht, dem bis 2020 jede fünfte Klinik zum Opfer fallen könnte.

Ruf nach Marktwirtschaft

Die Verfasser der Studie im Rheinisch-Westfälischen Institut für Wirtschaftsforschung (RWI) fordern neben drastischen Sparmaßnahmen auch andere marktwirtschaftliche Elemente. Viele Kliniken kommen dieser Forderung längst nach, indem sie beispielsweise ihr Angebot ausweiten. So versuchen fast alle, durch Zusatzangebote Patienten an sich zu binden. Immer mehr Krankenhäuser entwickeln Medical-Wellness-Angebote oder öffnen ihr Haus für Entspannungskurse, Rückenschulen oder autogenes Training.

Auch die Öffentlichkeitsarbeit wurde vom RWI als Instrument genannt, mit dem sich Krankenhäuser im Wettbewerb zur Wehr setzen können. Etliche

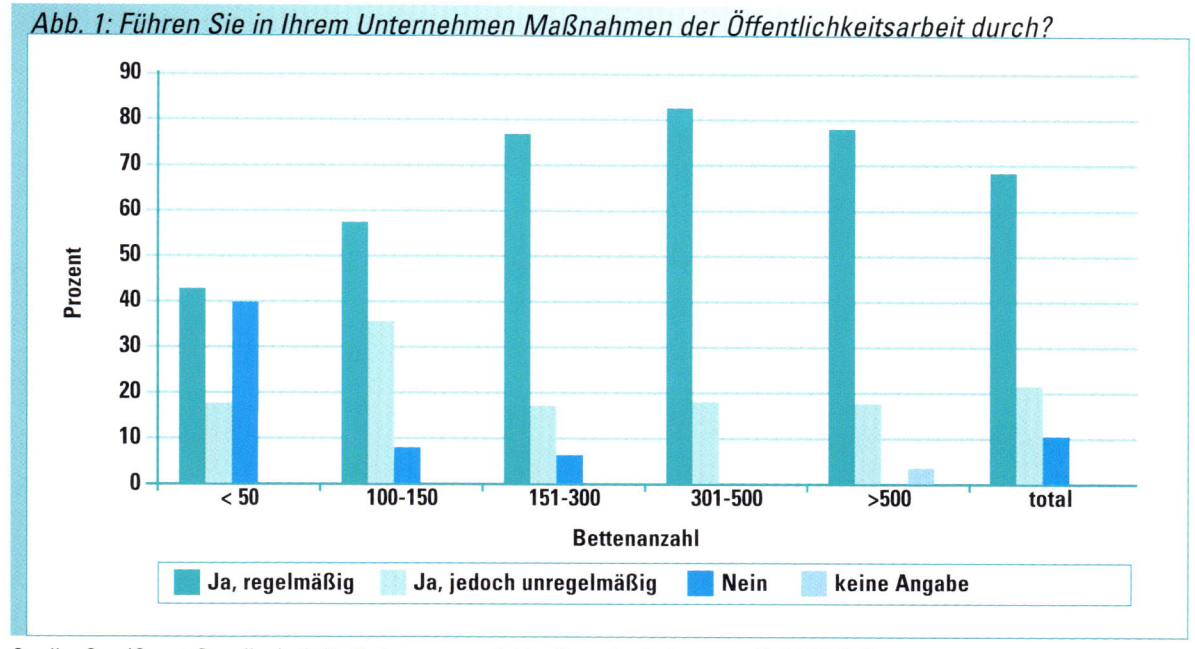

Abb. 1: Führen Sie in Ihrem Unternehmen Maßnahmen der Öffentlichkeitsarbeit durch?

Quelle: OmniQuest Gesellschaft für Befragungsprojekte, Bonn im Auftrag von Kohl PR & Partner

Abb. 2: Planen Sie in Zukunft verstärkt Maßnahmen der Öffentlichkeitsarbeit einzusetzen?

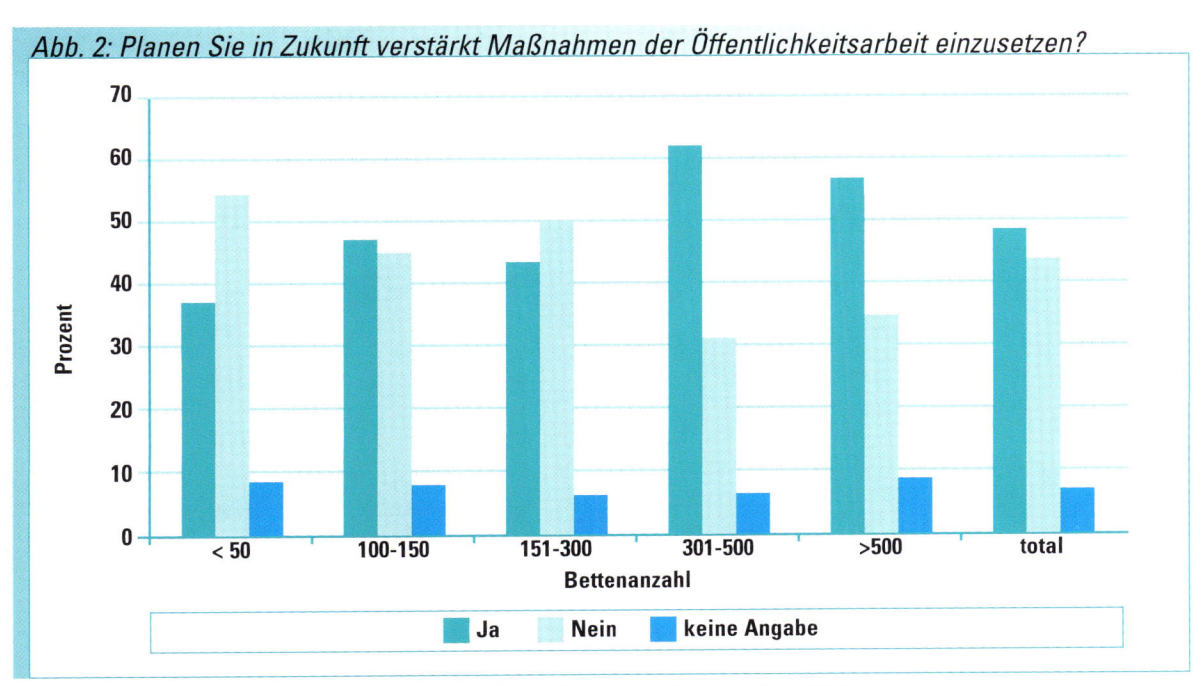

Quelle: OmniQuest Gesellschaft für Befragungsprojekte, Bonn im Auftrag von Kohl PR & Partner

Klinikchefs haben aber schon vor dieser Empfehlung erkannt, dass für ein erfolgreiches Bestehen am Markt mehr als nur Kostensenkungen erforderlich sind. Sie setzen darauf, sich in der Öffentlichkeit als Kompetenzzentrum zu etablieren und der Konkurrenz Patienten abspenstig zu machen.

Umfrage von Kohl PR bestätigt Trend zur Öffentlichkeitsarbeit

Eine im vergangenen Jahr von der Kommunikationsberatung Kohl PR & Partner in Auftrag gegebene Umfrage unter deutschen Kliniken ergab, dass dass einige Kliniken in Zukunft verstärkt in ihre Öffentlichkeitsarbeit investieren wollen, um sich im zunehmenden Wettbewerb von anderen Häusern abzuheben. Die repräsentative Umfrage zeigt, dass knapp die Hälfte der Einrichtungen mehr Öffentlichkeitsarbeit betreiben will. Zusätzliche PR-Maßnahmen planen vor allem große Häuser mit mehr als 300 Betten. Von ihnen wollen 60 Prozent mehr Geld für die Öffentlichkeitsarbeit ausgeben.

Der Umfrage von Kohl PR & Partner zufolge greifen bereits jetzt mehr als zwei Drittel der Kliniken regelmäßig zu Mitteln der Öffentlichkeitsarbeit, rund 20 Prozent in unregelmäßigen Abständen. Jede zehnte Klinik verzichtet derzeit noch völlig auf Öffentlichkeitsarbeit. Von den Kliniken, die zu PR-Maßnahmen greifen, bieten fast alle (97 %) eine eigene Website an. Mehr als 90 Prozent informieren zudem in Broschüren über ihre Leistungen oder veröffentlichen Pressemitteilungen.

Investitionen in die Markenentwicklung

Große Bedeutung messen die Krankenhäuser offenbar der Entwicklung einer eigenen Marke bei, verbunden mit einem Corporate Design. 64 Prozent aller Häuser investieren auf diesem Gebiet. Auch hier sind die großen Kliniken mit mehr als 300 Betten am aktivsten. Drei Viertel von ihnen treiben die Entwicklung der eigenen Marke voran. Von den kleineren Häusern haben 58 Prozent entsprechende Maßnahmen eingeleitet.

Gespräche mit Klinikverantwortlichen machen allerdings auch deutlich, wo die Schwächen der Öffentlichkeitsarbeit liegen. Eine Broschüre, eine manchmal nur halbherzig gepflegte Website und unregelmäßig verschickte Pressemitteilungen sind nicht selten alles, was an PR-Maßnahmen unternommen wird. Wirkungsvoll und vor allem nachhaltig sind solche Aktivitäten kaum. Zur erfolgreichen PR für Krankenhäuser gehört mehr.

Alleinstellung und Nutzwert sind gefragt

Wer sich im harten Wettbewerb der Krankenhäuser behaupten will, muss zunächst genau identifizieren, worin er sich von der Konkurrenz unterscheiden möchte. Vor allem Kurkliniken und Reha-Einrichtungen machen sich darüber Gedanken, wie sie mit neuen Angeboten ihre Betten belegen können. Wie sieht das Alleinstellungsmerkmal der Klinik aus? Warum sollen die Patienten gerade in dieses Haus kommen und nicht in ein anderes? Wie kann sich das Krankenhaus durch neue Angebote neue Zielgruppen erschließen? Die Beantwortung dieser Fragen ist die Hausaufgabe, die erledigt werden muss, bevor überhaupt an die Öffentlichkeitsarbeit gedacht werden kann.

Nur wenn diese Fragen beantwortet werden können, kann Patienten oder einweisenden Ärzten der besondere Nutzwert dieser Einrichtung vor Augen gehalten werden. Genau darum geht es in der Öffentlichkeitsarbeit für Krankenhäuser: Patienten oder einweisende Ärzte müssen davon überzeugt werden, dass gerade dieses Haus für ihre Anforderungen besonders gut geeignet ist. Geschieht die Kommunikation über die Medien, also über die Journalisten, müssen im ersten Schritt wiederum diese davon überzeugt werden, dass die Informationen für ihre Leser interessant sind.

Auf die richtige Sprache kommt es an

Insbesondere Kliniken sollten dabei sorgfältig einen Fehler vermeiden: Fachjargon verstehen in der Regel weder Journalisten noch Patienten. Die Sprache der Öffentlichkeitsarbeit muss für einen durchschnittlich gebildeten Mitbürger verständlich sein. Als Faustregel gelten dabei intelligente 14-jährige, die in der Lage sein sollten, die Informationen der Klinik nachzuvollziehen. Auch die Sachverhalte müssen erklärt werden. Nichts frustriert Journalisten und ihre Leser mehr als eine Sprache und Sachverhalte, die unverständlich sind.

In Konkurrenz zu 8.000 bis 12.000 Pressemitteilungen am Tag

Pro Tag flattern in Deutschland zwischen 8.000 und 12.000 Pressemitteilungen auf die Tische der Redaktionen. Mindestens zwei Drittel davon wandern in den Papierkorb. Will die Öffentlichkeitsarbeit von Kliniken diesem Schicksal entgehen, sollte sie vier Voraussetzungen beachten:

- Sie muss die Besonderheit des Angebots herausstellen.
- Sie muss den besonderen Nutzen dieses Angebots für die Patienten beschreiben.
- Sie muss in verständlichen Formulierungen informieren.
- Sie muss verstehbare Fakten anbieten.

Wer diese Voraussetzungen erfüllt, hat beste Chancen, mit seinen Informationen Gehör zu finden.

Hilfreicher Blick von außen

Nicht viele Kliniken holen sich Rat ins Haus, wenn es darum geht, eine Strategie für die Öffentlichkeitsarbeit zu entwickeln. Angesichts des hohen Kostendrucks scheuen die Klinikchefs vor weiteren Ausgaben zurück. Dabei übersehen sie, dass unprofessionell betriebene PR schlecht investiertes Geld ist, da sie ihren Zweck – nämlich die Präsenz in den Zielgruppen – nicht erfüllt. Ärzte warnen aus gutem Grund davor, wenn Patienten sich per Internet oder Gesundheitslexikon selbst die Diagnose stellen und sich in Eigenregie behandeln. Wenn Klinikchefs auf einem für sie fachfremden Gebiet selbst auf Expertenrat verzichten, ist das allerdings ebenso wenig erfolgversprechend.

Peter Rall

ist Geschäftsführender Gesellschafter von Kohl PR & Partner, Unternehmensberatung für Kommunikation (GPRA). Peter Rall berichtete 25 Jahre lang als politischer Korrespondent für die Nachrichtenagentur Reuters, das Magazin ‚Stern' und Tageszeitungen. Als Chefredakteur Aktuelles war er zuletzt für die Berichterstattung von Reuters in Deutschland verantwortlich. Er lehrt zudem als Dozent an der Kölner Journalistenschule für Wirtschaft und Politik und trainiert Führungskräfte in Wirtschaft und Verbänden für den Umgang mit den Medien.

✉ p.rall@kohl-pr.de

Franchising – das Rezept für Ärzte-Marketing

Die Vernetzung mit Gleichgesinnten erleichtert die professionelle Vermarktung ärztlicher Leistungen

Die Strukturveränderungen im Gesundheitswesen sind offensichtlich – aber entgegen allen politischen Absichtserklärungen hat es eine grundlegende Reform bis heute nicht gegeben. Kennzeichnend für die Situation sind Bürokratie, akribisch geregelte Budgets und die systematische Unterdrückung eines informativen Wettbewerbs zum Nutzen der Patienten. Doch auch steigende Beiträge und höhere Selbstbeteiligungen für den Patienten führen nicht zur Verbesserung der wirtschaftlichen Situation bei den Berufsträgern. Die besten Chancen für den Arzt und seine Praxis, Kompetenz zu vermitteln und das Profil zu schärfen, liegen im Marketing und in der Kommunikation. Was für jedes halbwegs professionell geführte Unternehmen selbstverständlich ist, müssen Ärzte in vielen Fällen noch lernen.

Bei allen Diskussionen gerät häufig der Patient selbst in Vergessenheit. Nach welchen Kriterien entscheidet er sich für oder gegen eine bestimmte Praxis? Wie erlebt er den Arztbesuch? Wie entsteht Vertrauen in dieser besonderen Form der Geschäftsbeziehung? Beim Kauf von Schuhen habe ich klare Vorstellungen über Form und Farbe; ich orientiere mich an Marken, mit denen ich gute Erfahrungen gemacht habe, und ich kann beurteilen, ob der geforderte Preis im Verhältnis zum angebotenen Produkt akzeptabel ist. Bei einer ärztlichen Leistung funktioniert dies nicht – hier wird die Entscheidung, wie bei fast allen Dienstleistungen, durch das Vertrauen geprägt. Nun darf der Arzt für seine Leistungen nicht so unternehmerisch werben wie ein Reisebüro oder ein Immobilienmakler; er befindet sich stets im Spannungsfeld zwischen seiner beruflichen Ethik und den ökonomischen Zwängen seiner Tätigkeit. Ein bewährtes Heilmittel sind Marketing- und Kommunikationsstrategien, soweit die Dosierung stimmt und die Nebenwirkungen beachtet werden.

Marketing - Vorurteile und Fakten

Ein extrem hartnäckiges Vorurteil beim Marketing ist der Glaube, nur das beste Produkt oder die beste Leistung würden sich auf Dauer durchsetzen. Marketing ist aber ein Kampf um die subjektive Wahrnehmung des Patienten. Es gibt keine objektive Realität, nur was der Patient wahrnimmt, ist die Realität. Beispiel: Ein Krebspatient wird von einem hochqualifizierten Arzt behandelt, der seine ganze Erfahrung nutzt, um den Patienten zu heilen. Nach langer Behandlung stirbt der Patient trotzdem; die Trauer bei den Hinterbliebenen ist groß, und unterschwellig entsteht die Meinung, alles wäre nur Geldmacherei des Arztes gewesen. Bei einem ähnlich gelagerten Fall wird der Patient weit weniger qualifiziert behandelt und ist nach Monaten, aus welchen Gründen auch immer, geheilt. Es herrschen Freude und Erleichterung bei allen Beteiligten. Obwohl die handwerkliche Leistung der Behandlung in diesem Fall deutlich schlechter war, wird sie vom positiven Ausgang der Behandlung überstrahlt, und der Arzt wird als Meister seines Fachs ab sofort weiterempfohlen. Das Bemühen um eine gezielte Kommunikation mit dem Patienten ist hier schon ein entscheidender Schritt, der nicht einmal Geld kostet. Im Zeitalter des Internets informieren sich viele Patienten über ihre Krankheit und mögliche Heilungschancen, aber der persönliche Austausch zwischen Arzt und Patient ist aus Zeitgründen immer noch unterentwickelt, obwohl er der wichtigste Teil der Kommunikation ist. Hier können Missverständnisse geklärt und die Erwartungshaltung des Patienten erhellt werden. Und wenn die Erwartungshaltung des Patienten erfüllt oder sogar positiv übertroffen wird, ist dem Arzt die Empfehlung an Dritte sicher.

Die Sichtweise des Patienten

Die Wahrnehmung des Patienten ist aber auch eine große Chance, langfristige Bindungen zur Praxis aufzubauen. Ein stets größer werdender Teil der Ärzteschaft hofft daher auch nicht mehr auf die Fürsorge durch die Standesvertreter und die politische Lobby, sondern hat erkannt, wie Patienten medizinische Leistungen wahrnehmen, nämlich:

- Durch Qualitätsstandards, die nur durch zuverlässiges Personal mit hohem und aktuellem Fortbildungsniveau erreicht werden können. In diesem Bereich zu sparen ist selbst bei angespannter Wirtschaftslage der Praxis gefährlich. Etwa 80 Prozent der Patienten geben in entsprechenden Befragungen regelmäßig an, sie würden ein Gütesiegel auf Basis einer Qualitätsprüfung als Orientierung bei der Wahl ihres Arztes nutzen.
- Durch Behandlungsabläufe, die durch Transparenz der ärztlichen Leistung und eine hohe Kundenorientierung geprägt sind. Der Arzt sollte dem Patienten die Behandlungsschritte kommunizieren und, soweit sinnvoll, auch mögliche Alternativen erläutern.
- Durch einen gepflegten und ästhetischen Gesamteindruck der Praxis. Es ist umfassend erforscht, wie das Zusammenspiel von Farben, Materialien und Licht einen Raum wirken lassen, und es ist meistens keine Frage des Geldes, diese Atmosphäre herzustellen.
- Orientierung durch eine Marke für ärztliche Leistungen, die überregional nach gleichen Standards zu bekommen sind. Zahlreiche Beispiele dafür gibt schon heute: Kieser Training als Institut für Krafttraining unter ärztlicher Begleitung, High Care Center als Gesundheitscenter für Cellulitebehandlung mit Erfolgsgarantie, Z.I.R.M. als Walk-in-Praxen für Impf- und Reisemedizin oder MacDent als etabliertes Konzept für Zahnarztpraxen.

Franchising – die hohe Schule von Marketing und Kommunikation

Die vorstehend genannten Beispiele haben eines gemeinsam: es sind Franchisesysteme. Franchising ist die konsequenteste Form der Kooperation zwischen rechtlich selbständigen Partnern. Es ist keine Modeerscheinung der Wirtschaft, und es ist in fast allen Geschäftsbereichen zu finden. In Deutschland arbeiten rund 950 Franchisegeber mit etwa 50.000 Franchisepartnern. Seit einigen Jahren hält das Franchising nun verstärkt Einzug im Gesundheitswesen und kann als die hohe Schule von Marketing und Kommunikation betrachtet werden. Nicht ohne Grund entwickeln inzwischen namhafte Pharma-Unternehmen Franchisekonzepte für Fachärzte. Die Devise: einmal gedacht - hundertmal gemacht. Es ist ja auch logisch, dass Marketing- und Kommunikationsstrategien, die von Profis auf Grundlage aktueller Marktforschung entwickelt werden, besser sind als die individuellen Insellösungen verschiedener Berater. Das ist bei einigen Ärzten nicht unumstritten, da sie um ihre Unabhängigkeit fürchten. Die Vorteile liegen jedoch für die Ärzte und für die Patienten auf der Hand.

Nutzen für den Patienten

- Ärztliche Leistungen werden zum Markenartikel,
- überregional vergleichbare Behandlungsqualität,

- überdurchschnittliche Qualifikation von Arzt und Personal,
- Preistransparenz bei Eigenanteilen,
- geldwerte Vorteile durch anerkannte Präventionsangebote,
- Erhöhung der gefühlten, persönlichen Lebensqualität.

Nutzen für den Arzt

Mehr Patienten ➡ Höhere Auslastung der Praxis

Bessere Patienten ➡ Höherer Anteil PKV-Patienten

Zufriedene Patienten ➡ Imagegewinn als Praxis

Umfassende Behandlung ➡ Umsatz steigt insgesamt

Professionelle Praxisführung ➡ Kostenvorteile

Mehr Umsatz, weniger Kosten ➡ Verbesserte Wertschöpfung

Für den Arzt ergibt sich zudem ein langfristiger Vorteil, indem der Wert seiner Praxis nachweisbar steigt. Spätestens bei der altersbedingten Übertragung seiner Praxis auf einen Nachfolger kommt die Stunde der Wahrheit. Eine unter Einbeziehung von Marketingaspekten geführte Praxis erzielt einen deutlich höheren Preis als eine Praxis ohne Profil und mit entsprechend genügsamen, unkritischen Patienten.

Marketing – Wege und Werkzeuge

Wenn von Wegen und Werkzeugen im Marketing die Rede ist, fallen sofort Begriffe wie Corporate Identity oder Corporate Design. Was bedeuten diese Überlegungen für die Arztpraxis? In Franchise-Systemen sind dies, neben anderen Leistungen, Standardleistungen des Franchisegebers. Aber auch für individuell geführte Praxen sollte es ebenso selbstverständlich werden, ein durchgängiges Erscheinungsbild zu haben. Das beginnt bei der Einrichtung und der Farbgebung der Praxisräume, setzt sich in der Berufskleidung der Mitarbeiter fort und findet sich auf allen Drucksachen der Praxis wieder. Bewährt hat sich zweifelsfrei auch eine kompakt gestaltete Praxisbroschüre, die dem Patienten erklärt, wo die Praxis ihre speziellen Stärken hat, wo sie ihre Alleinstellungsmerkmale hat und wer die Menschen hinter diesem Konzept sind. Das alles erhöht das Vertrauen beim Patienten – und ärztliche Leistungen basieren nun mal auch in hohem Maße auf Vertrauen. Die Sprache sollte dabei unwissenschaftlich und klar sein und dem Patienten das Gefühl geben, dass seine Krankheit nicht das Ende eines unbeschwerten Lebens bedeutet, sondern ihm das Vertrauen geben, dass sein Arzt die Kompetenz hat, ihn von diesem Zustand zu befreien. Ein professioneller Empfang und absolute Termintreue runden das Erscheinungsbild ab. Die Fähigkeiten des Arztes sind dem Patienten schwer zu vermitteln, wenn er beim Betreten der Praxis erlebt, dass in diversen Dateien nach seinem Termin und den damit verbundenen Informationen gesucht werden muss oder er das Gefühl bekommt, nicht willkommen zu sein. Nicht ohne Grund wird der Patient inzwischen immer häufiger als Gesundheitskunde bezeichnet. Was auf den ersten Blick nur wie ein Wortspiel erscheint, ist tatsächlich Ausdruck einer Kommunikationshaltung.

Fazit

Ärzte müssen die Herausforderung annehmen, sich im Wettbewerb zu behaupten – auch wenn dieser Wettbewerb noch stark eingeschränkt ist. Professionelle Leistungsstrukturen, Marketing und Kommunikation entstehen inzwischen auf allen Ebenen. In Arztpraxen, in Kliniken und durch Konzepte außerhalb des klassischen Gesundheitswesens. Eine professionelle Vermarktung ärztlicher Leistungen wird an Bedeutung gewinnen. Vieles spricht dabei für die Vernetzung mit Gleichgesinnten, also dem Franchising. Wenn es das Franchising nicht schon lange gäbe – wir hätten es für die Zukunft eines modernen Gesundheitswesens erfinden müssen. Und wenn jede Krise eine Chance für Innovationen ist, dann ist dies die größte Chance, die das Gesundheitswesen je gehabt hat.

Reinhard Wingral

berät die Franchisewirtschaft seit 1988 branchenübergreifend und international, die Gesundheitswirtschaft gewinnt dabei zunehmend an Bedeutung. Er ist Finanzvorstand der MacDent AG und Urheber zahlreicher Innovationen für die Franchisewirtschaft, Mitglied internationaler Fachverbände, Moderator und Gutachter für Franchisefragen.

✉ r.wingral@wingral.de

Selbstheilungsmöglichkeiten (k)ein Thema für die Hausarztpraxis?

Arzt-Patienten-Kommunikation und der besondere Nutzen des Salutogenese-Konzepts in der Behandlung von Patienten mit chronischen Erkrankungen

Ausgangspunkt

Moderne Gesellschaften produzieren keine Gesundheit mehr, so formulierte es der englische Gesundheitswissenschaftler Dominic Harrison. Veränderungen des Lebensstils und der Belastungsprofile haben im Verbund mit den Fortschritten der medizinischen Versorgung eine Verschiebung des Krankheitsspektrums zur Folge. In einer alternden Gesellschaft nimmt die Bedeutung der – beherrschbarer werdenden – akuten Erkrankungen ab, die Langzeitversorgung von Menschen mit chronischen Erkrankungen tritt in den Vordergrund. Damit wird – auch aus Kostengründen – eine andere Versorgungsphilosophie erforderlich. Einerseits sind präventive Konzepte gefragt, um das Eintreten von Krankheitsereignissen bestmöglich zu vermeiden. Andererseits gilt es, Aaron Antonovskys Frage „Wie entsteht Gesundheit?" aufzunehmen und auch bei den „bedingt gesunden" chronisch Kranken die Aufmerksamkeit auf ihre gesundheitsfördernden Ressourcen zu richten. Das Projekt „Gesundheitsfördernde Praxen – Salutogenetische Orientierung in der hausärztlichen Praxis" der Universitäten Göttingen und Witten/Herdecke (2002-2006, gefördert vom AOK-Bundesverband) erforschte die konkreten Anwendungsmöglichkeiten dieses Konzepts für die hausärztliche Praxis. Die salutogenetische[1] Perspektive fokussiert in besonderer Weise die Ressourcen der Patienten, ihre Gesundheit zu erhalten bzw. wiederherzustellen. Ziel ist es, die Autonomie der Patienten zu stärken und sie weitestmöglich am Heilungsprozess zu beteiligen. Zentral ist hierfür ein tragfähiges Arbeitsbündnis zwischen (Haus-) Arzt und Patient, das nur über gelingende Arzt-Patienten-Kommunikation hergestellt werden kann. Hierfür gilt es, die Kommunikationskompetenz gezielt zu schulen. Aber auch für Schlüsselfaktoren, die bei der Unterstützung salutogener Ressourcen förderlich sind oder dem entgegenstehen, müssen Ärzte und Therapeuten sensibilisiert werden.

Neben einer individuell abgestimmten Vermittlung medizinischer Sachverhalte erfordert dies vom Arzt auch Aufmerksamkeit für den lebensgeschichtlich geprägten Umgang des Patienten mit Krankheit und Gesundheit. Gerade Patienten mit chronischen Krankheiten müssen als langjährige Co-Therapeuten vom Sinn der Behandlung überzeugt sein und diese im Alltag umsetzen können. Der Therapieerfolg hängt also auch wesentlich davon ab, ob die Behandlungsziele und gewählten Therapien an die Lebenswelt des Patienten angepasst sind. Voraussetzung hierfür ist ein intensiver Austausch zwischen Arzt und Patient mit immer wieder neu zu verhandelnder Auftragsklärung.

Diese wesentlichen Aspekte sind in der bisherigen Konzeption strukturierter Behandlungsprogramme wie bspw. den Disease Management Programmen kein systematischer Bestandteil. Sie sind aber hilfreich, um Schwierigkeiten im Therapieverlauf zu begegnen und bislang ungenutzte Ressourcen zu erkennen. Um hierfür spezifische Kommunikationsanlässe zu schaffen, wurde das Instrument des Bilanzierungsdialogs entwickelt: Dabei handelt es sich um Gespräche, die in regelmäßigen Abständen geführt werden (bspw. halbjährlich) und die es Arzt und Patient ermöglichen, gemeinsam den zurückgelegten Weg zu reflektieren und sich über das weitere Vorgehen zu verständigen.

Studiendesign

Der Fokus unserer Studie lag auf der Situation von Patienten mit Typ-2-Diabetes und Asthma/COPD. An zwei Standorten wurden mehrjährige Qualitätszirkel initiiert (bestehend aus Hausärzten, in Heilberufen Tätigen und Patientenvertretern). Als Diskussionsbasis dienten Videoaufzeichnungen konkreter Behandlungssituationen aus der Praxis der Teilnehmenden. Um den gemeinsamen Weg zu reflektieren und ungenützte Ressourcen der Patienten zu erkennen, führten die Teilnehmenden im zweiten Qualitätszirkel-Jahr mit ausgewählten Patienten Gespräche mit bilanzierendem Charakter.

Projektergebnisse

Das Modellprojekt zeigte konkrete Möglichkeiten der Umsetzung des Salutogenese-Konzepts in der hausärztlichen Versorgung auf. Darüber hinaus wurden Konzepte für die ärztliche Aus-, Fort- und Weiterbildung erarbeitet, mit denen die Qualifizierung unterstützt werden soll. Videogestützte Qualitätszirkel erwiesen sich als besonders gut geeignet, das ärztliche Routinehandeln nachvollziehbar zu machen und Situationen und Kommunikationsmuster herauszuarbeiten, in denen eine Förderung des salutogenen Potentials der Patienten besonders sinnvoll, erforderlich und aussichtsreich ist, aber auch solche, die dem typischerweise entgegenstehen – eine hervorragende Basis für erfahrungsgestütztes Lernen der Teilnehmenden.

Der Bilanzierungsdialog bewährte sich als Gesprächstypus, der für ein Erkennen der salutogenen Potentiale förderlich ist und es Arzt und Patient erlaubt, gemeinsam den zurückgelegten Weg zu reflektieren und sich über das weitere Vorgehen zu verständigen. Das Potential dieser Gespräche liegt insbesondere in der Explizierung, Reflexion und Revision des bisherigen Behandlungsverlaufs und der immer wieder erneut auszuhandelnden Auftragsklärung. Bilanzierungsdialoge können damit eine Antwort auf einen zentralen Mangel der hausärztlichen Versorgung chronisch Kranker darstellen: das systematische Fehlen einer Verlaufsevaluation. Mehr noch: sie können zugleich die Effektivität der Behandlung und die Zufriedenheit der Beteiligten fördern.

Bausteine eines Fortbildungskonzepts mit Fokus auf Salutogenese

Ausgehend von den Projekterfahrungen wurde ein Fortbildungskonzept mit den folgenden Komponenten entwickelt:
- Umsetzung in Form von videogestützten Qualitätszirkeln,
- Durchführung der Qualitätszirkel durch entsprechend qualifizierte Moderation,
- Stärkung von Interdisziplinarität und Patientenorientierung,
- Vertiefung des Konzepts der Salutogenese in begleitenden Workshops.

Videogestützte Qualitätszirkel lassen sich bspw. im Rahmen der Facharztweiterbildung Allgemeinmedizin oder im Rahmen anderer Fortbildungen integrieren. Zu denken ist hierbei z. B. auch an begleitende kontinuierliche Schulungen im Zusammenhang mit den verschiedenen Hausarztmodellen der Krankenkassen.

Zur Durchführung der Qualitätszirkel selbst bedarf es einer spezifischen qualifizierten Moderation[2]. Des Weiteren sollten Elemente von Interdisziplinarität und Patientenorientierung gestärkt werden, bspw. durch entsprechende Zusammensetzung der Qualitätszirkel oder durch die Einbeziehung von entsprechenden Referenten. Dies bietet auch Möglichkeiten, an Modelle der „integrierten Versorgung" anzuknüpfen. Zur Vertiefung des Konzepts der Salutogenese sollten diese Qualitätszirkel von Zeit zu Zeit durch begleitende Workshops zu folgenden Themen ergänzt werden:
- Arzt-Patienten-Kommunikation (u. a. motivierende Gesprächsführung[3], narrationenfördernde Gesprächsführung),
- Salutogenese (auf somatischer, psychosozialer wie biographischer Ebene),
- biographisch orientierte Einzelfallbetrachtung
- Selbstreflexion,
- Einführung in den Gesprächstyp „Bilanzierungsdialog".

Die Arbeit in den Workshops zielt darauf, eine vertiefende Auseinandersetzung der Praktizierenden mit unterschiedlichen Aspekten einer salutogenetischen Umorientierung anzustoßen. Dazu gehören u.a.:
- Gesundheitsbegriff und Salutogenese unter besonderer Berücksichtigung der Gesundheitsvorstellungen der Behandelnden,
- nonverbale Kommunikation und narrative based medicine,
- Sensibilisierung für Übertragungs-/Gegenübertragungsreaktionen,
- Bedingtheit therapeutischen Handelns durch die eigene Biographie:
Reflexion des eigenen Gesundheitsverhaltens, Erkennen eigener biographischer Strukturen, Habitusformung durch Reflexion. (Dies ist u. E. nur auf freiwilliger Basis – also kaum im Rahmen einer Facharztweiterbildung – umzusetzen.)
- Gesamtdiagnose und Klärung des Behandlungsauftrags,
- Gesprächsführung und -techniken,
- Impuls zur Strukturveränderung: Bilanzierungsdialog.

Die jeweilige Gewichtung der einzelnen Elemente hängt davon ab, zu welchem Zeitpunkt in der ärztlichen Biographie (Studium, Facharztweiterbildung, Fortbildung nach langjähriger Berufserfahrung) die Schulung angeboten werden soll. Bei Interesse am Schulungskonzept wenden Sie sich bitte an die Autoren oder an info@gemeko.de.

Schulungsmaterialien

Für die Durchführung der skizzierten Fortbildungen wurden Materialien[4] konzipiert, in die die Arbeitsergebnisse des Projektes eingeflossen sind. Drei Fälle (zwei Patientinnen mit Diabetes bzw. eine Patientin mit Asthma) wurden aufbereitet. Jedes Set besteht aus zwei videodokumentierten hausärztlichen Konsultationen sowie einem Begleitheft, welches die Transkripte der Konsultationen sowie Ausschnitte aus einem außerhalb der Praxis durchgeführten narrativen Interview und eine Zusammenstellungen biographischer Daten enthält. Weiterhin wurden Informationen zum Thema (Salutogenese, hausärztliches Handeln, Diabetes bzw. Asthma bronchiale) sowie Methoden der Datenaufbereitung und -interpretation aufbereitet. Ergänzt wird das Set durch Vorschläge für die Diskussion, didaktische Empfehlungen sowie Interpretationsangebote. Diese Materialien sind als kleinste Einheit zu verstehen und sollen auf unterschiedlichen Ebenen zur Förderung salutogener Orientierung beitragen. Sie können bspw. im Rahmen eines Qualitätszirkels als Einstieg in die Fragestellung sowie in die Arbeitsform „Fallrekonstruktive Arbeit im videogestützten Qualitätszirkel" eingesetzt werden.

Gesundheitsfördernde Praxis – eine Werbung mit und für Salutogenese

Es besteht Einigkeit in der Annahme, dass ressourcenorientiertes Arbeiten Kosten spart und sich insofern volkswirtschaftlich rechnet. Aufgrund des komplizierten Honorierungssystems ist fraglich, inwieweit dies auch auf Praxisebene zutrifft. Zweifellos stärkt eine salutogenetische Orientierung die Arzt-Patienten-Beziehung, fördert den Behandlungserfolg, erhöht die Patientenzufriedenheit und sichert im positiven Sinne die Bindung des Patienten an die Praxis. Sie geht zugleich einher mit einem Zuwachs an Arbeitszufriedenheit und Selbstwertgefühl auch bei den Behandelnden. Salutogenese steckt an: ‚Gesundheitsfördernde Praxen'[5] werben damit zugleich für eine Perspektive und für sich selbst.

Dr. disc. pol. Ottomar Bahrs

Leiter des Gesamtprojektes, ist Medizinsoziologe und wissenschaftlicher Mitarbeiter an der Abt. Medizinische Psychologie und Medizinische Soziologie der Universität Göttingen mit den Interessenschwerpunkten Versorgungsforschung im ambulanten Bereich, Arzt-Patienten-Kommunikation und Gesundheitsförderung. Er initiierte und implementierte maßgeblich das Konzept der Qualitätszirkel, insbesondere der videogestützten, in der ambulanten Versorgung.

✉ obahrs@gwdg.de

Prof. Dr. med. Peter F. Matthiessen

leitete die Arbeitsgruppe in Witten/Herdecke. Er ist Neurologe, Psychiater und Psychotherapeut und Inhaber des Lehrstuhls für Medizintheorie und Komplementärmedizin an der Universität Witten-Herdecke. Er befasst sich seit vielen Jahren mit komplementären Heilmethoden und Fragen des Paradigmenpluralismus in der Medizin.

✉ peter.matthiessen@uni-wh.de

---

[1] Der Begriff Salutogenese (von griechisch „Genese" = Entstehung, Herkunft und dem aus dem lateinischen stammenden „salus" = Gesundheit) wurde von dem israelisch-amerikanischen Medizinsoziologen Aaron Antonovsky (1923-1994) geprägt. Die Frage nach der Herausbildung von Gesundheit ergänzt die in der Medizin übliche pathogenetische Orientierung, die der Entstehung von Krankheit gilt. Für das Salutogenese-Modell ist Gesundheit kein Zustand, sondern als Prozess zu verstehen.
[2] Entsprechende Schulungen werden von der Projektgruppe angeboten. (Vgl. http://www.gemeko.de)
[3] Vgl. Miller WR, Rollnick S. Motivierende Gesprächsführung. Lambertus, Freiburg 2005; sowie Rollnick S, Mason, P, Butler C. Health Behavior Change. A Guide for Practitioners. Churchill Livingstone, Edinburgh 2000.
[4] Zu beziehen unter http://www.gemeko.de.
[5] Unter Mitarbeit von S. Heim (Göttingen), V. Kalitzkus (Göttingen und Witten/Herdecke) und H. Müller (Witten/Herdecke). Projektdesign und -ergebnisse werden ausführlich dargestellt in: Bahrs et al.: 'Gesundheitsfördernde Praxen - Chancen einer salutogenetischen Orientierung in der hausärztlichen Praxis'. Verlag Hans Huber, Bern u.a.2007.

Erfolgreiches Marketing für OTC-Produkte

Eine Stammapotheke muss mehr bieten als Bonuspunkte und Rabatte

1. Der Gesundheitsbedarf wächst überproportional, und Gesundheit wird künftig nie mehr für weniger Geld zu haben sein.

2. Im bisherigen Solidarsystem der Kassen steht nicht so viel zusätzliches Geld zur Verfügung wie benötigt wird. Es grassieren Einnahmedefizite bei den Kostenträgern.

3. Die Sozialkassen stehen unter permanenter finanzieller Mangelverwaltung, und es gibt für sie grundsätzlich drei verschiedene Problemlöungsansätze:

   a) Das System effizienter/billiger zu machen und Reservepotentiale zu heben,
   b) mehr Beitragszahler und mehr Geld ins System zu holen,
   c) den Leistungskatalog der GKV auf den Prüfstand zu stellen und zu reduzieren.

4. Wenn bei diesem selbst lernenden Gesundheitssystem nach einer Reform die beabsichtigten Wirkungen ausgereizt sind und womöglich Beruhigung bei den Leistungserbringern eintritt, ist die Zeit reif für eine neue Totalreform, um mit kreativer Unruhestiftung neuartige Problemlösungen anzupacken.

Wir befinden uns im Gesundheitssystem auf einer permanenten „Reise nach Jerusalem" mit einem GKV-Budget, das nie für alle Leistungserbringer ausreicht.

Das Positive an den schmerzlich empfundenen Reformeinschnitten: Apotheker müssen sich, ob sie es wollen oder nicht, mehr und mehr außerhalb des GKV-Systems marktwirtschaftlich emanzipieren, und sie sind dafür von Haus aus prädestinierter als andere Heilberufe im System. Apotheken sind besonders niederschwellige kundennahe Gesundheitseinkaufsstätten für Bürger. Pharmazeuten haben alle Möglichkeiten, die gesundheitliche Eigenverantwortung der Bevölkerung, auch bei chronischen Erkrankungen, zu stärken und sie sind als akademisch ausgebildete Heilberufler für eine sozialverantwortliche Privatisierung von Gesundheitsleistungen gerüstet. Das sichert den auf der Agenda stehenden RX-OTC-Switch in vielen Bereichen (z.B. Migräne, Lipidsenker und Test bei Viagra (in UK), Omeprazole (in UK + S)).

Wirtschaftlich und kundenorientiert überleben

Da sich in unserem Solidarsystem anscheinend der Risikostrukturausgleich (Gesunde fördern Kranke) zwischen den Krankenkassen immer stärker auf die Ebene der Leistungserbringer verlagert, besteht kein Widerspruch zwischen Marktwirtschaft in der Pharmazie und planwirtschaftlichem Versorgungsauftrag in der Apotheke. Im Gegenteil: Wirtschaftlich überleben kann künftig nur, wer mittels überdurchschnittlichen Roherträgen (z.B. mit OTC) bei selbstbestimmten Kunden seine hilfsbedürftigen fremdbestimmten Patienten quersubventionieren kann.

Gefragt ist unter den Reformen und zum Teil scheinheiligen Versprechungen (WSG = Wettbewerbsstärkungsgesetz) der Politik eine „neue Ehrlichkeit" beim Kundenumgang in der Apotheke. „The more I see, the less I know", heißt es in dem Hit „Snow" von The Red Hot Chilly Peppers, und so fühlen sich heute überinformierte Kunden. Die angeblich mündigen Bürger suchen unter den immer komplexeren, differenzierteren neuen Versorgungsmodellen sowie unter zunehmender Eigenverantwortlichkeit eine sozialkompetente, gut-nachbarschaftliche, menschliche Geborgenheit, die ihnen nur die Apotheke bieten kann.

Abb. 1: Logische Schritte zur OTC-Marketing-Strategie

1. **Kundenkompetenz der Apotheke**
   - ➢ Branchenmix, Standort
   - ➢ Wettbewerb, Frequenzen
   - ➢ Wohnen, Arbeiten, Shopping

2. **Apothekenspezifische Kompetenz**
   - ➢ Fähigkeiten, Neigungen d. Teams
   - ➢ Apotheke als individuelle Q-Marke
   - ➢ Soziales Netzwerk der Apotheke

3. **Stimmiges OTC-Qualitätssortiment**
   - ➢ Marken-Mehrwert-Produkte
   - ➢ Kundengerechte Produkte
   - ➢ Apothekengerechte Sortimente

© 2007 by Institut Prof. Riegl & Partner GmbH • Augsburg - www.prof-riegl.de

Das OTC-Sortiment hat eine Schlüsselrolle für die neue Apothekenwelt. Es erlaubt die entscheidende Differenzierung und Apothekenprofilierung im Leistungswettbewerb neben einem Pflichtsortiment. Auch bei Apotheken gilt: „Be different and better or die!" Das zielgruppengerechte OTC-Angebot ist ein ideales Frequenzbringer-, Veredelungs- und Kundenbindungssortiment in Ergänzung zum nicht absolut zukunftssicheren „8,10-€-Kombi-Modell".

OTC-Sortimente sind Wettbewerbsinstrumente par excellence

Im Bereich der beratungsbedürftigen OTC-Bedarfssituation ist die pharmazeutische Kompetenz des Apothekers besonders gefragt, weil hier heilberufliche Fragen ohne Arztbetreuung auftreten. Die Anteile der OTC-Umsätze am Apothekengeschäft sind quasi ein Index für die Zukunftsfähigkeit von Apotheken. Momentan liegt der Durchschnitt der GKV-Umsätze noch bei 70 Prozent, aber deren Erlöse haben nur noch einen Anteil von 65 Prozent mit sinkender Tendenz.

Alte Logik des Erfolgs wird von neuer Logik des Erfolgs abgelöst

Für das Marketing der Apotheker und der Industrie bedeutet die lukrative Zukunftsentwicklung im OTC-Bereich, dass unternehmensstrategisches Umdenken notwendig wird.

Es gibt drei Stufen für die Navigation beim Marketing für Healthcare-Produkte (siehe Abb.1):
Stufe 1: Analysieren und Orten der idealen regionale Kunden und Kundenzielgruppen (Kunden sind knapp, anspruchsvoll, begehrt und stehen im Vordergrund aller Entscheidungen).
Stufe 2: Definition der apothekenspezifischen pharmazeutischen Kompetenzen mit positiver Marktwirkung bei erreichbaren und überzeugbaren idealen Kunden.
Stufe 3: Auswahl des stimmigen OTC-Qualitätssortiments passend zu Kundenzielgruppen und zur individuellen pharmazeutischen Profilierung der Apotheke.

Hinter dieser Prioritätenskala des erfolgreichen OTC-Marketings von Apotheken stehen acht wichtige Erkenntnisse:
1. Der Besitz von Kunden ist im Endeffekt noch wichtiger als der Besitz einer Apotheke oder einer Apothekenlizenz.
2. Die „Kompetenz des Kundenverdienens" wird somit für Apotheken noch wichtiger als die „Kompetenz der pharmazeutischen Beratung".
3. Jede Apotheke bekommt die Kunden, die sie sich verdient.
4. Kunden werden nicht in der Offizin verdient, sondern außerhalb. In der Offizin können sie in der Richtigkeit ihrer Wahl bestätigt werden.
5. Keine Apotheke kann für alle Kunden die beste Apotheke sein. Jede Apotheke muss wissen, für welche Kunden sie ideal sein kann und sein will.

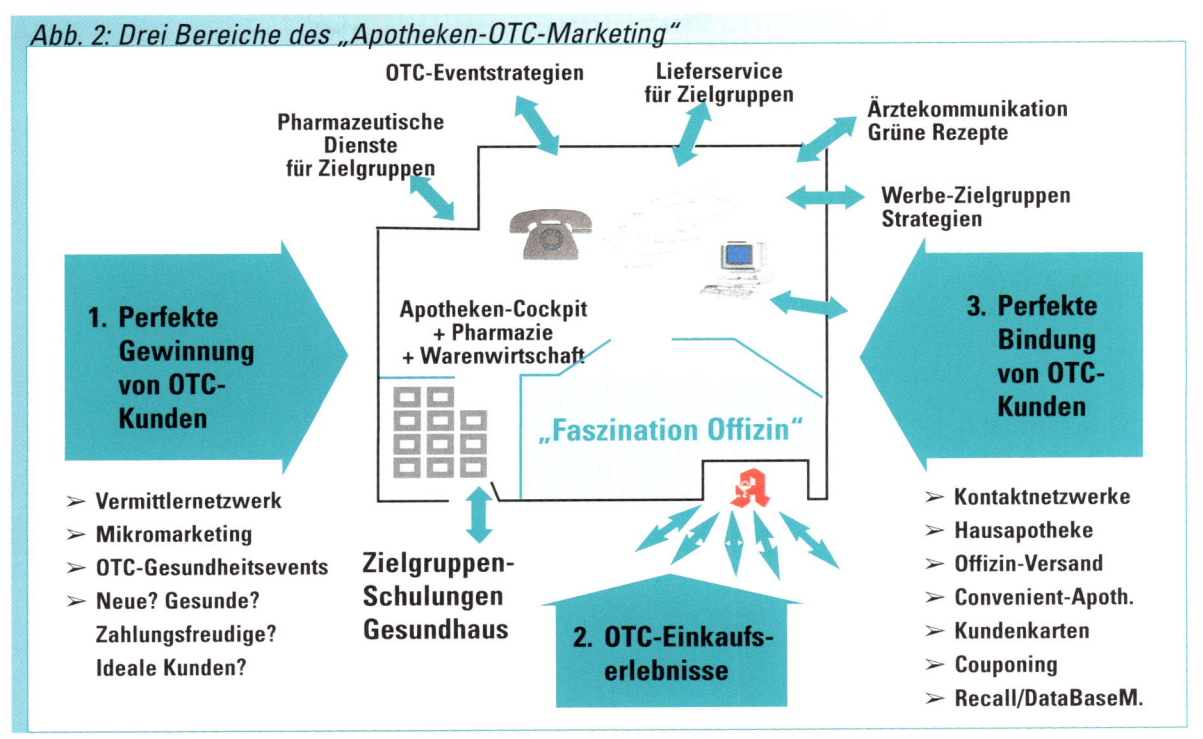

Abb. 2: Drei Bereiche des „Apotheken-OTC-Marketing"

- OTC-Eventstrategien
- Lieferservice für Zielgruppen
- Pharmazeutische Dienste für Zielgruppen
- Ärztekommunikation Grüne Rezepte
- Werbe-Zielgruppen Strategien

Apotheken-Cockpit + Pharmazie + Warenwirtschaft

„Faszination Offizin"

Zielgruppen-Schulungen Gesundhaus

1. Perfekte Gewinnung von OTC-Kunden
- Vermittlernetzwerk
- Mikromarketing
- OTC-Gesundheitsevents
- Neue? Gesunde? Zahlungsfreudige? Ideale Kunden?

2. OTC-Einkaufserlebnisse

3. Perfekte Bindung von OTC-Kunden
- Kontaktnetzwerke
- Hausapotheke
- Offizin-Versand
- Convenient-Apoth.
- Kundenkarten
- Couponing
- Recall/DataBaseM.

© 2007 by Institut Prof. Riegl & Partner GmbH • Augsburg - www.prof-riegl.de

6. Eine Apotheke als örtliche Qualitätsmarke wird nicht so erlebt, wie sie ist, sondern wie Kunden glauben, dass sie sei.
7. Eine Apotheke kann auf Dauer nicht allein durch Standortvorteile, durch pharmazeutische Kompetenzvorteile, durch Apothekenpflicht und auch nicht durch Angebote, die es woanders ebenfalls gibt, einzigartig, unaustauschbar und unverzichtbar werden.
8. Authentische Spezialisierung auf Kunden-Zielgruppen wird für Apotheken und deren Qualitätsmanagement noch wichtiger als Spezialisierung auf Fachliches.

Das apothekenspezifische OTC-Marketing

Das ideale kunden- und apothekengerechte OTC-Sortiment ist der Schlüssel für entscheidend wichtige Wertschöpfungs-Chancen der Apotheke. Beim OTC-Marketing sind jedoch unbedingt die Spezifika der Apotheke als Marke zu beachten.

Apotheken sind selbst lokale System-Marken, und Apotheken unterstützen oder kreieren als Botschafter Marken. Apothekentreue OTC-Produkte leben auch vom Apothekenbonus. Die System-Marke Apotheke ist ein Bündel aus der ABDA-A-Marke, der individuellen personifizierten Marke des Apothekennamens und des Inhabers, der Großhandels- oder Verbundmarke, der Barmer-Hausapotheken-Marke und der Hersteller-OTC-Marken. Es stellt sich die Frage: Wie viel Marke verträgt die Apotheke und ab wann beginnt der Markenkollaps?

Es ist hilfreich, wenn die Industrie seriöse Gesundheitstrends via Apotheke massenfähig macht, vor allem, wenn es apothekenniveauvoll abläuft. Um ihren besonderen existenzsichernden Mehrwert zu pflegen, dürfen Apotheken nicht als reine „Vermieter" von Verkaufsflächen für die Industrie auftreten, sondern müssen verantwortliche Gestalter ihres Angebotsspektrums und Treuhänder für ihre Kunden- Zielgruppen bleiben. Apotheker sind Category Manager in individuell ausgewählten, komplexreduzierten, kundengerechten Warengruppen und Gesundheitswelten. Gute Apotheken befreien Kunden auf unnachahmbare Art von deren Qual der Wahl.

Drei unternehmerische Hauptaufgaben stellen sich für die Apotheke beim OTC-Marketing (siehe Abb. 2):
1. Optimale Kundengewinnung.
2. Optimale Besuchserlebnisse und Kaufprozesse in der Offizin.
3. Optimale Kundenbindung.

Kundengewinnung für OTC-Käufe in der Apotheke

Präsenzapotheken sind typische Nahversorger, und Kundengewinnung ist deshalb grundsätzlich eine spezifische Form des Mikromarketings, hauptsächlich im Umkreis von ca. 20 km oder weniger. Große Werbematerialschlachten erübrigen sich für Apotheken bei überschaubaren Absatzregionen. Aus Sicht der Apotheke gilt: OTC-Business is local business. Die Apotheke muss sich fragen: „Wer bringt neue, auch gesunde, präventionsorientierte, zahlungsfreudige, jüngere, ideale Kunden und Patienten regelmäßig in kurzen Abständen in die Offizin?" Fortschrittliche und partnerschaftliche OTC-Hersteller sollten nicht nur Push-Strategien und Mediakampagnen praktizieren, sondern mit kooperationswilligen Apotheken ein integriertes Direct-to-Consumer- und Kunden-Management verwirklichen. Die Entwicklungen bei den lokalen Internetsuchdiensten (z.B. Google Earth) versprechen mit Luftbildaufnahmen im Web und mit diversen Pop-up-Fenstern eine neue Ära des Mikromarketings für Apotheken bei Endverbrauchern.

Obwohl insgesamt der Trend zur wohnortnahen Apotheke geht, spielen die unmittelbaren Patienten- und Rezeptströme von der Praxis zur Offizin auch weiterhin eine wichtige Rolle bei OTC-Zusatzumsätzen. Im Zuge des AVWG (Arzneimittelversorgungswirtschaftlichkeitsgesetz) gewinnen die örtlichen Beziehungen der Apotheker zu Ärzten neue Bedeutung.

Apotheker können Transparenzhilfen zur Budgetsicherheit bieten, sie können neutral pharmazeutisch beraten, und sie können bei der Bestimmung von Leitsubstanzen für rationale Arzneimitteltherapien mit Ärzten zusammenarbeiten. Kostengünstigere Arzneimittel sind besser als ein Rückgang der Packungszahlen. Der direkte Einfluss der Ärzte auf OTC und Selbstmedikation wird weiter schwinden, immer wieder laufen Diskussionen über eine weitere Erhöhung der Praxisgebühren pro Quartal, was Patienten mit leichten Befindlichkeitsstörungen noch mehr vom Arztbesuch abhalten dürfte.

Insgesamt werden Apotheken bei der Kundengewinnung neuartige extrovertierte und gezielte „Scharfschützen"-Strategien einsetzen müssen. Dabei geht es auch um intelligentes Brechen von Regeln und um ein Schwimmen gegen den Strom (Benchbreaking), z.B. als „Hausapotheke mobil" ‚als „Apotheke at home", die häufiger als bisher zum Kunden kommt, wenn er nicht in die Offizin kommt.

Besuchserlebnisse und OTC-Kaufprozesse in der Offizin

Bis zu 70 Prozent der Kaufentscheidungen fallen am POS. Harmonische zielgruppengerechte Auftritte steigern die Kundenüberzeugung und den Verkaufserfolg. Authentizität in der Apotheke ist die Summe aller Wahrnehmungen und Assoziationen. Auch hier werden künftig einige Regeln intelligent gebrochen. In einer Offizin beraten und verkaufen nicht nur Apotheker oder Angestellte am HV-Tisch (HV = Handverkauf) aktiv, sondern auch das gesamte Erscheinungsbild. Die Qualität der Beratung hängt nicht nur davon ab, wie gut das Team ist, sondern auch, wie gut der Kunde zur Apotheke passt.

Die multisensorische Unterstützung der OTC-Markenpolitik in der Offizin steckt noch in den Kinderschuhen. Experten unterstellen: 70 - 80 Prozent am POS laufen unbewusst und emotional ab. Eine Apotheke darf auf keinen Fall teurer wirken als sie ist. Die Fülle der Auswahl beeinflusst nicht eindeutig die gekaufte Menge. Es gibt Sortimentstrends zu „weniger ist mehr" und zu „Klasse statt Masse".

Gute Voraussetzungen zum Kauf von OTC entstehen bei wohligem Gefühl mit trautem Vertrauten in der Offizin. Wenn gute OTC-Marken in aufrichtiger Umgebung, wie in der Apotheke, auf Kunden treffen, schaltet das Gehirn auf Kaufautomatik. Der Nachholbedarf zeigt sich daran: Trotz höherer Gesamtzufriedenheit als im Handel sind die regelmäßigen Impulskaufraten in Apotheken von 29 Prozent und das monatliche Ausgabevolumen für OTC mit durchschnittlich 9,00 Euro bei exklusiven Apothekenkäufern (Mass Market-Käufer Ø 11,10 Euro lt. Psychonomics 2005) noch vergleichsweise gering.

Kundenbindung bei OTC-Käufen aus der Apotheke

Den größten Apothekenmehrwert genießen solche Kunden, die freiwillig einer Stamm- oder Hausapotheke angehören wollen, die sich um ihre gesundheitlichen Belange kümmert. In der gutnachbarlichen Apothekenbeziehung kann der Luxus von menschlicher Geborgenheit in Gesundheitsfragen am besten erlebt werden. Diese sozialkompetente zwischenmenschliche Geborgenheit gibt es in keinem Arzneimittelversand und bei keinem Discounter. Inhabergeführte selbständige Apotheken bieten noch mehr Vorteile als Kundenkarten, Bonuspunkte und Rabattmarken.

Kundennahe und kundenverbundene Apotheken müssen zur „Hausapotheke mobil" werden, die auch mobil zum Kunden kommt oder mobil erreichbar ist, falls nötig. Selbst die britische Naturkosmetikkette The Body Shop (L'Oreal) testet den mobilen Strukturvertrieb. Diese Vertriebsform hatte von 1994 – 2004 eine Steigerung um 12 Prozent (Einzelhandel nur + 0,3 %). Die Prognose bis 2020 lautet 7,5 Prozent plus pro Jahr (Prognos). OTC-Produkte mit begehrten zugehörigen pharmazeutischen Dienstleistungspaketen schaffen abonnentenartige Dauerbeziehungen. Sie sind die beste Prävention gegen das schleichend wachsende Phänomen der Beratungsabzocker in der Apotheke (hochprofessionelle Beratung in der Offizin zum Nulltarif und Kauf beim Discounter oder im Internet).

Die „Hausapotheke mobil" ist eine heilberufliche und wirtschaftliche Premium-Apothekenqualität, die sich unabhängig von einzelnen Kassenverträgen entwickeln sollte. Mit dieser Art von pharmazeutisch-kompetenter Customer Care entscheidet sich die Zukunft der unabhängigen mittelständischen Apotheken in Deutschland. Für die am Distributionskanal Apotheke interessierte OTC-Industrie ist es lohnenswert, ein Investment beim partnerschaftlichen Modul „Hausapotheke mobil" aufzugreifen, denn das ist ein treffsicherer Weg zu den OTC-Kunden der Zukunft.

In beachtlichem Umfang hängt es vom apothekenfreundlichen Herstellermarketing ab, inwieweit in den kommenden Jahren bei schlagartigen juristischen Entscheidungen zum Fremd- und Mehrbesitzverbot die inhabergeführte sozialkompetente Apotheke als Profit Center überleben kann.
© 2007 by Prof. Riegl & Partner GmbH – Augsburg. – Alle Rechte außer einmaligem Abdruck in Jahrbuch Healthcare Marketing 2007.

Prof. Gerhard F. Riegl

Prof. Gerhard F. Riegl, Jahrgang 1949, ist seit 1984 Dozent an der FH Augsburg, University of Applied Sciences, Schwerpunkt Marketing Management International. Er ist Gründer und wissenschaftlicher Leiter des Instituts für Management im Gesundheitsdienst Augsburg und einer der führenden Gesundheits-Kundenforscher, Apotheken-Analysten und Gesundheits-Marketingexperten. Der Betriebswissenschaftler mit Promotion im Marketing Management ist Autor von mehr als 350 Fachbeiträgen im Gesundheitssektor.

✉ *info@prof-riegl.de*

Profilsuche zwischen tradierter Marke und Discount

Apotheken sollten in der Kommunikation ihre Qualitätsversprechen herausstellen

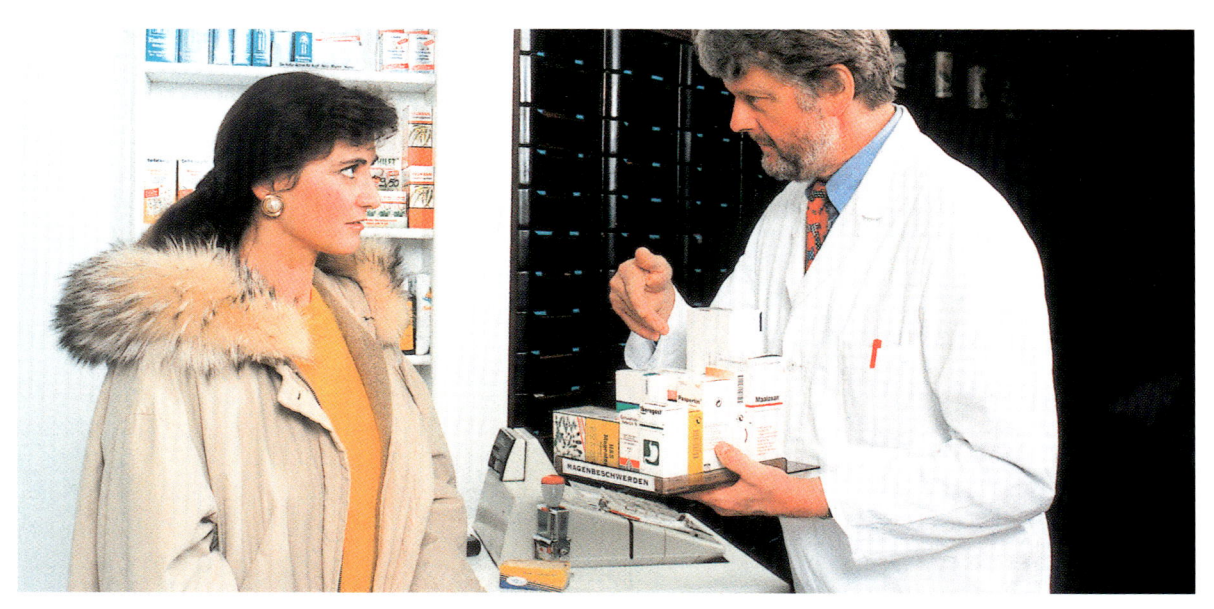

Es gibt über 50.000 Medikamente – und der Apotheker kennt sie alle.

In den letzten Monaten hat sich die Arzneimitteldistribution besonders innovativ gezeigt. Die diversen Gesetzesänderungen der vergangenen Jahre verändern die Märkte sowie das Machtgefüge der relevanten Marktpartner rasant. Jahrzehntelang hat der Gesetzgeber den kleinen und mittelständischen Apotheken einen gesetzlichen Rahmen vorgegeben, der als Schutzraum aber auch als enges Korsett anzusehen war, indem zum Wohle der Gesellschaft die ordnungsgemäße Versorgung der Bevölkerung mit Arzneimitteln sichergestellt werden sollte und wurde.

Die jüngsten Gesetze zur Stabilisierung der Gesundheitsausgaben in Deutschland rütteln stärker als in der Vergangenheit an den Regelungen für Apotheken, und der einstmals klare ordnungs- und prozesspolitische Rechtsrahmen wird punktuell aufgelöst. Gerade diese punktuelle Auflösung – unter einem stark ökonomischen Primat vollzogen – eröffnet anderen Vertriebswegen die Chance, Marktanteile zu generieren, und zwingt die klassische stationäre Apotheke zum Handeln.

Im Rahmen des am 1.1.2004 in Kraft getretenen GKV-Modernisierungsgesetzes wurde die Arzneimittelpreisverordnung nachhaltig verändert. Der damit einhergehende Paradigmenwechsel bei den rezeptpflichtigen Medikamenten und die völlige Freigabe der Preisgestaltung bei den OTC-Produkten zeigt bei einer Reihe von Apotheken erste Bemühungen, sich als „Billiganbieter" zu positionieren. Nimmt man die partielle Aufhebung des Mehrbesitzverbotes dazu und die nach wie vor beobachtbaren Bemühungen, Kooperationen aufzubauen, sind erste Quasi-Kettenbildungen mit aggressiven Preisen (z.B. Easy-Apotheke, Avie, aber auch DocMorris) zu beobachten.

Wie sind diese Bemühungen ökonomisch zu bewerten? Die Bewertung muss in zweifacher Hinsicht vollzogen werden. Macht eine Preissenkung

Der Apotheker kann beispielsweise Wechselwirkungen mit anderen eingenommenen Medikamenten herausfinden, gibt er Tipps zur Einnahmezeit und zu unterstützenden Maßnahmen.

in Apotheken Sinn, und bedarf es einer zusätzlichen Marke, um die daran angeschlossenen Apotheken besonders prominent zu platzieren? Eine Apotheke arbeitet mit vier Markenebenen. Die erste Ebene stellt das Apotheken-A dar, das – seit Jahrzehnten – eingebürgert ist und ähnlich wie das Rote Kreuz ein klares, unverwechselbares Image aufgebaut hat, das weiter besteht. Dem Kunden ist klar, was er in den Geschäften mit dem Apotheken-A zu erwarten hat und was er dort nicht vermuten darf. Die zweite Markenebene stellt die einzelne Apotheke dar (z.B. die „König-Ludwig-Apotheke"), die sich im Kontext des Apotheken-As einen eigenen Namen gemacht hat und für spezifische Leistungen und Dienste in ihrem Einzugsgebiet steht. Zwischenzeitlich versuchen sich an der Schnittstelle von Apotheken-A und individuellem Markenimage der einzelnen Apotheke Kooperationen als Marken zu etablieren (z.B. Linda oder wie oben beschrieben die „Billiganbieter") und den beteiligten Apotheken ein zusätzliches Image anzubieten. Auf der vierten Markenebene sind die in einer Apotheke ggf. besonders hervorgehobenen Markenprodukte der einzelnen Hersteller angesiedelt, die in der Sichtwahl besonders prominent aufgestellt sind und damit eine Art Imagetransfer von der Herstellermarke auf das Image der Verkaufsstelle auslösen können und umgekehrt. Aus der Verbundgruppenlandschaft des Einzelhandels weiß man, dass es in aller Regel den Kunden Schwierigkeiten macht, zwischen z.B. Intersport, Sport xy und den diversen geführten Sportmarken zu differenzieren. Zudem stellt sich dem einzelnen nach wie vor selbständigen Unternehmen auch die Frage, welche Marke(n) er besonders hervorheben soll.

Vier Markenebenen sind zu viele

Vor diesem Hintergrund erscheinen vier parallel zu pflegende Markenebenen für Apotheken als zu viele. Deshalb verwässert die Marke der Kooperation entweder das bestehende Markenimage des Apotheken-A oder der einzelnen Apotheke. Der konditionierte Konsument vermutet ein Filialsystem oder nimmt die zusätzliche Marke nicht wahr. Ersteres schadet den Apotheken insgesamt, da sich diese vor dem Hintergrund alternativer Vertriebswege um die Stärkung ihrer Dachmarke (dem Apotheken-A) kümmern müssen und diese nicht schwächen sollten. Zweiteres stellt einen erheblichen Kostenblock dar, der von den an der Kooperation beteiligten Apotheken getragen werden muss, ohne einen erkennbaren Nutzen zu stiften. Zudem muss nachgefragt werden, welcher Impuls für das Bilden einer Kooperation maßgeblich ist. Betrachtet man nun die besonders preisaggressiven Kooperationsformen wie easy oder Avie, kommen noch andere betriebswirtschaftliche Bedenken auf. Vor dem gesetzlichen Hintergrund sind Apotheken per se Qualitätsanbieter, die – so sie die Arzneimittelsicherheit, Versorgungsqualität und Versorgungssicherheit gewährleisten wollen – bestimmte qualitative Maßstäbe erfüllen müssen. Dies erzeugt Kosten, die insbesondere vor dem Hintergrund der standardisierten 8,10 Euro Honorierung je Packung im rezeptpflichtigen Bereich zu einem nicht unerheblichen Maß durch die im OTC-Segment realisierten Margen abgedeckt werden müssen. Die aus der Preispsychologie bekannten Mechanismen greifen bei Arzneimitteln nicht oder nur sehr eingeschränkt. Preissenkungen lösen kaum Mengeneffekte aus, und die Preissensibilität ist bei Gesundheitsprodukten weniger stark ausgeprägt, was sich in einer nach wie vor unterdurchschnittlichen Preiskenntnis und in einem weniger stark ausgeprägten Preisinteresse niederschlägt. Die Senkung eines Preises, den ich nicht kenne, kann ich folgerichtig nicht goutieren. Demnach können derlei Versuche vor dem Hintergrund der Kostenstrukturen öffentlicher Apotheken nur dem Ziel geschuldet sein, andere Apotheken zu verdrängen, um danach wieder auf den üblichen Marktpreis einzuschwenken. Je nachdem, wie lange ein solches Procedere benötigt, wird das Preisniveau sukzessive sinken, und man hat sich ohne Not die Margen kaputtgeworben.

Zunehmende Vertriebsvielfalt

Das Multi-Channeling – also das Anbieten der gleichen Produkte in mehreren alternativen Vertriebskanälen – hat sich nun auch in der Arzneimitteldistribution etabliert. Verwunderlich nur, dass ein zunächst reinrassiger „pure player", DocMorris, jetzt den an sich atypischen Weg geht und seinen Internetversandhandel durch stationäre Apotheken und das Konzept der sog. Markenpartnerschaften zu ergänzen trachtet. Letzteres ist ein Franchisesystem, ein enges vertragliches Vertriebsbindungssystem, das die selbständigen Apotheker in ein vermeintlich striktes Marketingpaket einbindet. Auch hier soll wie oben ein gängiger Markenname als Zusatzimageträger fungieren. Was bei all diesen Bemühungen gänzlich ausgeblendet wird, sind die erheblichen Aufwendungen, die erforderlich sind, um eine Marke im Markt zu etablieren. Mag DocMorris in Fachkreisen durchaus bekannt sein, so ist es doch ein weiter Weg, bis auch in namhaften Kundenkreisen die Marke so stark ist, das sie den entsprechenden Erfolg garantiert. Die Verwerfungen des Gesetzgebers werden hier besonders deutlich. Da Doc Morris als Versandhändler bestimmte Dienste nicht erbringen kann und demnach auch nicht muss, können Vorteile erwirtschaftet werden, die jetzt im Sinne einer Mischkalkulation den Weg in ein stationäres Vertriebsnetz ebnen. Dies kann nicht im Sinne des Gesetzgebers sein, da es nicht der flächendeckenden Arzneimittelversorgung zuträglich ist. Der Staat wünscht eine flächendeckende Versorgung mit Gesundheit. Dies wird insbesondere durch Rosinenpickerei gefährdet.

Kommunikation soll Leistung und Qualität herausstellen

Wohin geht die Reise in den kommenden Monaten? Die Preisangebote werden weiter forciert, denn solange es Marktkräfte gibt, die sich darüber zu definieren gedenken, muss mit einer Ausweitung gerechnet werden. In diesem Kontext wird die Rolle der Hersteller und des pharmazeutischen Großhandels von hohem Interesse sein, da Opposition oder Opportunismus über die Intensität und die Schnelligkeit der Entfaltung im Markt maßgeblich mitentscheiden. Die Ketten werden sich weiter auszudehnen versuchen. Deren Geschäftsmodell greift erst ab einer gewissen Größe. So bietet DocMorris für die Markenpartnerschaft Gebietsschutz an. Wie lange und in welchem Radius? Und schließlich ist mit einer pointierten und aggressiveren Kommunikation zu rechnen. Gesundheit wird auch 2007 das politische und gesellschaftliche Thema sein. Dies von der Politik unter Kostengesichtspunkten vordefiniert wird, fokussieren die Kunden auch auf dieses Thema. Den klassischen stationären Apotheken bleibt nur der Weg, ihr Heil in ihrer Kernkompetenz zu suchen, in der hohen Qualität jedweder Art. Nur dieses Leistungsversprechen sichert auf Dauer die flächendeckende Versorgung mit Arzneimitteln und die damit einhergehende Arzneimittelsicherheit. Demnach sollte in 2007 die Kosten- und Preiskommunikation durch eine Kommunikation mit dem Fokus auf Leistung und Qualität ersetzt werden.

Dr. Andreas Kaapke

Ist seit 1996 Geschäftsführer des Instituts für Handelsforschung an der Universität zu Köln. Er studierte zwischen 1985 und 1990 Wirtschaftswissenschaften an der Universität Hohenheim in Stuttgart, promovierte bei Prof. Dr. Hans Hörschgen am Lehrstuhl für Absatzwirtschaft an der gleichen Universität im Jahre 1996. Parallel dazu blickt Dr. Kaapke auf eine langjährige freiberufliche Tätigkeit als Marketingberater zurück. Dr. Kaapke war und ist an zahlreichen Hochschulen und Akademien als Dozent bzw. Lehrbeauftragter tätig, so z.B. an der Universität Köln, an der Universität Hohenheim, an der Fachhochschule für Wirtschaft Pforzheim, den Berufsakademien in Stuttgart und Heidenheim, der Westdeutschen Akademie für Kommunikation in Köln und der European Business School Oestrich-Winkel und Berlin. Er ist Mitglied zahlreicher Ausschüsse und Gremien zu Fragen des Handels und veröffentliche zahlreiche Publikationen zu Fragen des Marketing, Betriebsvergleichs und der Kundenzufriedenheit.

✉ a.kaapke@ifhkoeln.de

Apothekenpreise – oder wie man ihnen entgeht

Der Online-Versandhandel hat gerade erst begonnen

In den letzten Monaten hat sich die Arzneimitteldistribution besonders innovativ gezeigt. Die diversen Gesetzesänderungen der vergangenen Jahre verändern die Märkte sowie das Machtgefüge der relevanten Marktpartner rasant. So nimmt DocMorris, Marktführer im deutschen Online-Versandhandel, nach juristischem „Go" bereits verstärkt den stationären Apothekenmarkt ins Visier und gibt das Tempo vor.

Online Angebote fallen auf fruchtbaren Boden

Die Rahmenbedingungen für den Online-Versandhandel bei Medikamenten sind aus Verbrauchersicht sehr günstig:

Jeder dritte Internet-User (35%) tut ‚es' schon: Arzneimittel – und zwar überwiegend rezeptfreie – über das Internet beziehen. Das sind gleichermaßen Männer und Frauen. Selbst die Altersstruktur folgt der Marktlogik: Bei älteren Internetnutzern (55-64 Jahre) mit höherem Bedarf an Arzneimitteln, weil eher multi-morbid, ist der Anteil an Online-Bestellern auch deutlich höher als bei Jüngeren. Für die Online-Versender sind das gute Zeichen, weil es zeigt, dass der Zug zum Versandhandel marktkonform stattfindet und kein Nischenangebot ist! (Siehe Abb.1.)

Online-Bestellungen als sozialer Vorgang

Der Online-Markt ist zudem sehr volumenträchtig, weil er eine ‚soziale Komponente' beinhaltet, die im stationären Markt so nicht zu finden ist: Die Mehrheit der Besteller deckt nicht nur ihren eigenen Bedarf, sondern über die Familie hinaus finden auch Bestellungen für Freunde, Bekannte oder Kollegen statt. Das Marketing findet hier eine neue Zielgruppe für die Mund-zu-Mund-Propaganda, die ein wichtiges Werbeinstrument sein dürfte. Im Übrigen geben zwei Drittel der Internetbesteller pro Bestellung bis zu 50 Euro aus, mit steigender Tendenz bei den Älteren. (Siehe Abb.2.)

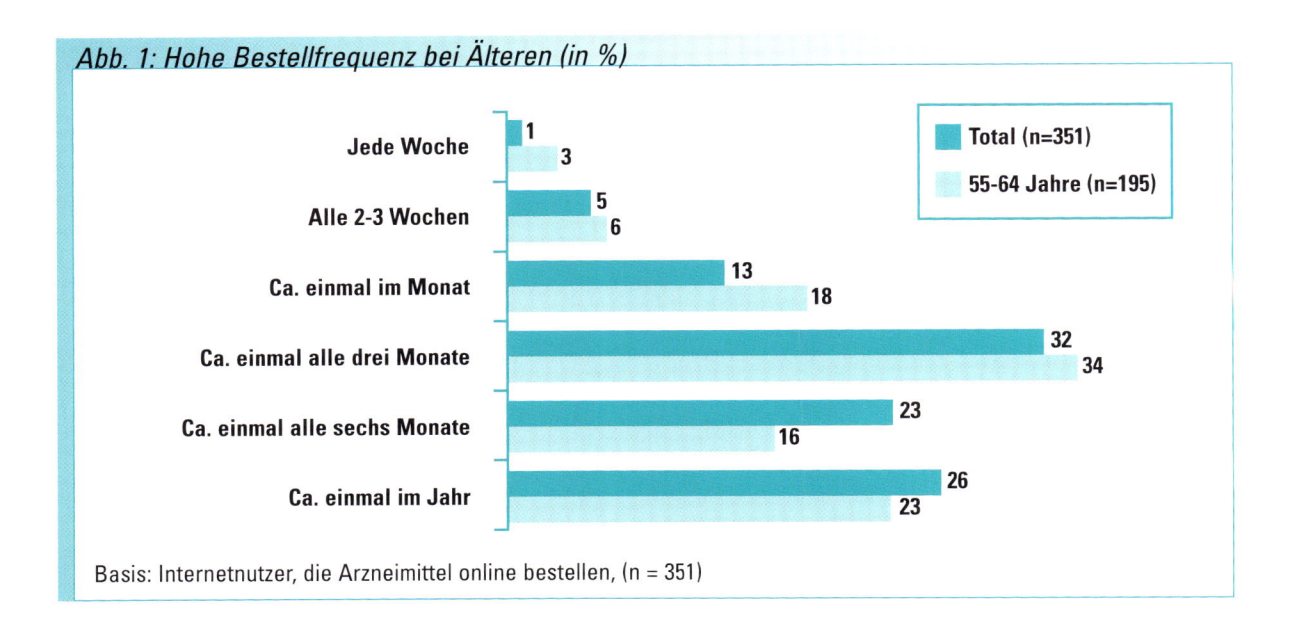

Abb. 1: Hohe Bestellfrequenz bei Älteren (in %)

	Total (n=351)	55-64 Jahre (n=195)
Jede Woche	1	3
Alle 2-3 Wochen	5	6
Ca. einmal im Monat	13	18
Ca. einmal alle drei Monate	32	34
Ca. einmal alle sechs Monate	23	16
Ca. einmal im Jahr	26	23

Basis: Internetnutzer, die Arzneimittel online bestellen, (n = 351)

Abb. 2: Online-Bestellung als sozialer Vorgang (in %)

- Ich bestelle nur für mich: 24
- Ich bestelle auch für meine Kinder mit: 34
- Ich bestelle auch für meinen Partner/meine Partnerin mit: 54
- Ich bestelle auch für für Freunde/Bekannte/Kollegen: 29

Basis: Internetnutzer, die Arzneimittel online bestellen, (n = 351)

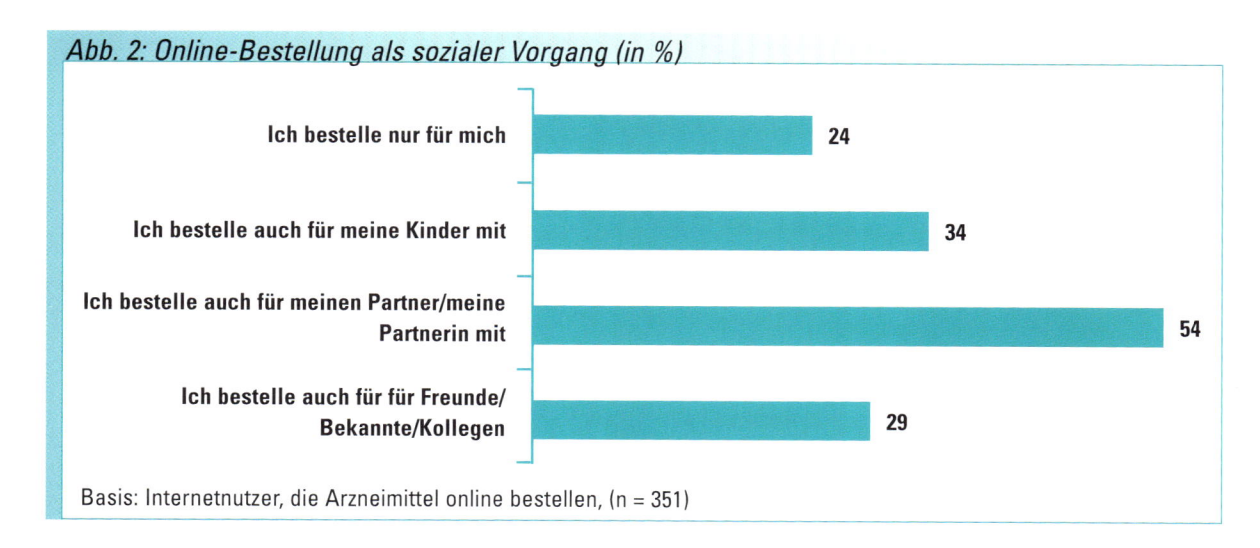

Abb. 3: Internet oder Apotheke? Durchschnittliche Anteile beim Medikamentenkauf

	Gesamt (Internetbesteller)	Bestellte Medikamentenart	
		Nur rezeptfrei Arzneimittel	Rezeptfrei und verschreibungspflichtige Arzneimittel
	n= 351	n= 212	n=122
Über Internet	39	28	56
In Apotheke oder über andere Bestellwege	61	72	44

Basis: Internetnutzer, die Arzneimittel online bestellen, (n = 351)

Online-Bestellung verschreibungspflichtiger Arzneien auf dem Vormarsch

Zwar sind es derzeit vor allem rezeptfreie Arzneimittel, die online geordert werden (60 % aller Besteller), jedoch bestellen schon 44 Prozent der 55-64-Jährigen sowohl rezeptfreie als auch verschreibungspflichtige Arzneimittel, was natürlich in dieser Altersgruppe auch die höheren Ausgaben pro Bestellung erklärt. (Siehe Abb.3.)

Auch wenn die Gruppe derjenigen, die heute schon sowohl rezeptfreie als auch verschreibungspflichtige Medikamente online beziehen, mit einem Anteil von 35 Prozent an den Internetbestellern noch überschaubar ist: diese Gruppe deckt immerhin schon mehr als die Hälfte (56 %) ihres Gesamtbedarfs an Arzneimitteln über das Internet ab, an die stationären Apotheken geht nur noch der geringere Anteil von 44 Prozent des Medikamentkaufs. (Siehe Abb.3.)

Online gegen Schmerzen und Erkältungen

Im Durchschnitt sind es 3,5 Indikationsbereiche, für die regelmäßig online bestellt wird. Das sind in erster Linie die Volumenbringer wie Schmerzmittel, Vitamine/Mineralstoffe und Erkältungsabwehrmittel. Erwartungsgemäß sind bei den älteren Bestellern dann auch zunehmend speziellere Indikationsbereiche vertreten, wie z.B. Herz-Kreislauf, Diabetes und Cholesterin. Auch hier ist eine marktkonforme Entwicklung zu beobachten. (Siehe Abb.4.)

Apotheken und Arzneimittelhersteller müssen sich profilieren

Was wird bei diesen attraktiven Online-Aussichten aus der guten alten Apotheke? Immerhin werden derzeit selbst bei Online-Bestellern noch 61 Prozent des Gesamtbedarfs von Medikamenten über die Apotheke abgedeckt. Der Vorstoß von Doc-

Die Neue!

RED BOX 2007

connecting creative professionals **Red Box**

Die neue *Red Box* erscheint im zweiten Quartal 2007.

Bestellen Sie die *Red Box* 2007 zum Preis von 89,00 Euro (inkl. USt., zzgl. Versandkosten) inkl. Zugang zur Online-Datenbank.

Seit 1970 ist *Red Box* das renommierte Nachschlagewerk der Werbe- und Kommunikationsbranche.

New Business Verlag • Nebendahlstraße 16 • D-22041 Hamburg • Fon 040-450 150 0 • Fax 040-450 150 98
E-Mail: info@redbox.de • www.redbox.de

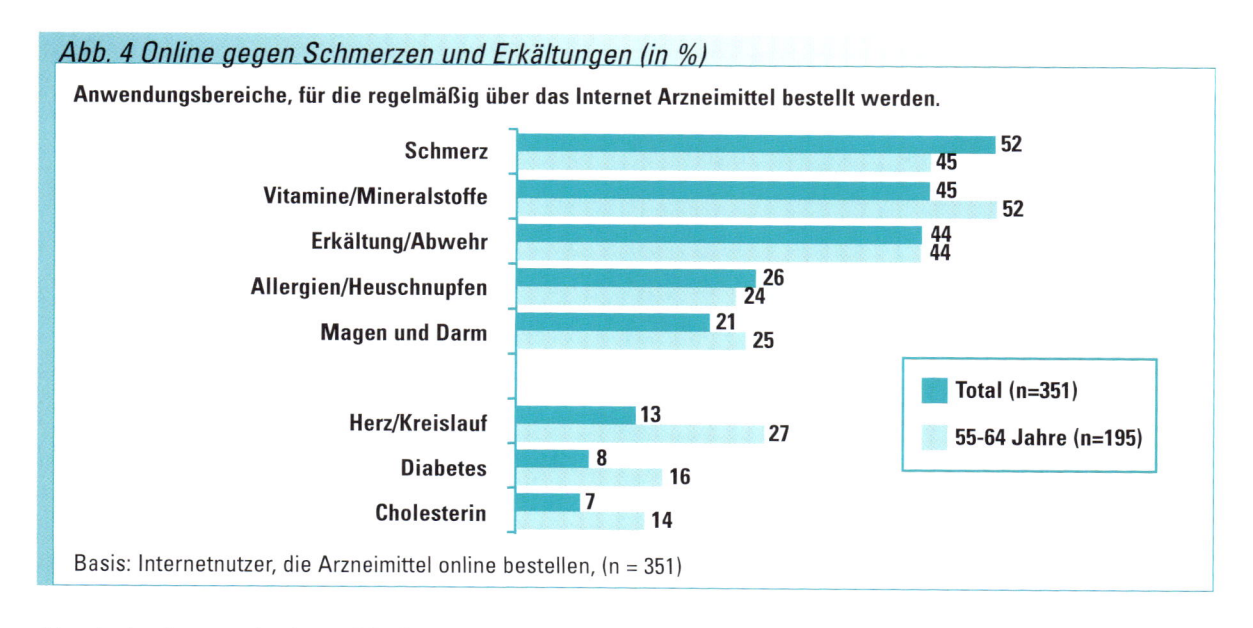

Abb. 4 Online gegen Schmerzen und Erkältungen (in %)

Anwendungsbereiche, für die regelmäßig über das Internet Arzneimittel bestellt werden.

Anwendungsbereich	Total (n=351)	55-64 Jahre (n=195)
Schmerz	52	45
Vitamine/Mineralstoffe	45	52
Erkältung/Abwehr	44	44
Allergien/Heuschnupfen	26	24
Magen und Darm	21	25
Herz/Kreislauf	13	27
Diabetes	8	16
Cholesterin	7	14

Basis: Internetnutzer, die Arzneimittel online bestellen, (n = 351)

Morris in den stationären Markt zeigt, dass die Devise vom „multi channeling" – mit dem Versprechen überall und jeder Zeit verfügbar zu sein (ein Erfolgsrezept im Konsumgütermarkt, der damit der wachsenden Mobilität der Bevölkerung Rechnung trägt) – auch vor dem Arzneimittelmarkt nicht haltmachen wird. Für die klassische Apotheke wird es noch wichtiger werden, einen Mehrwert zu generieren, z.B. kompetente Beratung durch geschulte Fachkräfte vor Ort. Auch das Thema Erlebniskauf durch eine deutliche Ausweitung von Sichtwahl oder Shop-in-Shop-ähnliche Konzepte sind Möglichkeiten, die im stationären Markt zwar längst genutzt werden, aber sicher an Bedeutung zunehmen werden.

Und auch das Marketing der Arzneimittelhersteller ist natürlich gefordert! Im Online-Markt fällt der Apotheker als Multiplikator weg. Das bedeutet, die Arzneimittelwahl findet entweder über den Preisvergleich statt, über den Wiederkauf eines bereits bekannten und erprobten Produkts oder über eine Marken- und Herstellerpräsenz, die den Kaufentscheid beeinflusst. Um aus der reinen Preisfalle herauszukommen, wird es deshalb um so wichtiger werden, Marken- und Herstellerpräsenz und Bindung zu erzeugen, und dies über alle Vertriebskanäle hinweg.

Für das Heer der Online-Anbieter schließlich gilt es ebenfalls, sich zu profilieren. Jeder vierte Online-Bezieher von Arzneimitteln (25 %) gibt an, keinen festen Anbieter zu haben, sondern sich bei jeder Bestellung neu zu orientieren. Fast ebenso viele (27 %) bestellen hauptsächlich bei DocMorris ...

Zur Studie

Die in diesem Beitrag verwendeten Daten stammen aus der Studie „Nutzer von Online-Apotheken", die die Ipsos GmbH im Mai 2006 durchführte.

Steckbrief

Feldzeit: 12. bis 14. Mai 2006
Stichprobe: 1.000 Personen im Alter von 16-64 Jahren, die privat das Internet nutzen, repräsentativ für die Bevölkerung in Deutschland
Methode: Ipsos i:omnibus ™ (Online-Mehrthemenumfrage)

Dr. Susanne Schröder

ist CEO der Ipsos GmbH in Hamburg. Nach ihrem Studium der Literaturwissenschaften und Philosophie war Susanne Schröder zunächst als wissenschaftliche Assistentin und Lehrkraft an der Universität Aachen beschäftigt, bevor sie Anfang der achtziger Jahre beim Institut für Demoskopie Allensbach die Marktforscherlaufbahn einschlug. Nach Stationen beim Sample Institut und als Geschäftsführerin bei NFO Infratest leitet Dr. Susanne Schröder seit Januar 2004 die Geschäfte bei der Ipsos GmbH.

✉ susanne.schroeder@ipsos.de

MEDIEN UND GESUNDHEIT

- Healthcare-Kommunikation 2020
  Eine Prognose mit vielen Unbekannten 82
  Carat Wiesbaden

Printmedien

- Gesundheitsthemen in den Medien
  Wie reagieren die Medien auf das steigende Bewusstsein der Konsumenten ... 84
  Bauer Media KG

- Gesundheit in Print: Glaubwürdiges Umfeld zur Markenpflege 92
  Dr. Hergen Riedel

- Die Bedeutung der konfessionellen Presse auf dem OTC-Markt .. 98
  Konpress eG

Elektronische Medien

- Gesundheit im TV 2007
  Berichte und Ratgeber verdrängen Fiktion 102
  Dr. Hergen Riedel

- Trends in der Pharmakommunikation
  Geänderte Rahmenbedingungen erfordern neue Konzepte 108
  Dr. Dirk Nonhoff

Healthcare-Kommunikation 2020

Eine Prognose mit vielen Unbekannten

Vom OTC-Schnupfenmittel bis zur Krebstherapie reicht das Themenspektrum. Ansprechpartner sind Ärzte in Kliniken und Praxen, Apotheker, deren pharmazeutische Mitarbeitern und Patienten. Sie alle werden persönlich oder über ihre Interessenvertreter via Print und Plakat, Radio und TV sowie über die vielfältigen Kanäle im Internet informiert. Kaum ein Werbemarkt kennt eine solche Vielfalt. Auf der anderen Seite erfreut sich kaum ein anderer Markt so hoher Aufmerksamkeit durch den Gesetzgeber:

2000   GKV-Gesundheitsreform,
2001   Gesetz zur Ablösung des Arznei- und Heilmittelbudgets (ABAG),
2002   Arzneimittelabgaben-Begrenzungsgesetz (AABG)
2002   Beitragssatzsicherungsgesetz (BSSichG),
2004   GKV-Modernisierungsgesetz (GMG),
2006   Arzneimittelversorgungswirtschaftlichkeitsgesetz (AVWG)
2007   GKV-Wettbewerbsstärkungsgesetz (GKV-WSG)

Gesetze gestalten Kommunikation

Jedes dieser Gesetze bedeutet für das Pharma-Marketing eine Neuorientierung in der Produktkommunikation. Beispielsweise wurden mit dem GMG alle Phytopharmaka aus dem Erstattungskatalog der Krankenkassen gestrichen. Seither bezahlen die Patienten diese Arzneimittel selbst - und rücken damit in den Fokus des Marketings. Neue Formen der Kundenansprache und neue Wege für die Werbebotschaften mussten etabliert werden.

Mit dem AVWG verschärfte sich der Wettbewerb unter den Generika-Anbietern. Die neue Aut-idem-Regelung verpflichtete den Apotheker zur Abgabe der preiswertesten Alternative unter wirkstoffgleichen Arzneimitteln. Die Auswahl des Produkts erfolgte nun durch den Apotheker, der damit nun auch für verschreibungspflichtige Präparate ein wichtiger Ansprechpartner wurde. Die Folgen des aktuellen GKV-WSG beschäftigen derzeit Marketingabteilungen und Agenturen.

Liest man nicht nur die Paragraphen der Gesetze sondern auch ihre Präambeln, so begegnet man immer wieder einem etablierten Avatar: dem mündigen Patienten. Juristisch kann der implizit beklagte Mangel an Mündigkeit nicht gemeint sein, denn das Gros der Patienten ist auch ohne Unterstützung des Gesetzgebers deliktfähig, volljährig und geschäftsfähig.

Seit Immanuel Kants Traktat ‚Beantwortung der Frage: Was ist Aufklärung?' ist Mündigkeit auch das innere und äußere Vermögen des Menschen zur Selbstbestimmung. Zwingende Voraussetzung für eine solche Emanzipation ist Informiertheit. Doch für einen der intimsten Bereiche des Menschen, seine Gesundheit, schränkt der Gesetzgeber die freie Wahl der Informationsquellen durch das Heilmittelwerbegesetz (HWG) ein. Jeder darf den Patienten über neue Therapiemöglichkeiten informieren: Yellow Press, Nachrichtenmagazine, Weblogs, Buchautoren, IQWiG und Krankenkassen – nur nicht der Hersteller von Arzneimitteln.
Für das Pharma-Marketing ist diese Restriktion eine Herausforderung. Zwar hält der Arzt den Rezeptblock in Händen, aber immer öfter führt der Patient den Stift. Die Aufgabe lautet daher: Mit welcher Kommunikationsstrategie kann der Patient informiert werden – ohne ihn direkt anzusprechen?

Information auf allen Kanälen

Etabliert ist die Strategie „Beliefere den Koch der Informationshungrigen" in Form qualifizierter PR an redaktionellen Medien. Joachim Seipp erörtert in seinem Beitrag ‚Gesundheitsthemen in den Medien' den Umgang mit dem gestiegenen Gesundheitsbewusstsein und skizziert dabei die zielgruppenspezifischen Medienangebote von Yellow Press bis zu Special-Interest-Titeln.

Das Auge isst auch mit, die Patienten möchten auch emotional angesprochen und in ihrer Entscheidung bestätigt werden. Hier liegt die Stärke der klassischen Anzeigenwerbung. Dr. Hergen H. Riedel warnt jedoch zu Recht vor einer platten, an Reklame erinnernde Bild- und Wortsprache: Die Pharma-Anzeige „muss verständlich und informativ sein". Hier werden keine Bedürfnisse geweckt, wer krank ist, hat einen konkreten Bedarf an Linderung und Heilung seiner Beschwerden.

So begrüßenswert die Emanzipation des Patienten ist, auf den ärztlichen Sachverstand bei Diagnose und Therapieauswahl wird kein ernsthaft Erkrankter verzichten wollen. Auch der mündige Patient vertraut auf den Rat seines Arztes, oder er wechselt die Praxis. Somit bleibt der Arzt zentraler Ansprechpartner der Marketingkommunikation. Doch wer ist „der Arzt" im Jahr 2020? Passen die bewährten Kommunikationsstrategien dann noch? Dr. Riedel beleuchtet in seinem Artikel ‚Gesundheit im TV 2007: Berichte und Ratgeber verdrängen Fiktion' den Einfluss der Medien auf das Verhältnis Arzt-Patient. Die Ansprüche der Patienten auf medizinische Fürsorge orientieren sich stark am Beispiel der TV-Ärzte. Aber auch das Selbstbild der Mediziner bleibt nicht unberührt vom medial vermittelten Vorbild. Wenn der analytische Forensiker den Kümmerer aus der Praxis Bülowbogen vom Bildschirm vertreibt, gewinnt auch die apparative Diagnostik gegenüber der empathischen an Wertschätzung. Die werbliche Ansprache der Mediziner muss diesen Wandel konzeptionell und inhaltlich berücksichtigen. Dr. Riedel zeichnet die Entwicklung des Arztbildes in den Medien nach und analysiert die Folgen für das Selbstbild der Ärzte, aber auch für die Ansprüche der Patienten an die Ärzte, die sie aus diesem medial vermittelten Mediziner-Prototyp ableiten.

Fachleute für Medienbewertung

Wer sich nicht täglich mit der Dynamik im Meinungsmarkt des Gesundheitswesens beschäftigt, verliert sehr schnell den Überblick. Über 400 medizinische Fachtitel wetteifern um die Aufmerksamkeit der Ärzte. Eine fehlplazierte PR-Kampagne, eine Anzeigenstrecke an der Zielgruppe vorbei, ist nicht nur ineffektiv sondern möglicherweise kontraproduktiv. Wer die Experten als erste informiert, verärgert die Meinungsbildner und spielt dem Mitbewerber in die Hände.

Eine interessante Disziplin ist die Patientenkommunikation für Phytopharmaka und ethische Medikamente. Zum einen formen die pharmaspezifischen Restriktionen, das HWG aber auch die Selbstverpflichtung der Pharmazeutischen Industrie für den Umgang mit Selbsthilfeorganisationen, den Stil der Kampagnen. Zum anderen sorgt die wachsende Eigenverantwortung der Patienten und die damit verbundene Aufgeschlossenheit für die komplexen Gesundheitsthemen für eine stetig wachsende Nachfrage an konkreter Information. Dr. Dirk Nonhoff zieht in seinem Beitrag „Trends in der Pharmakommunikation" das Fazit: Das Pharma-Marketing entwickelt sich von einer Push- zu einer von Patienteninteressen bestimmten Pull-Strategie.

Lotsen in diesem Markt sind die Fachleute für Medienbeobachtung und Medienbewertung in den Media-Agenturen, die sich auf den Markt für Arzneimittel spezialisiert haben. Die jüngste Gesundheitsreform wird nicht die letzte gewesen sein, und das Selbstbild von Ärzten und Patienten – und auch der Apotheker, einem Kommunikationspartner von zunehmender Bedeutung – wird sich weiter entwickeln. Die Healthcare-Kommunikation 2020 ist eine Prognose mit vielen Unbekannten, der Weg dorthin eine interessante Herausforderung.

Eva-Maria Westermann

startete nach dem Studium der BWL in Mannheim, 1993 bei MW Office in München. Nach einem kurzen Zwischenstep bei Mediaplus als Media-Leiterin kam die Diplom-Kauffrau 2000 zur Aegis Gruppe zurück. Zunächst als Standortleitung der MW Office Wiesbaden, ab 2001 als Unit Directorin der Carat Wiesbaden und seit April 2007 als Director Communication Consulting Healthcare. Sie ist Sprecherin der Arbeitsgruppe Kommunikation und Referentin der LA-MED Praxis-Seminare „Erfolgreiche Mediaplanung".

✉ *eva-maria.westermann@carat.com*

Gesundheitsthemen in den Medien

Wie reagieren die Medien auf das steigende Bewusstsein der Konsumenten

Gesundheit, Krankheit, körperliche und geistige Fitness, Präventionsansätze und Therapien: Themen, die Menschen schon immer interessierten und die durch die verschiedenen Gesundheitsreformen sowie in wirtschaftlich unsicheren Zeiten (drohender Arbeitsplatzverlust) ganz besondere Beachtung finden.

In den letzten zehn Jahren hat sich Gravierendes geändert, wie eindrucksvolle Zahlen aus einem Langzeitvergleich der AWA zeigen (siehe Abb. 1-3). Behauptete 1996 nur rund ein Viertel der Bevölkerung von sich selbst, zu den „Gesundheitsbewussten" zu gehören, so ist dies heutzutage schon ein Drittel. Noch interessanter ist die Entwicklung zum Thema Arztbesuch und Selbstmedikation. Während der Anteil derjenigen deutlich zurückgegangen ist, die zum Arzt gehen, wenn sie sich krank fühlen, ist der Anteil derjenigen, die eben nicht wegen jeder Kleinigkeit den Arzt aufsuchen, deutlich gestiegen. Heute stimmen rund zwei Drittel der Bevölkerung dem Statement „Ich finde, man braucht nicht mit jeder Kleinigkeit zum Arzt zu gehen" zu. Der Arzt ist also für die Deutschen, insbesondere bei Fragen zu bestimmten Erkrankungen, zwar sicherlich die zentrale, längst aber nicht die einzige oder unumstrittene gesundheitsrelevante Informationsquelle.

Gesundheitskommunikation wird immer wichtiger. Infolge der rückläufigen Arztbesuche und des Trends zu mehr gesundheitlicher Eigenverantwortung und Patientenmündigkeit kommt der Kommunikation von Gesundheitsthemen – und damit den Medien – immer größere Bedeutung zu. Zeitungen und Zeitschriften, Internet- und Fernsehangebote beeinflussen das Wissen um die eigene Gesundheit in beträchtlichem Maße. Man kann davon ausgehen, dass die Vorstellungen davon, wie Befindlichkeitsstörungen oder Krankheiten zu vermeiden oder zu bewältigen sind, von diesen medialen Inszenierungen wesentlich beeinflusst werden. Diese steigende Bedeutung der Massenmedien nutzen natürlich auch die werbenden Unternehmen und versuchen, Ihre Werbebotschaften in entsprechenden redaktionellen Umfeldern zu platzieren.

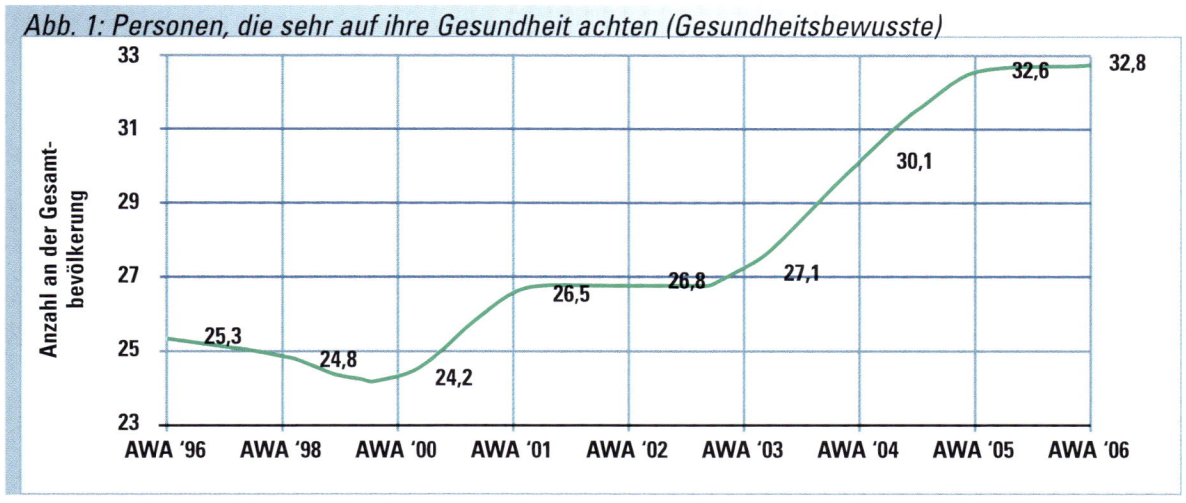

Abb. 1: Personen, die sehr auf ihre Gesundheit achten (Gesundheitsbewusste)

AWA '96	AWA '98	AWA '00	AWA '01	AWA '02	AWA '03	AWA '04	AWA '05	AWA '06
25,3	24,8	24,2	26,5	26,8	27,1	30,1	32,6	32,8

Anzahl an der Gesamtbevölkerung

Quelle: AWA 2006

Abb. 2: Wenn ich mich krank fühle, gehe ich zum Arzt

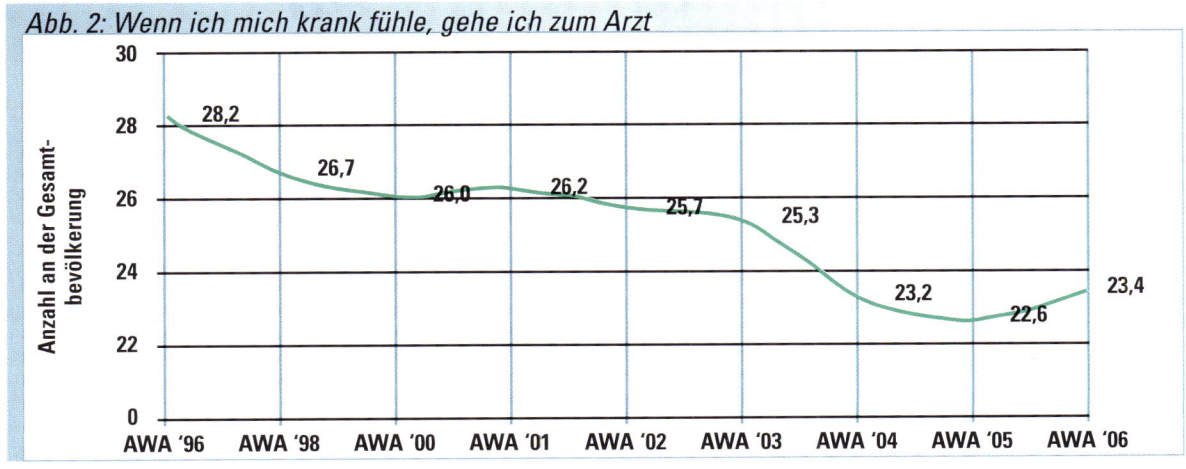

[Diagramm: Anzahl an der Gesamtbevölkerung]
- AWA '96: 28,2
- AWA '98: 26,7
- AWA '00: 26,0
- AWA '01: 26,2
- AWA '02: 25,7
- AWA '03: 25,3
- AWA '04: 23,2
- AWA '05: 22,6
- AWA '06: 23,4

Quelle: AWA 2006

Abb. 3: Ich finde, man braucht nicht mit jeder Kleinigkeit zum Arzt zu gehen

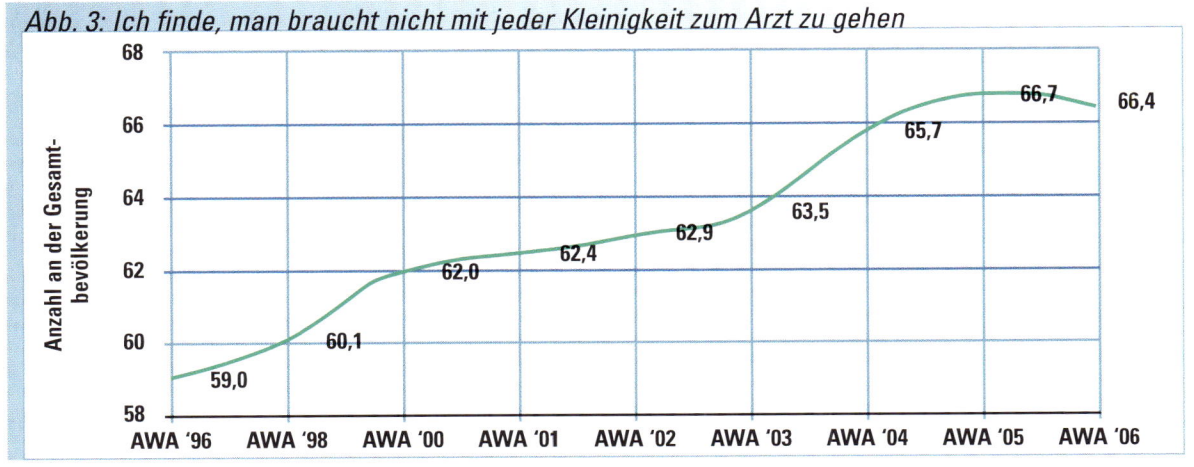

[Diagramm: Anzahl an der Gesamtbevölkerung]
- AWA '96: 59,0
- AWA '98: 60,1
- AWA '00: 62,0
- AWA '01: 62,4
- AWA '02: 62,9
- AWA '03: 63,5
- AWA '04: 65,7
- AWA '05: 66,7
- AWA '06: 66,4

Quelle: AWA 2006

Zeitschriften, TV und Internet sind die meistgenutzten Informationsquellen

Innerhalb der Medien sind es vor allem Print und auch das Fernsehen, die das höchste Vertrauen und die höchste Kompetenz als Informationsinstanz genießen. Aber ist die große Flut von Arzt- oder Pathologieserien à la „C.S.I" oder „Post Mortem" schon „Gesundheitskommunikation"? Oder sind hiermit nicht eher Ratgebersendungen wie „ARD-Ratgeber Gesundheit", „Visite" (NDR3) oder „Rundum Gesund" (WDR3) gemeint? Diese medialen Sprechstunden finden in großer Zahl in den dritten Programmen der ARD statt und erfreuen sich eines treuen, meist älteren Publikums. Bei den privaten Sendern sind solche Sendungen eigentlich nicht zu finden. Ein Umfeld für Werbespots ergibt sich also in diesem Medium eher selten.

Immer mehr Frauen und Männer informieren sich über Krankheitsverläufe und Therapiemöglichkeiten oder suchen nach Gesundheitstipps und nutzen Ernährungsberatungen im Internet. Die Zahl der Ratsuchenden, für die das Internet eine wichtige Informationsquelle zu Gesundheitsthemen ist, wächst ständig. Allerdings findet in diesem Medium – anders als in Zeitschriften und TV – die reine Vermittlung von, meist gezielt gesuchten, Informationen statt. Der wichtige Faktor Unterhaltung, mit all den positiven Auswirkungen auf die Rezeption von redaktionellen und werblichen Inhalten, steht in diesem Medium und bei diesem Thema eher hinten an.

Ganz anders sieht es hingegen in vielen Publikumszeitschriften und hier besonders in den Frauenzeitschriften aus. Hier sind Gesundheit, Krankheit oder Wellness ein wesentlicher und wichtiger Heftbestandteil, ohne den Aspekt Unterhaltung zu vernachlässigen. Dabei sind die redaktionellen thematischen Schwerpunkte sehr genau auf das jeweilige Lese- und Informationsinteresse der Leser(innen) abgestimmt. Es bieten sich somit optimale Umfelder für OTC-Werbung.

Abb. 4: Interesse an Gesundheitsthemen und Verwendung von OTC-Präparaten korrelieren stark mit dem Alter

	Frauen über 40 Jahren	Frauen unter 40 Jahren
Informationen zu medizinischen Fragen interessieren mich ganz besonders	143	102
Informationen zu Naturheilmitteln, homöopathischen Medikamenten interessieren mich ganz besonders	130	98
Informationen zu gesunder Ernährung, gesunder Ernährungsweise interessieren mich ganz besonders	138	106
Gesundheitsbewusste „Ich achte sehr auf meine Gesundheit"	161	115
Häufige Verwender von rezeptfreien Medikamenten, Heilmitteln	153	93

Index 100 = Gesamtbevölkerung

Quelle: AWA 2006

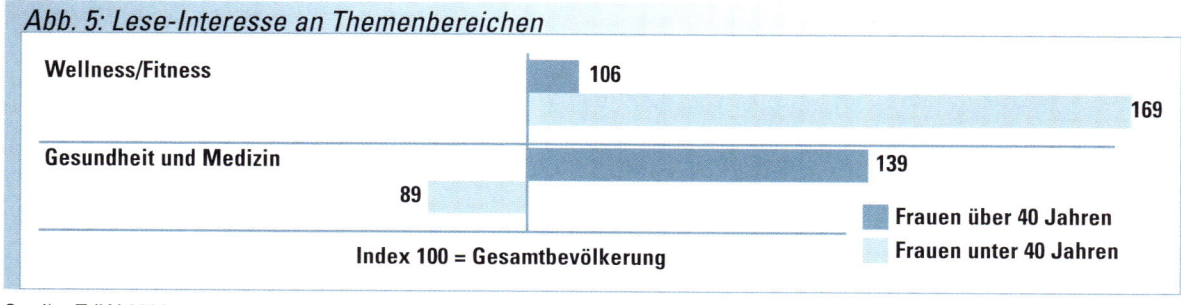

Abb. 5: Lese-Interesse an Themenbereichen

	Frauen über 40 Jahren	Frauen unter 40 Jahren
Wellness/Fitness	106	169
Gesundheit und Medizin	139	89

Index 100 = Gesamtbevölkerung

Quelle: TdW 2006

Der zwischenzeitlich verstorbene Massensoziologe Prof. Alphons Silbermann sagte einmal im Rahmen eines Bauer-Pharma-Symposiums, dass den meisten Menschen Gesundheit „so lang wie dünn ist" – bis sie krank werden.

Diese unnachahmlich auf den Punkt gebrachte Erkenntnis zeigt sich auch in allen bekannten Studien: Krankheit und Gesundheit spielen eben erst mit zunehmendem Alter auch eine zunehmende Rolle. So zeigt z.B. die AWA 2006 (siehe Abb. 4) ein sehr deutlich wachsendes Informationsinteresse an Fragen zu Gesundheit und Medizin mit steigendem Alter. Im gleichen Maße wächst auch die Verwendung von rezeptfreien Medikamenten. Ein gleiches Bild zeigt auch die TdW 2006 (siehe Abb. 5): Mit zunehmendem Alter steigt auch hier das Lese-Interesse an Gesundheitsthemen.

Welche Zeitschriftengattung nimmt sich dieses Interesses im überproportionalen Maße an? Wie die Funktionsanalyse des Jahreszeiten-Verlages zeigt, bedienen – neben den monothematischen Gesundheitstiteln wie z.B. ‚Gesunde Medizin' – vor allem die Women's Weeklies und Yellows dieses Lesebedürfnis (siehe Abb. 6 und 7). So widmen sich z.B. 11 Prozent der redaktionellen Seiten einer durchschnittlichen Ausgabe des Titels ‚Laura' den Themen Gesundheit, Medizin und Fitness.

Doch nicht nur Frauenzeitschriften widmen sich diesem Themenbereich – relevant sind darüber hinaus die gesundheitsorientierten Lifestyle-Zeitschriften, die Programmpresse und natürlich auch die Apotheken-Kundenzeitschriften.

Doch wie werden in diesen unterschiedlichen Zeitschriftengattungen die Themen Gesundheit, Medizin und Wellness behandelt? Wo liegen die Unterschiede in den redaktionellen Schwerpunkten?

Abb. 6: Redaktioneller Anteil Gesundheit, Medizin und Gesunderhaltung, Fitness

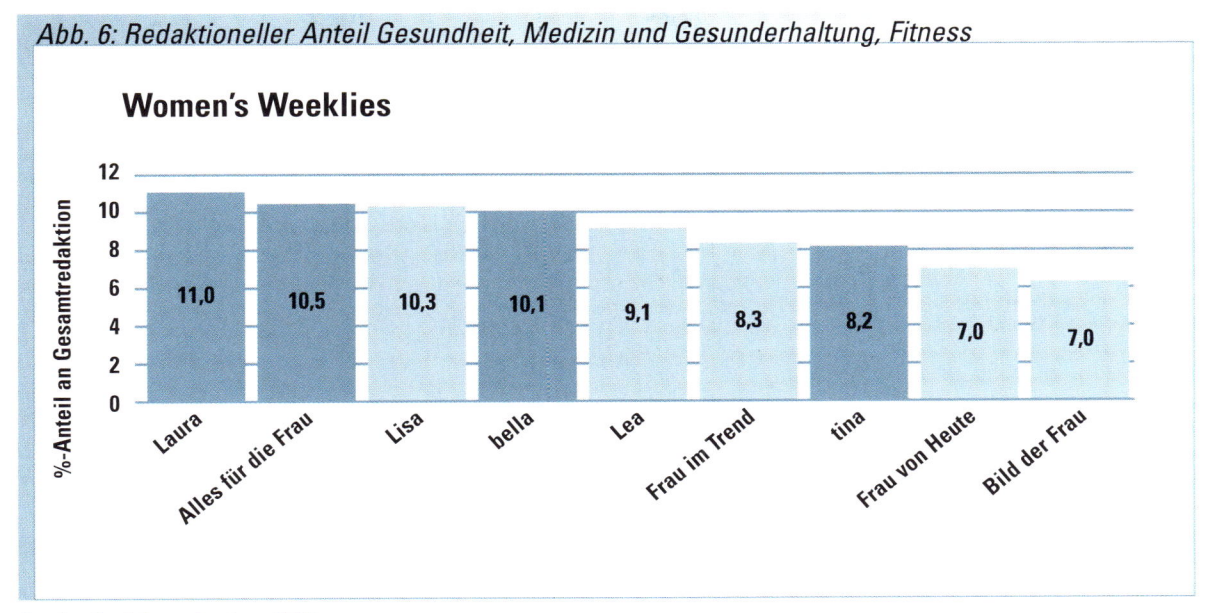

Women's Weeklies

%-Anteil an Gesamtredaktion:
- Laura: 11,0
- Alles für die Frau: 10,5
- Lisa: 10,3
- bella: 10,1
- Lea: 9,1
- Frau im Trend: 8,3
- tina: 8,2
- Frau von Heute: 7,0
- Bild der Frau: 7,0

Quelle: Funktions-Analyse 2006

Abb. 7: Redaktioneller Anteil Gesundheit, Medizin und Gesunderhaltung, Fitness

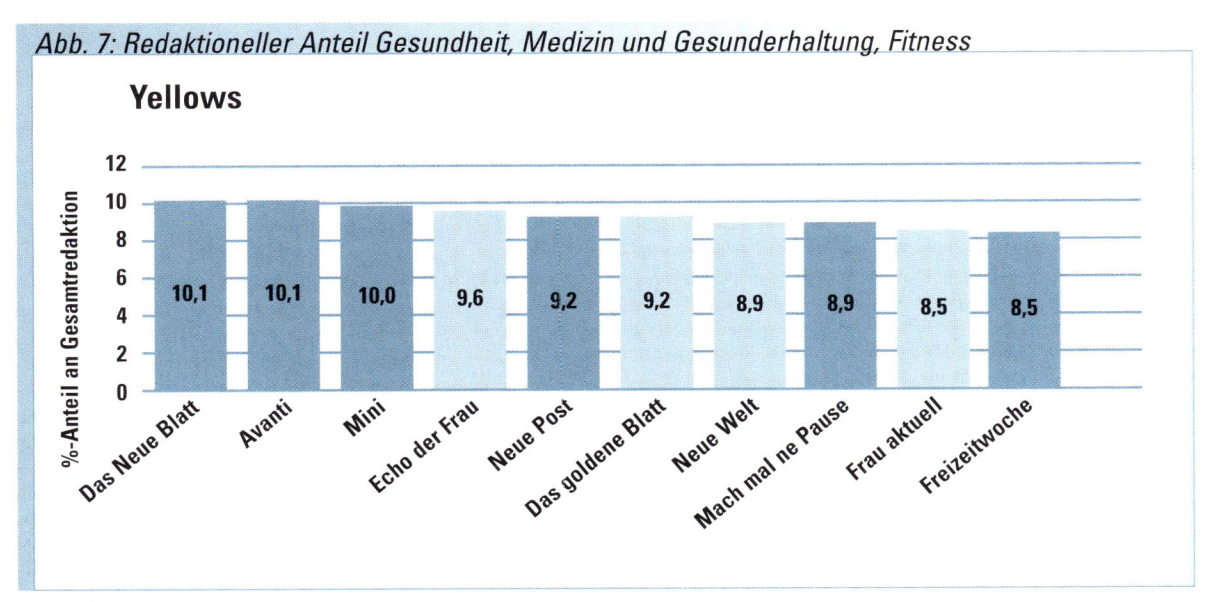

Yellows

%-Anteil an Gesamtredaktion:
- Das Neue Blatt: 10,1
- Avanti: 10,1
- Mini: 10,0
- Echo der Frau: 9,6
- Neue Post: 9,2
- Das goldene Blatt: 9,2
- Neue Welt: 8,9
- Mach mal ne Pause: 8,9
- Frau aktuell: 8,5
- Freizeitwoche: 8,5

Quelle: Funktions-Analyse 2006

Gesundheit in vielen Facetten

Lifestyle-Zeitschriften

Sieht man sich den Bereich der gesundheitsorientierten Lifestyle-Zeitschriften, also z.B. ‚Stern Gesund leben' an, so fällt auf, dass das Thema Gesundheit in erster Linie hier als Prävention im Sinne der Gesunderhaltung verstanden und umgesetzt wird.

So gliedert sich z.B. ‚Stern Gesund leben' in vier Bereiche: Prävention, Ernährung, Fitness und Wellness. Zielgruppe sind Männer und Frauen ab 30, die ihr Leben genießen wollen und sich deshalb aktiv um ihre physische und psychische Gesundheit kümmern. Die rund 1 Mio. Leser setzt sich aus rund 40 Prozent Männern und 60 Prozent Frauen zusammen.

Eine völlig andere Zielgruppe bedient die Gruppe der männerbetonten Lifestyle-Zeitschriften. Der Männeranteil z.B. bei dem Titel ‚Men's Health' liegt bei rund 75 Prozent. Hier geht es vornehmlich um Themen wie Sport und Fitness, Gesundheit und Ernährung, Mode und Pflege, Partnerschaft, Reise

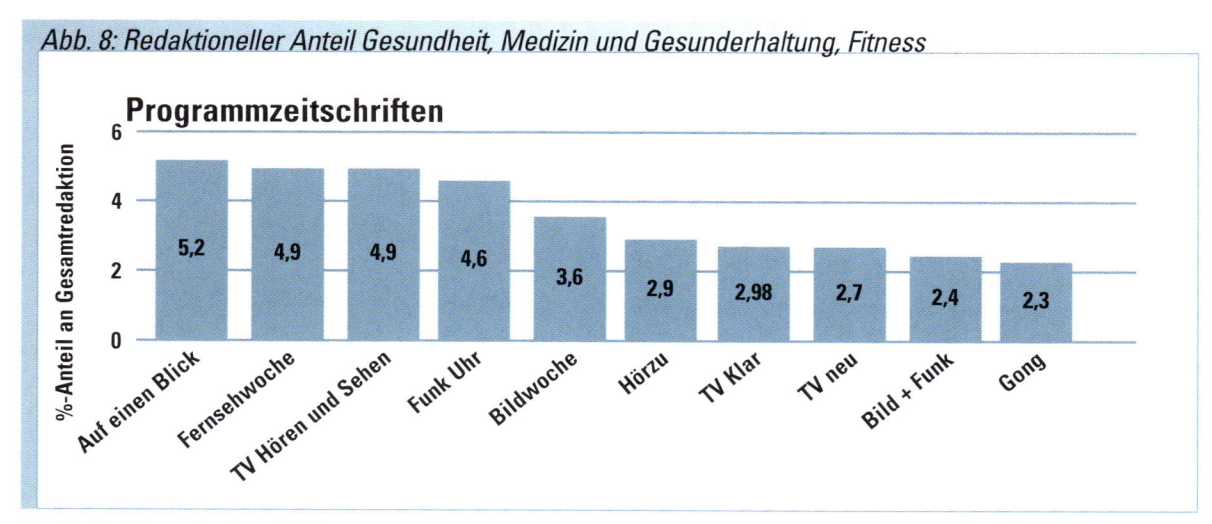

Abb. 8: Redaktioneller Anteil Gesundheit, Medizin und Gesunderhaltung, Fitness

Programmzeitschriften (%-Anteil an Gesamtredaktion)

Titel	Anteil
Auf einen Blick	5,2
Fernsehwoche	4,9
TV Hören und Sehen	4,9
Funk Uhr	4,6
Bildwoche	3,6
Hörzu	2,9
TV Klar	2,98
TV neu	2,7
Bild + Funk	2,4
Gong	2,3

Quelle: Funktions-Analyse 2006

und Beruf. Auch in diesen Objekten wird Gesundheit eher als Prävention verstanden. Da junge Männer und Frauen bei Kauf und Verwendung der allermeisten OTC-Präparate eine eher untergeordnete Rolle spielen, nutzt die Pharmaindustrie diese Zeitschriftengattung nur in sehr geringem Maße. Gerade einmal 0,5 Prozent der Werbeaufwendungen in Publikumszeitschriften für OTC-Produkte wurden 2006 in diesem Segment investiert.

Programmzeitschriften
Programmzeitschriften sind die bedeutendste Zeitschriftengattung in Deutschland. Sie erreichen rund 62 Prozent der Gesamtbevölkerung. Dieser Markt gliedert sich nach der Erscheinungsweise in 3 Segmente: wöchentliche, 14-tägliche und 4-wöchentliche Programmzeitschriften. Pauschalierend kann gesagt werden, dass die klassischen, wöchentlich erscheinenden Programmzeitschriften sich eher an eine ältere Leserschaft wenden, während 14-täglich erscheinende Objekte tendenziell jüngere Leser bedienen.

Der Themenbereich Gesundheit, Medizin und Gesunderhaltung, Fitness wird in dem Titel ‚Auf einen Blick' am umfangreichsten behandelt. Der Anteil an einer durchschnittlichen Ausgabe beträgt immerhin 5,2 Prozent. Es folgen die Titel ‚Fernsehwoche' und ‚TV Hören und Sehen' mit einem Anteil von jeweils 4,9 Prozent (siehe Abb. 8).

Wie zielgruppengerecht jedoch der Themenkomplex Gesundheit in den einzelnen Titel bearbeitet wird, sollen die beiden Beispiele aus ‚Auf einen Blick' und ‚TV Hören und Sehen' verdeutlichen.

Abb. 9: Redaktionelles Beispiel aus ‚TV Hören und Sehen'

Das Premium-Magazin ‚tv Hören und Sehen' bietet seinen Lesern anspruchsvolle Erlebnisreportagen von namhaften Autoren, ausführliche Interviews, wertvolle Hintergrundberichte sowie aktuelle Servicethemen zu den Bereichen Medizin, Forschung, Wellness. In jeder Ausgabe werden auf Doppelseiten neueste Ergebnisse aus Forschung, gesunder Ernährung und moderner Medizin präsentiert (siehe Abb. 9).

‚Auf einen Blick' ist die Zeitschrift mit der attraktiven Doppelfunktion aus unterhaltender Frauenzeitschrift plus aktueller Fernsehillustrierte. Sie bietet ihrer Leserschaft viel emotionale Unterhaltung, fundierte Informationen und praxisnahe Beratung für die „Mitmenschen von nebenan". Die zentrale Medizinberatung in ‚Auf einen Blick' findet auf den Seiten „Ihre Gesundheit" statt. Ergänzend werden in der Heftmitte übers Jahr verteilt mehrere „Gesundheits-Extras" zu einem zentralen Schwerpunktthema veröffentlicht. In beiden Titeln wird auf entsprechende Begleitthemen im TV-Programm hingewiesen (siehe Abb. 10).

Abb. 10: Gesundheitsredaktion in ‚Auf einen Blick'

Abb. 11: Gesundheitsredaktion in ‚Neue Post'

Frauenzeitschriften
Knapp 40 Prozent der Werbeinvestitionen der OTC-Industrie in Publikumszeitschriften fließen in Frauenzeitschriften. Dies macht Sinn, denn in vielen Untersuchungen wurde belegt, dass die Frauen die „Gesundheitsminister der Familie" sind.

Auch in diesem Segment ist die Darstellung und Bearbeitung des Themenkreises Gesundheit auf die speziellen Erwartungen und Wünsche der unterschiedlichen Leserschaften ausgerichtet. Dabei haben Zeitschriften für die jüngere Leserschaft primär Wellness-Themen im Fokus, während in Titeln mit Kernleserschaft ab 40 Jahre und älter ein Schwerpunkt auf den Themen Gesundheit und Medizin liegt.

Innerhalb der Frauenzeitschriften sind es vor allem die wöchentlichen Frauentitel (Yellows) und die Women's Weeklies, die hohe redaktionelle Anteile

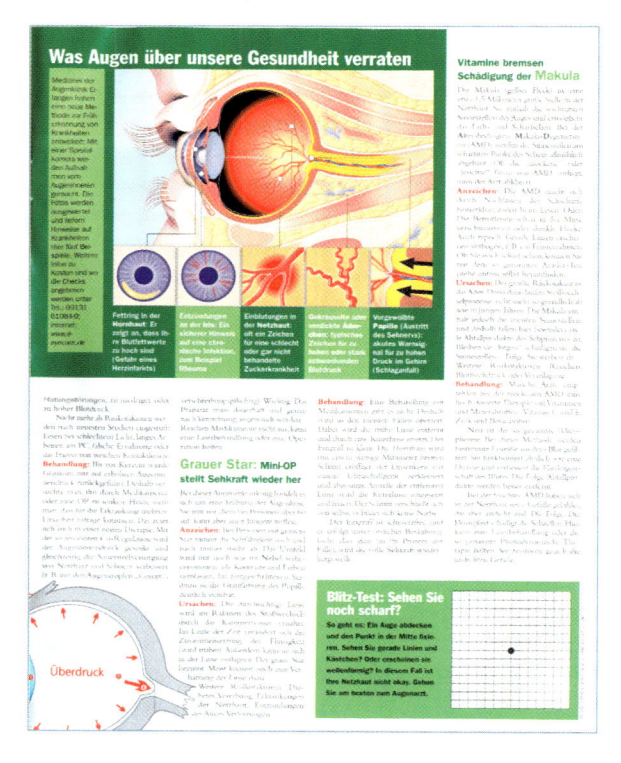

Abb. 12: Aufbereitung eines Gesundheitsthemas in der Zeitschrift ‚Bella'

den Themen Gesundheit, Medizin, Gesunderhaltung und Fitness widmen. Entsprechend investiert die OTC-Industrie auch den Großteil der Werbeaufwendungen in Frauenzeitschriften in diese beiden Segmente (knapp 80 %).

Yellows unterhalten insbesondere durch hochaktuelle Berichte über gesellschaftliche Ereignisse, Adel und Prominenz. Eine stark emotionale Berichterstattung schafft eine ganz besondere Nähe der Leserinnen zu ihrem Heft. Neben der Basiskompetenz Unterhaltung spielen Tipps und umsetzbare Ratschläge – gerade zu dem Themenkomplex Gesundheit und Krankheit – eine wichtige Rolle. Als echte Lebensberatung bieten die Yellows einen hohen Service- und Nutzwert.

Bei den Women's Weeklies liegen die redaktionellen Schwerpunkte auf Mode, Kosmetik, Gesundheit und Rezepten. Diese Themenmischung orientiert sich an den 14-tägig Frauenzeitschriften. Die Kompetenz dieser Zeitschriftengattung ist die hohe Serviceleistung und Beratungskompetenz. Im Durchschnitt sind rund 50 Prozent der Leser(innen) älter als 40 Jahre, gehören also zum Kernsegment der Verwender von OTC-Präparaten.

Apotheken-Kundenzeitschriften
Apotheken-Kundenzeitschriften sind Ratgebermedien, die in erster Linie wegen ihrer Artikel über die Behandlung von Krankheiten, über Medikamente und ihre Wirkung und erst in zweiter Linie auch noch wegen ihrer Beiträge über gesunde Ernährung, Fitness und dergleichen gelesen werden. Alle anderen Inhalte haben eine nachgeordnete Bedeutung.

Insgesamt erreichen diese Kundenzeitschriften hohe Auflagen, auch – oder gerade weil – diese Zeitschriften kostenlos vom Apotheker verteilt werden. Die erreichten Personen entsprechen daher den durchschnittlichen Besuchern in Apotheken: älter, eher weiblich und mit einem konkreten gesundheitlichen Problem, für das sie Rat und Hilfe vornehmlich bei ihrem Apotheker oder ihrer Apothekerin suchen.

Mit rund 40 Mio. Euro investierte die Pharmaindustrie hohe Anteile ihrer Werbebudgets in diese Titelgattung. Bei der Belegung dieser Titel spielen jedoch sicher nicht nur mediarelevante Überlegungen zur möglichst kostengünstigen und zielgruppengenauen Erreichung der Endverbraucher

Abb. 13: Erinnerungswerbung mit hoher Aufmerksamkeit: Programmsponsoring für Fenistil Gel

eine Rolle. Vielmehr ist davon auszugehen, dass man auch den Absatzmittler Apotheker bewerben und ihn positiv auf das beworbene Produkt einstimmen möchte.

Innovationspotentiale der Zeitschriften entdecken und nutzen

Insgesamt schaltete die OTC-Industrie im Jahr 2006 rund 34.000 Anzeigen in Publikumszeitschriften. Davon hatten knapp 20 Prozent viertelseitiges Format und kleiner; rund 90 Prozent waren halbseitig und kleiner! Natürlich ist diese Verteilung der genutzten Formate auch ein Ausdruck der – im Vergleich zu anderen Wirtschaftszweigen – relativ geringen Produkt-Etats. Doch in Zeiten zunehmender Reizüberflutung und der Forderung nach effektivem Einsatz knapper werdender Budgets gilt es, kreative Kommunikationslösungen zu finden. Hier bietet gerade Print attraktive Möglichkeiten, wie einige Ideen und Beispiele dies verdeutlichen mögen:

Programmzeitschriften bieten Unternehmen die Möglichkeit, als Programmsponsor aufzutreten. Dabei wird der Sponsor mit seinem Logo und einem entsprechenden Texthinweis (... wird präsentiert von ...) in das Listing (Tagesübersicht im Programmteil) und auf der jeweiligen Highlightseite des Programmtages im direkten Umfeld integriert. Das Unternehmen muss hierfür entweder als Sponsor für das TV-Format agieren oder es muss gewährleistet sein, dass das TV-Format ohne einen (anderen) Sponsor ausgestrahlt wird. Die Vorteile: Die Marke/das Unternehmen wird in das aufmerksamkeitsstarke Umfeld einer Programmzeitschrift integriert. So findet eine Vernetzung zwischen TV- und Printauftritt statt (siehe Abb. 13).

Abb. 14: Runde Anzeigen erwecken besondere Aufmerksamkeit!

Warum muss eine Anzeige immer seitenteilig sein? Auch hier bieten Publikumszeitschriften Sonderformate, die eine erhöhte Aufmerksamkeit garantieren. Wir wäre es mit einer runden Anzeige? Gerade für Tabletten sind sie eine aufmerksamkeitsstarke Werbeform. Vielleicht sogar mit einem Coupon zum Abruf von weiteren Informationen (siehe Abb. 14)?

Kennen Sie ‚Post it'? Natürlich, werden Sie sagen. Wie Millionen andere auch. Können Sie sich auch vorstellen, z.B. ihr Produkt für die Reiseapotheke auf einer redaktionellen Reiseseite zu bewerben? Kein Problem, denn ‚Post it' kann auch auf redaktionelle Seiten geklebt werden, ohne Trägeranzeige.

Kann ein Leser an einer Warenprobe von Hustenbonbons vorbei, ohne dieses Produkt zu probieren und damit eine erste positive Erfahrung zu machen? Diese Liste der Beispiele wäre noch deutlich zu verlängern. Und neben diesen, im Konsumgütermarkt nicht unüblichen, Werbeformen bieten sich gerade im Pharma-Markt noch andere innovative Kommunikationsstrategien. Print kann viel mehr sein als nur ein Werbeträger mit Reichweite, Zielgruppenaffinität, wirtschaftlichen Konditionen und attraktiven Umfeldern.

Die Medien haben auf das steigende Bewusstsein und vor allem auf das gestiegene Informationsbedürfnis der Konsumenten zum Thema Gesundheit reagiert: redaktionelle Erweiterungen in bestehenden Zeitschriften einerseits und neue Zeitschriften, die sich nahezu ausschließlich mit dem Thema Gesundheit auseinandersetzen, andererseits.

Doch die Auflagen- und Reichweitenstärke von General-Interest-Titeln zeigt, dass gerade die unterhaltende Themenvielfalt in Publikumszeitschriften von den Lesern gewünscht wird. Monothematische Informationen erreichen die breite Masse nur, wenn sie für den Leser kostenlos verteilt werden. Im Käufermarkt gehören monothematische Titel jedoch zur Gattung der Special-Interest-Titel.

Joachim Seipp

(57) ist seit 1980 in verschiedenen Positionen für die Bauer Verlagsgruppe tätig. Zuerst zeichnete der 55-jährige Diplom-Volkswirt für die unterhaltenden Frauenzeitschriften verantwortlich. Anschließend wurde er zum Branchenleiter Pharma ernannt. Seit 1998 leitet er nun das Central Account Management Pharma. Seit 1991 verantwortet Joachim Seipp zudem das Pharma-Symposium der Bauer Media Akademie, das in diesem Jahr bereits das zehnte Mal in Hamburg stattfand.

✉ joachim.seipp@bauermedia.com

Gesundheit in Print: Glaubwürdiges Umfeld zur Markenpflege

Die Rolle der Zeitschriften im Multi-Step Flow of Medical Communication

Knapp 640 Mio. Euro investierte die Arzneimittelindustrie im Jahr 2006 für pharmazeutische Produkte[1]. Das sind allerdings „nur" etwas mehr als drei Prozent des gesamten Werbeaufkommens von 20 Mrd. Euro, das 2006 an die klassischen Medien ging. Dabei erreicht das Medium Fernsehen etwas mehr als die Hälfte des Marktanteils. Publikumszeitschriften, die generell „lediglich" etwa jeden fünften Werbe-Euro erhalten, sind im Pharma-Werbemarkt erfolgreicher: Das bedeutet einen Marktanteil von knapp 40 Prozent.

Bevor eine Werbebotschaft wirkt, durchläuft sie beim Zielpublikum (mindestens) zwei Phasen: Sie setzt an bei den kommunikativen Prädispositionen, also den Vormeinungen und Voreinstellungen, die ein Rezipient zu einem Thema gesammelt hat. Und sie aktualisiert diese Voreinstellungen im Moment der Rezeption, wenn der Rezipient die Werbebotschaft annimmt und (kognitiv) verarbeitet. Ein Anzeigenmotiv einer Zeitschrift rekurriert damit auch immer auf die „Historie" beim Rezipienten, wie er zu einem Produkt, wie etwa einem Schmerzmittel voreingestellt ist. In diesem Vorfeld der Medienwirkung spielen nicht-werbliche Inhalte eine bedeutende Rolle. Sie präparieren das Feld für werbliche Kommunikation, indem sie Themen überhaupt erst aktualisieren und auf die Hitliste der öffentlich debattierten Themen setzen (Agenda Setting). Und sie sorgen für einen inhaltlichen Kontext, in dem Anzeigen ihren Gehalt erst entfalten.

Hinter dieser Wirkungsannahme steht die Hypothese, die die Funktions-Analyse des Jahreszeiten Verlages leitet. „Hohe Aufnahmebereitschaft für die Werbung besteht, wenn das Interesse der Zielperson auf den Themen- und Produktbereich der Anzeige ausgerichtet ist." Das heißt: Der redaktionelle Zusammenhang, in dem eine Anzeige rezipiert wird, bestimmt dessen Wirkung mit. Diesem Effekt unterliegt die Annahme, dass Anzeigen in einem sprachlich wie inhaltlich passenden Zusammenhang die Selektion fördern. Damit steigt die Chance, dass eine Anzeige überhaupt erst einmal selektiv wahrgenommen wird und in das Set der Informationen eingehen kann. Zu diesem Selektionszeitpunkt geht es noch nicht um die kognitive Verarbeitung oder die individuelle Relevanzbewertung. Wenn die werbliche Anzeige für ein Erkältungsmittel wahrgenommen wird, dann steuert die direkte Erfahrung diese Selektion. Wer Schnupfen hat, schaut eher auf entsprechende Sprays als ein Gesunder. Wer dagegen keine Probleme mit den Atmungsorganen hat, wird eventuell präventiv denken und antizipativ vorgehen.

Medizinischer Markenwert

Er wird den (Marken-)Wert eines Erkältungsmittels antizipieren und taxieren, was helfen könnte. Dabei spielt der Markengehalt wie bei jedem Markenprodukt eine zentrale, weil entscheidungsleitende Rolle. Eine Schmerzmittelmarke bringt bereits vor der Aktualisierung des Markennamens via Werbung seinen Markenkern mit. Die Markenmerkmale haben selektionsfördernde Effekte, die durch die Werbebotschaften aktualisiert, also stimuliert werden können. Derartige Markenwerte wie „Vertrauen" sind latent existent, ohne dass der Nutzer dieses Schmerzmittel überhaupt schon genutzt haben muss. Wer einem medizinischen Präparat so vertraut, verteilt Vorschusslorbeeren.

Er wählt aus der Komplexität der Produkte aus, weil ein spezifisches Produkt langfristige Medienwirkungen quasi akkumulieren kann: Vertrauen ist eine Resultante langfristiger Markenpflege, die über unterschiedliche Kommunikationskanäle geht. Diese integrierte Crossmedia-Kommunikation mit dem Endverbraucher nutzt sowohl vermittelte, also mediale Massenkommunikation per Print und TV, individualisierbare Online-Medien als auch unvermittelte Face-to-Face-Kommunikation, die sich mit dem Arzt oder Apotheker einstellt.

Multi-Step Flow der Gesundheitskommunikation

Dabei verhält sich das Direktmarketing im Rahmen der klassischen Pharmaberatung durch den Pharmareferenten komplementär zur Medienbotschaft. Sie erreicht den „Meinungsführer" Arzt, der seinen Anteil an der mehrstufigen Pharmakommunikation mit dem Consumer hat. Diese Kommunikation vermittelt sich aber um so mehr auch durch klassische Massenwerbung, je stärker der Patient/Verwender an den Kosten der frei erhältlichen Medikamente beteiligt ist und er sich über deren Preis-Leistungs-Verhältnis informiert[2].

Der Markenname allein hat dabei offenbar nur sekundäre Bedeutung. Nur jeder Vierte einer Befragung (27 %) gibt an, eine Entscheidung für oder wider ein frei verkäufliches Medikament von dessen Markennamen leiten zu lassen. Sogar nur jeder Fünfte (21 %) lässt sich von „guter Werbung" leiten. Der Preis (68 %) und die Wirksamkeit (70 %) sind hier bemerkenswerte Motive für oder wider ein Produkt. Offenbar hat die Markenkommunikation im Bereich Pharma eine andere Rolle als etwa bei Fast Moving Consumer Goods oder bei Autos.

Pharmawerbung muss zudem anderen Kriterien folgen. Sie wird um so eher akzeptiert, desto seriöser (zurückhaltender und weniger „reißerisch") sie erscheint. Außerdem verlangt der Nutzer von ihr, „verständlich" und „informativ" zu sein. Hier liegen gedruckte vor den elektronischen Medien. Doch nur 42 bzw. 41 Prozent der Mediennutzer haben schon einmal ein Produkt gekauft, das in TV bzw. Print beworben wurde. Allerdings steigt die Akzeptanz, Werbung als Informationsinstanz zu nutzen, je komplexer und für den medizinischen Laien undurchschaubarer das OTC-Angebot wird[3].

In den Mittelpunkt der werblichen Pharmakommunikation rückt daher eine Art Multi-Step Flow der Kommunikation. Sie wendet sich an eine Marketingzielgruppe, die sich im Bereich Arzneien exponiert und überdurchschnittlich Medien nutzt. Die „Health-Experten" und unter ihnen besonders die „seekers" greifen hier besonders zu Printmedien wie Zeitschrift und Tageszeitung[4].

Die Medien und hier in erster Linie die Zeitschriften genießen offenbar sogar mehr Glaubwürdigkeit als die Ärzte. Die Werbebotschaft: „Fragen Sie Ihren Arzt oder Apotheker" verliert an Relevanz.

Abb. 1: Pharmawerbung 2006: TV leicht vor Print

Mediengattung	Tsd.Euro	Anteil in %
Gesamt	637.953	100,0
Publikumszeitschriften	249.163	39,1
Zeitungen	26.365	4,1
Fachzeitschriften	17.179	2,7
Fernsehen	331.931	52,0
Hörfunk	11.801	1,8
Plakat	1.513	0,2

Quelle: Nielsen Media Research GmbH, Bauer Media KG
Bruttowerbevolumen

Die mediale, indirekte Erfahrung assistiert der direkten Erfahrung. So informieren sich 73 Prozent über Gesundheitsthemen in den Medien. 60 Prozent nutzen dazu Printprodukte, 46 Prozent das Fernsehen. Nur 51 Prozent schätzen den Arzt als Informationsquelle, der Apotheker fungiert nur bei 38 Prozent der Nutzer als Kommunikationspartner[5]. An Bedeutung gewinnen die konventionellen Kompetenzträger Arzt/Krankenkasse oder Apotheker/Drogerie indessen, wenn es um frei verkäufliche Arzneimittel geht. Dann steigt die Nachfrage nach Information über diese Produkte. Die Medien treten in der Glaubwürdigkeit dann zurück (siehe Abb.1).

Quantitative Inhaltsanalyse

Die Arzneiverwender nutzen die Zeitschriften dabei zur gezielten Information. Sie rezipieren entsprechende Inhalte nur dann, wenn sie ein Medikament brauchen oder die medialen Krankheitsbilder zu den Symptomen passen. Eine zufällige Mitnahme von Inhalten geschieht nicht. 75 Prozent der Leser wenden sich redaktionellen Inhalten gezielt nach ihren Bedürfnissen zu. Derartige redaktionelle Inhalte korrespondieren mit der Nachfrage nach nutzenorientierten Inhalten. In den Mittelpunkt der Interessen rücken hier vornehmlich Publikumszeitschriften[6].

Dabei haben Magazine wie ‚Shape' und ‚Vital' den größten Umfang an redaktionellen Inhalten zum Komplex „Gesundheit, Medizin, Fitness"[7]. Ihre männlichen Pendants sind ‚Fit for fun' und ‚Men's Health'. Doch auch die 14-täglichen Frauenzeitschriften haben mit der ‚Freundin' einen Titel, der mit fast 15 Prozent redaktionelle Anteile zur

Abb. 2: Top 30 der Publikumszeitschriften mit den meisten Gesundheitsthemen

Zeitschrift	Gesundheit, Medizin, Fitness Gesamt	Gesundheit, Medizin (ohne Kinder)	Gesund-erhaltung Fitness	Kinder: Gesundheit, Medizin
Gesunde Medizin	50,5	43,4	6,1	1,1
Shape	45,7	8,0	37,7	0,0
Fit for Fun	40,4	5,3	35,1	0,0
Vital	31,9	20,9	11,0	0,0
Men's Health	27,0	8,5	18,5	0,0
Frau im Leben	24,1	21,4	2,7	0,0
Eltern for family	17,6	9,8	1,1	6,7
Ratgeber Frau und Familie	16,5	13,2	2,0	1,3
Für Sie	14,9	12,5	1,5	0,8
Eltern	14,3	2,4	2,9	9,0
bild der wissenschaft	14,2	14,2	0,0	0,1
Reader's Digest	14,2	12,1	1,5	0,6
Öko-Test Magazin	12,3	8,3	2,5	1,6
Guter Rat	11,8	9,4	2,1	0,2
Laura	11,0	7,3	3,2	0,4
Bravo Girl!	10,7	9,2	0,8	0,7
Alles für die Frau	10,5	8,0	2,5	0,0
Lisa	10,3	7,9	2,2	0,2
Bella	10,1	6,8	3,4	0,0
Das Neue Blatt	10,1	8,7	1,3	0,1
Avanti	10,1	8,6	1,5	0,0
Mini	10,0	9,1	0,9	0,1
Echo der Frau	9,6	9,2	0,2	0,2
Leben & Erziehen	9,4	2,9	0,5	6,0
Neue Post	9,2	8,8	0,2	0,2
Lea	9,1	7,8	1,3	0,1
Das Goldene Blatt	9,1	8,2	0,8	0,0
Neue Welt	8,9	8,0	0,7	0,2
mach mal Pause	8,9	7,9	0,8	0,2
Frau aktuell	8,5	7,7	0,6	0,2
Freizeitwoche	8,4	7,0	1,0	0,4

Zusammensetzung einer durchschnittlichen Ausgabe in Prozent

Quelle: Funktions-Analyse 2006, Jahreszeiten Verlag, Redaktionelle Seiten einer ø-Ausgabe = 100%

Gesundheit in diesem Thema stark vertreten ist. „Gesundheit" unter eher wissenschaftlichen Aspekten prägt Titel wie ‚Geo' und ‚Bild der Wissenschaft'. Eine nahezu ebenso starke Präsenz dieses Sujets zeigt sich in den wöchentlichen Frauenzeitschriften („Weeklies") wie ‚Laura', ‚Alles für die Frau', ‚Bella' oder ‚Lisa' (siehe Abb. 2).

Eine vergleichbare Themenstruktur weisen Titel wie ‚Das neue Blatt', ‚Neue Post' oder ‚Mini' auf. Auch Programmzeitschriften wie ‚Auf einen Blick' oder ‚Fernsehwoche' präsentieren mit etwa fünf Prozent Gesundheitsthemen noch überdurchschnittlich viele Inhalte. Aktuelle Magazine bleiben hier – bis auf den ‚Stern' mit 6,1 Prozent Anteil – zurückhaltend.

Bei der Inhaltsanalyse der Publikumszeitschriften zeigt sich ein Schwerpunkt bei Magazinen mit einer ausgeprägt weiblichen Zielgruppe. Diese

Abb. 3: 2006 teilten sich drei Verlage 50 Prozent der Pharmawerbung

Verlag	Tsd.Euro	Anteil in %
Gesamt	249.163	100,0
Bauer	51.693	20,7
Axel Springer PZ	35.686	14,3
Burda	37.698	15,1
Gruner+Jahr	18.287	7,3
Jahreszeiten Verlag	7.164	2,9
Condé Nast	205	0,1
VMV	1.373	0,6
Gong	11.874	4,8
Spiegel	2.437	1,0
GWP	313	0,1
MVG	612	0,2
Sonstige	81.822	32,8

Quelle: Nielsen Media Research GmbH, Bauer Media KG

Positionierung setzt sich auch im Werbeerfolg der Magazine um. So erhält der Bauer Verlag, traditionell stark im Segment der unterhaltenden Frauenzeitschriften, die höchsten werblichen Aufwendungen der Pharmaindustrie. Bei Titeln wie ‚Neue Post' und ‚Das neue Blatt' bleibt nahezu jeder fünfte Print-Werbe-Euro, der für Medikamente oder Gerätschaften ausgegeben wird. Der Axel Springer Verlag sowie Burda folgen mit Abstand. Gruner+Jahr, Marktführer im Anzeigengeschäft, liegt bei der Pharmawerbung mit einem knappen Drittel des Bauer-Volumens auf Rang 4 (siehe Abb. 3).

Zeitschriftengattungen und Pharmawerbung

Beim Vergleich der thematischen Struktur und der Werbevolumen ist auffällig, dass etwa 14-tägliche Fernsehzeitschriften durchaus Anzeigen verbuchen, sie aber inhaltlich nahezu keine Entsprechung bieten (siehe Abb. 4).

Bei der Betrachtung der Teilsegmente relativieren sich damit die Zusammenhänge von redaktioneller Berichterstattung und werblicher Nutzung dieser Magazine. So verzeichnen die wöchentlichen unterhaltenden Frauenzeitschriften mit 16 Prozent Marktanteil an der gesamten Pharmawerbung zwar das höchste Volumen, gefolgt von den „Weeklies" um ‚Bild der Frau', ‚Bella' oder ‚Laura'. Doch

Abb. 4: 40 Prozent der Pharmawerbung in Publikumszeitschriften findet in Frauenmagazinen statt

Publikumszeitschriften Gattung	Tsd. Euro	Anteil in %
Gesamt	249.163	100,0
Akt. Zeitschriften	27.959	11,2
Programm (wöchentlich)	38.742	15,5
Programm (14-täglich)	8.345	3,3
Supplements	15.424	6,2
Frauen (wöchentlich)	77.248	31,0
Frauen (14-täglich)	14.812	5,9
Frauen (monatlich)	5.496	2,2
Elternzeitschriften	5.138	2,1
Jugendzeitschriften	660	0,3
Wohn-/Gartenzeit.	1.277	0,5
Esszeitschriften	509	0,2
Gesundheitszeitschriften	3.388	1,4
Lifestylemagazine	1.366	0,5
Motorpresse	1.272	0,5
Sportzeitschriften	1.512	0,6
Naturzeitschriften	211	0,1
Wissensmagazine	584	0,2
Reisezeitschriften	63	0,0
Wirtschaftspresse	861	0,3
Kundenzeitschriften	43.900	17,6

Quelle: Nielsen Media Research GmbH, Bauer Media KG

die Gruppe mit dem zweitstärksten Pharmawerbeaufkommen bilden wöchentliche Programmzeitschriften, gefolgt von aktuellen Magazinen mit 11,2 Prozent. Sie generieren pharma-affine Zielgruppen – ohne ausgeprägte Pharmainhalte.

Unter den Top 20 der Titel mit dem größten Umfang an Pharmawerbung rangiert ‚Bild der Frau' auf Platz 2, nach der ‚Apotheken-Umschau A' und vor ‚Bunte'. Mit ‚Hörzu', ‚TV Hören und Sehen', ‚Auf einen Blick', ‚RTV', ‚Funk Uhr'", ‚Fernsehwoche' und ‚Prisma' platzieren sich aber sieben TV-Titel unter den ersten 20. Die Bedeutung der Pharma-

Abb. 5: Top 20 der Pharmawerbung 2006: Starke Frauen- und TV-Titel

Zeitschrift	Tsd.Euro	Anteil in %
Gesamt	249.163	100,0
Apotheken-Umschau A	13.301	5,3
Bild der Frau	12.571	5,0
Apotheken-Umschau B	11.446	4,6
Bunte	8.287	3,3
Hörzu	8.143	3,3
Tina	8.137	3,3
TV Hören und Sehen	6.508	2,6
Freizeit-Revue	5.796	2,3
Auf einen Blick	5.687	2,3
Brigitte	5.284	2,1
RTV	5.210	2,1
Funk Uhr	5.126	2,1
Für Sie	4.820	1,9
Stern	4.680	1,9
Fernsehwoche	4.574	1,8
Ratgeber / Amphora / Apotheke	4.328	1,7
Neue Post	4.320	1,7
Freundin	4.183	1,7
Super Illu	4.106	1,6
Prisma Wochemagazin West	3.996	1,6

Quelle: Nielsen Media Research GmbH, Bauer Media KG

werbung zeigt sich bei Titeln wie ‚Freizeit-Revue'. Der Titel erhält 5,7 Mio. Euro aus der Pharma-Werbung, das sind knapp über 40 Prozent ihres gesamten Werbevolumens. Die ‚Neue Post' bezieht mehr als 55 Prozent ihres Werbeaufkommens von der Arzneimittel-Branche. Die ‚Funk Uhr' notiert bei 52 Prozent, die ‚Fernsehwoche' bei 44 Prozent, die ‚Hörzu' bei knapp 25 Prozent. Die Programmzeitschrift des Springer Verlags liegt damit auf Rang 3 der Einzeltitel mit dem höchsten Bruttowerbeaufkommen, nach ‚Bunte' und dem Marktführer der Pharmawerbung, ‚Bild der Frau' (siehe Abb. 5).

Wirkungen der Zeitschriften

Bei der Betrachtung der Wirkungen von gedruckten Medien ist zwischen der werblichen Botschaft per gedruckter Anzeige sowie dem redaktionellen Umfeld zu unterscheiden. Bei der Analyse der Wirkung medialer Berichte gibt die „Kultivierungsthese" der Medienwissenschaft Aufschlüsse. Sie basiert auf der Vermutung, dass die Vorstellungen davon, wie Krankheiten zu vermeiden oder zu bewältigen sind, von medialen Inszenierungen beeinflusst werden. Medienskeptiker kritisieren hysterische Epidemien im Zeitalter der Medien[8]. Sie entstehen in einem Meinungsklima, das sich auf der Basis von Ratgeberliteratur, Artikel in Zeitungen und Zeitschriften, Fernsehserien Talkshows, Spielfilmen und Internet bildet.

Eine derartige „Hystory" dreht sich um das „Chronische Müdigkeitssyndroms". Es startete seine Themenkarriere, als die Medien auf der Suche nach einem Namen für bisher unerklärliche Erschöpfungszustände waren. Dabei stellte sich heraus, dass auch Hollywoodstars wie die Popsängerin Cher und eine der Protagonistinnen der Fernsehserie ‚Golden Girls' darunter litten[9]. Das Thema wurde aufgegriffen, neu interpretiert, medial immer wieder beleuchtet. Selbsthilfegruppen entstanden. Sogar Mediziner vermuteten einen neuen Virus, ohne auf psychische Ursachen abzustellen. Die medienwissenschaftliche These zu diesem „medizinischen" Befund: Die Patienten erfahren aus den Medien von den Krankheiten, entwickeln unbewusst Symptome und ziehen erneut die Aufmerksamkeit der Medien auf sich, ein endloser Kreislauf.

Hystories zur Gesundheit

Jenseits dieser kulturkritisch anmutenden Omnipotenz-These von der Allmacht der Medien formuliert die Funktions-Analyse des Jahreszeiten Verlages eine Hypothese zum vermuteten Zusammenhang zwischen der Wirkung redaktioneller und werblicher Inhalte: „Damit Werbung wirken kann, muss die Botschaft aufgenommen und verarbeitet werden. Deshalb ist die wichtigste Phase im Kommunikationsprozess der Zeitpunkt, zu dem die werbliche Präsentation erfolgt und die Botschaft von einer Zielperson aufgenommen wird."[10]

Doch die redaktionellen Inhalte, besonders der aktuellen Magazine, reflektieren nicht nur Krankheitsbilder, Symptome oder Heilungschancen. Im Mittelpunkt steht oft der politische und ökonomische Zusammenhang, in dem die Handlungsakteure der Medizin stehen. Gesundheitspolitiker und Ärzte standen auf der Medienagenda sehr weit oben, als die „Gesundheitsreform" politisches und damit Medienthema wurde. Wie sieht das Bild der Ärzte in den Medien aus, wenn diese die Themen der öffentlichen Meinung vorgeben? Kommunikationswissenschaftler Wolfgang Donsbach untersuchte die Medienberichterstattung über Ärzte. Sein Urteil: „Wenn Ärzte in Nachrichten und Kommentaren in den Print- und Fernsehmedien vorkamen, dann geschah dies ganz überwiegend ohne eindeutige Wertung. Allerdings gab es in den Jahren 1999, 2000 und 2001 jeweils deutlich mehr negative als positive Bewertungen von Ärzten in den Medien."[11] Das Fazit: Die aktuelle Print-Berichterstattung spiegelt das Dilemma wider, medizinische Bedürfnisse und wirtschaftliche Zwänge zu arrangieren. Öffentliche und veröffentliche Meinung korrespondieren: 81 Prozent der Bevölkerung haben Verständnis, wenn Ärzte protestieren[12].

[1] Quelle Nielsen Media Research/ Bauer Media KG. Enthalten sind auch Werbeaufwendungen für medizinische Geräte. Alle Angaben gehen auf Bruttowerbeaufwendungen zurück.

[2] Vgl. die Studie „Der OTC-Konsument unter der Lupe". Repräsentative Verbraucherbefragung zur Selbstmedikation 2005. Gong Verlag. München 2005. S.11 und S.22.

[3] OTC Konsum/Gong. S. 49.

[4] Vgl. dazu die Studie Kommunikation im Gesundheitsmarkt. Hubert Burda Media/Super Illu. Auf Basis der Typologie der Wünsche 05/06 liegt der Index der Health-Experten bei der Printnutzung bei 152, bei TV bei 135. S. 29

[5] Vgl. OTC-Konsument. S. 21.

[6] Die inhaltliche Betrachtung auf Basis der Funktions-Analyse des Jahreszeiten Verlages konzentriert sich auf Publikumszeitschriften und schließt Kundenzeitschriften aus.

[7] Funktions-Analyse 2006. Inhalte und Funktionen von Zeitschriften. Jahreszeiten Verlag. Hamburg 2006.

[8] Vgl. Elaine Showalter: Hystorien. Hysterische Epidemien im Zeitalter der Medien. Frankfurt/M. 1977. S. 14.

[9] Vgl. Showalter. S.161.

[10] Funktions-Analyse 2006, S. 71.

[11] Vgl. Wolfgang Donsbach: Das Ärzteimage in der Bevölkerung und die Folgen für die Kommunikation. In: Ärzteblatt Sachsen, 5/2003. S. 176-181.

[12] So titelt etwa die Ärzte Zeitung, 20.01.2006: „Was die Ärzte wütend macht, ist in den Medien jetzt angekommen. Die Not der Ärzte ist in dieser Woche Top-Thema in Zeitungen und Fernsehen". Die Ärzte-Zeitung beschreibt die vermutete Wirkung der Print-Berichte am Bsp. von Bild, Süddeutsche Zeitung, Tagesspiegel und anderen Tageszeitungen.

Dr. Hergen H. Riedel

beendete sein Studium der Publizistik, Germanistik, Politik und Soziologie an der Westfälischen Wilhelms-Universität zu Münster mit einer anwendungsorientierten Dissertation zum Thema „Wie wirken Medien?". Daran schlossen sich Stationen als wissenschaftlicher Mitarbeiter (Forschungsprojekt „Medien und Justiz") und als Texter zweier Werbeagenturen an. Einem Zeitungsvolontariat folgten die Leitung des Medienressorts der Medienfachzeitschrift ‚Text Intern' sowie die Tätigkeit des Redakteurs bei der Zeitung ‚Net Business'. Seit Mitte 2001 arbeitet Hergen Riedel als freiberuflicher Autor für Bücher, Zeitungen und Zeitschriften sowie als PR-Berater und Pressesprecher.

✉ drhhriedel@aol.com

Die Bedeutung der konfessionellen Presse auf dem OTC-Markt

Ein besonderes Medium hat sich etabliert

Die Generation 50 plus wächst stetig an. Sie setzt stark auf Selbstmedikation, um ihre Gesundheit vorbeugend zu fördern und zu erhalten. Damit wächst auch der Bedarf an Informationen aus verlässlicher Hand zum Thema Gesundheit. Kein anderes Medium kann mit einer solchen Glaubwürdigkeit aufwarten wie Kirchenzeitungen.

Konfessionelle Presse glänzt mit „Intensiv-Lesern"

In jüngster Zeit haben Begriffe wie Kirche, Glaube und christliche Werte durch die Wahl des deutschen Papstes Benedikts XVI. an neuer Bedeutung und auch an öffentlicher Beachtung gewonnen.

In diesem Zusammenhang lohnt es, sich im Hinblick auf das zukunftsträchtige Thema Gesundheit einmal mit der christlichen Zielgruppe, genauer gesagt mit den Lesern der konfessionellen Presse zu beschäftigen. Mit einer verkauften Auflage von gut 1,25 Millionen Exemplaren erreicht Konpress als nationaler Vermarkter von 42 konfessionellen Wochenzeitschriften rund drei Millionen Leser. Da über 97 Prozent dieser Auflage im Einzelabonnement vertrieben werden, kann diese Leserschaft als außerordentlich stabil bezeichnet werden.

Abonnenten von Kirchenzeitungen sind überzeugte Christen. Die Kirchenzeitung bietet ihnen Halt, Orientierung und Lebenshilfe. Die Leser setzen großes Vertrauen in ihre Kirchenzeitung. Die Glaubwürdigkeit der redaktionellen Inhalte überträgt sich dementsprechend auf die Werbeaussagen. Der Vertrauensbonus spiegelt sich auch in der Werbemittelkontaktchance wider. Die Konpress-Titel haben laut Media-Analyse (ma 2007 Pressemedien I) einen LpwS-Wert (Leser pro werbeführende Seite) von 85,8 Prozent. Hinzu kommt, dass die Abonnenten der Kirchenzeitungen dieses Medium sehr intensiv nutzen. Christliche, kulturelle und soziale Themen sowie konkrete Ratgeberthemen sind für die Leserinnen und Leser von größtem Interesse und führen zu einer Lesedauer von bis zu 70 Minuten.

Best Ager mit hoher Kaufkraft

Ein besonderes Plus der konfessionellen Presse ist ihr hoher Anteil an Best Agern. Laut aktuellem Bericht der Arbeitsgemeinschaft Media-Analyse (ag.ma) gehören 80 Prozent der Konpress-Leser zur Zielgruppe 50 plus. Best Ager haben sich ihren Platz im Leben bereits erarbeitet. Sie sind einkommens- und konsumstark und verfügen über freie finanzielle Mittel, um sich besondere Wünsche zu erfüllen. Bei ihrem Konsumverhalten legen sie großen Wert auf Qualität, was sich in einer Vorliebe der „jungen Alten" für Markenprodukte widerspiegelt. Und vor allem Wohlbefinden steht hoch im Kurs!

Best Ager und ihr Gesundheitsbewusstsein

Zum Wohlbefinden trägt in allererster Linie die Gesundheit bei. Daraus resultiert, dass die Leser der konfessionellen Presse großes Interesse an Gesundheitsthemen und gesundheitsfördernden Produkten zeigen. Altersbedingte Beschwerden, Verschleiß- und Mangelerscheinungen sowie krankheitsbedingte Einschränkungen werden nicht mehr einfach nur hingenommen, sondern durch Vorbeugemaßnahmen, intensive Behandlungen und Pflege aktiv in die eigene Hand genommen.

Vor allem Frauen, deren Anteil an der Konpress-Leserschaft bei 66 Prozent liegt, fungieren in den meisten Familien als Gesundheitsmanagerin. In der Generation 50 plus nimmt Selbstmedikation einen hohen Stellenwert ein. Damit steigt auch die Eigenverantwortung und somit das Lese- und Produktinformationsinteresse. Die Werte der Verbraucheranalyse bestätigen diese Trends. Die folgende Tabelle zeigt, dass die Verbrauchsintensitäten der Konpress-Leser bei den Intensiv-Verwendern in vielen Indikationsgebieten deutlich über denen des Bundesdurchschnitts liegen.

Tab. 1: Konpress-Leser liegen bei den Verbrauchsintensitäten in vielen Indikationsgebieten weit über dem Bundesdurchschnitt

	Gesamtbevölkerung (Index)	Konpress (Index)
Stärkungsmittel		
täglich, fast täglich	100	186
mehrmals pro Woche	100	161
1 bis 2 x pro Woche	100	172
Haus-Arzneimittel		
täglich, fast täglich	100	248
mehrmals pro Woche	100	178
1 bis 2 x pro Woche	100	142
Schmerzmittel		
täglich, fast täglich	100	239
mehrmals pro Woche	100	143
1 bis 2 x pro Woche	100	116
Mittel zur Steigerung der köpereigenen Abwehrkräfte		
täglich, fast täglich	100	140
mindestens 1 x pro Woche	100	143
Mittel für den Mineralhaushalt des Körpers		
täglich, fast täglich	100	143
mindestens 1 x pro Woche	100	113
Vitamin-E-Präparate		
täglich, fast täglich	100	136
mindestens 1 x pro Woche	100	187
Diabetiker-Produkte		
täglich, fast täglich	100	183
mindestens 1 x pro Woche	100	180
Schlafmittel		
täglich, fast täglich	100	200
mindestens 1 x pro Woche	100	216
Mittel gegen Krampfadern/Venenleiden		
täglich, fast täglich	100	161
mindestens 1 x pro Woche	100	342
Rheuma-Mittel		
täglich, fast täglich	100	192
mindestens 1 x pro Woche	100	189
Mittel gegen Herz-/Kreislaufbeschwerden		
täglich, fast täglich	100	166
mindestens 1 x pro Woche	100	209
Mittel zur Verbesserung der Durchblutung		
täglich, fast täglich	100	166
mindestens 1 x pro Woche	100	255
Mittel gegen Konzentrationsschwäche, Vergesslichkeit		
täglich, fast täglich	100	212
mindestens 1 x pro Woche	100	223
Ich achte sehr auf meine Gesundheit		
Stimme voll und ganz zu	100	126
Stimme weitgehend zu	100	108
Produktinformations-Interesse: Gesundheitsprodukte		
Bin sehr stark daran interessiert	100	160
Bin stark daran interessiert	100	111

Quelle: VA 2006/3

Abb. 2: Nutzer pro Einheit (Werbeträger)

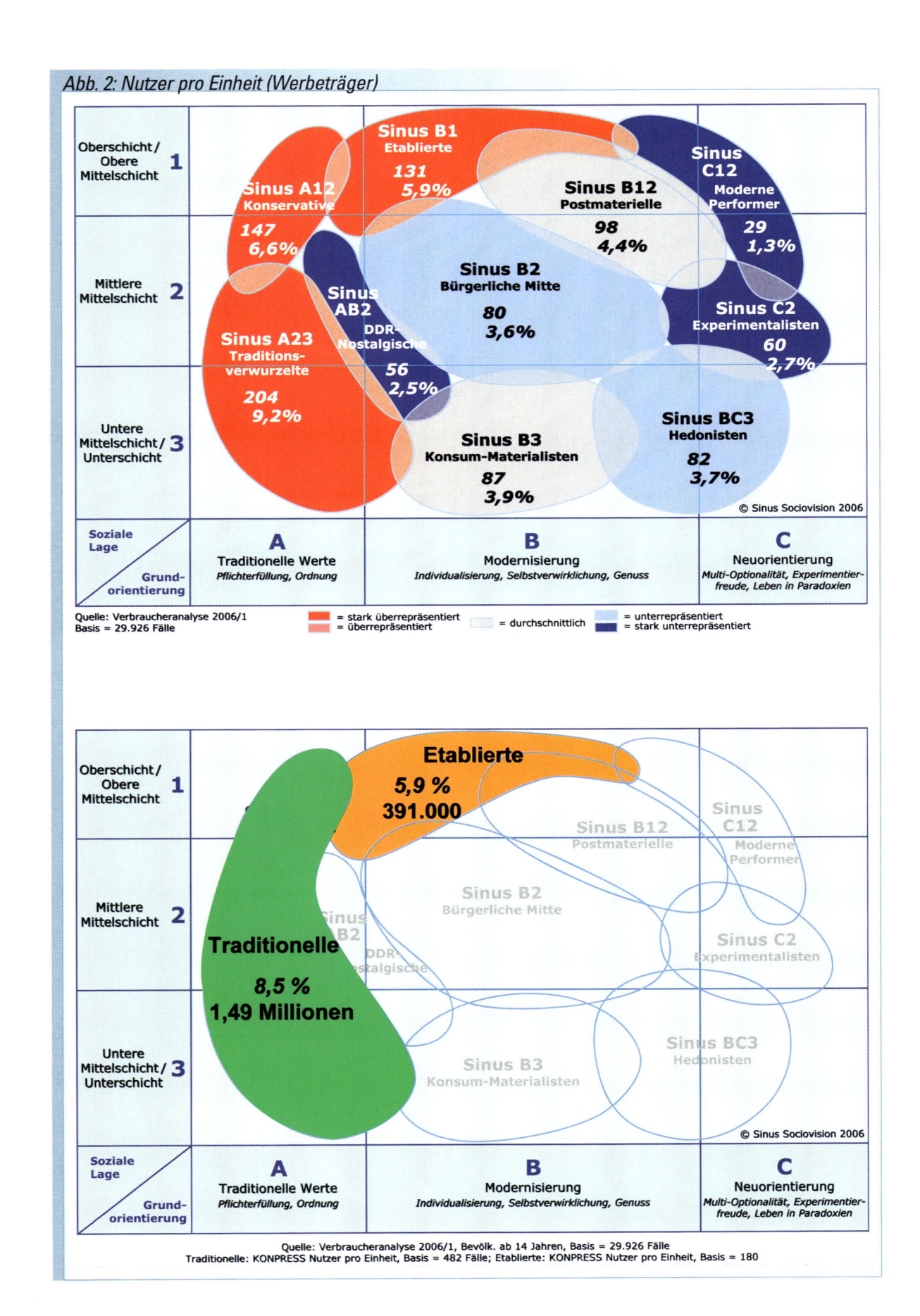

Soziale Lage \ Grundorientierung	A Traditionelle Werte *Pflichterfüllung, Ordnung*	B Modernisierung *Individualisierung, Selbstverwirklichung, Genuss*	C Neuorientierung *Multi-Optionalität, Experimentierfreude, Leben in Paradoxien*
Oberschicht / Obere Mittelschicht — 1	Sinus A12 Konservative — 147 / 6,6%	Sinus B1 Etablierte — 131 / 5,9%; Sinus B12 Postmaterielle — 98 / 4,4%	Sinus C12 Moderne Performer — 29 / 1,3%
Mittlere Mittelschicht — 2		Sinus AB2 DDR-Nostalgische — 56 / 2,5%; Sinus B2 Bürgerliche Mitte — 80 / 3,6%	Sinus C2 Experimentalisten — 60 / 2,7%
Untere Mittelschicht / Unterschicht — 3	Sinus A23 Traditionsverwurzelte — 204 / 9,2%	Sinus B3 Konsum-Materialisten — 87 / 3,9%	Sinus BC3 Hedonisten — 82 / 3,7%

Quelle: Verbraucheranalyse 2006/1
Basis = 29.926 Fälle

Legende:
- = stark überrepräsentiert
- = überrepräsentiert
- = durchschnittlich
- = unterrepräsentiert
- = stark unterrepräsentiert

© Sinus Sociovision 2006

Etablierte — 5,9 % — 391.000

Traditionelle — 8,5 % — 1,49 Millionen

Quelle: Verbraucheranalyse 2006/1, Bevölk. ab 14 Jahren, Basis = 29.926 Fälle
Traditionelle: KONPRESS Nutzer pro Einheit, Basis = 482 Fälle; Etablierte: KONPRESS Nutzer pro Einheit, Basis = 180

© Sinus Sociovision 2006

Im redaktionellen Spektrum der von Konpress vermarkteten Zeitschriften spiegelt sich dieses Gesundheitsinteresse in Form von verschiedenen Gesundheits-Schwerpunktthemen wider. In diesen findet die Leserschaft die gewünschten Hintergrundinformationen zum Erhalt und zur Verbesserung der Gesundheit. Fachjournalisten verfassen Beiträge zu häufig auftretenden Gesundheitsproblemen, so dass die Leserschaft verständliche Informationen aus ihrer Kirchenzeitung erhält. Darüber hinaus werden als weiterer Leserservice Telefonaktionen angeboten. Leserfragen werden von Experten am Telefon beantwortet. Häufig gestellte Fragen werden in Form einer Nachberichterstattung vertieft.

Marietta Duckheim

30, ist seit 2006 bei der Konpress-Medien eG, dem nationalen Vermarkter von 42 konfessionellen Wochenzeitungen, im Marketing tätig. Zuvor war sie bei einem der Konpress-Mitgliedsverlage angestellt, nachdem sie dort eine Ausbildung zur Verlagskauffrau absolviert hatte.

✉ *marietta.duckheim@konpress.de*

Traditionelle und Etablierte

Um das Selbstverständnis der Nutzer der konfessionellen Presse zu erfassen, wurde das Institut Sinus Sociovision GmbH, Heidelberg, beauftragt, die Einstellungen der Konpress-Leser zu analysieren. Die verschiedenen gesellschaftlichen Lebensauffassungen sind im Modell der Sinus-Milieus zu Leitmilieus zusammengefasst. Die Leserschaft ist vor allem im Bereich der Traditionellen anzusiedeln. Diese zeichnen sich durch ein ausgeprägtes Verantwortungsgefühl aus. Außerdem streben sie nach Wohlbefinden, Gesundheit und geistiger und körperlicher Fitness.

Jedoch ist auch die für die werbungtreibende Wirtschaft interessanteste Zielgruppe der Etablierten hier weit mehr als im Bundesdurchschnitt vertreten. Diese leben in dem Selbstbewusstsein der gesellschaftlichen Elite und streben nach einem hohen Lebensstandard. Durch ihr überdurchschnittliches Bildungsniveau bewegen sich die Etablierten in hohen Einkommensklassen. Sie haben ein ausgeprägtes Statusdenken und entsprechende Exklusivitätsansprüche.

Die Einordnung in die Sinus-Milieus zeigt, dass die Gesundheitsindustrie in dieser Leserschaft nicht nur interessierte, sondern kaufbereite Konsumenten findet.

Gesundheit im TV 2007: Berichte und Ratgeber verdrängen Fiktion

Gesundheitsreform „reformiert" auch das Berufsbild der Ärzte im TV. Vom Gott in Weiß zum Mediziner im Stress.

Auch wenn ProSieben seit Frühjahr 2007 die neue, 13. Staffel von „Emergency Room" ausstrahlt, wird deutlich: Das TV-Themenbukett „Arzt, Krankenhaus, Gesundheit" verschwindet allmählich aus der Fernsehunterhaltung. Besonders für deutsche Formate wie „Schwester Stefanie", die das Genre einst symbolisierten, ist kein Sendeplatz mehr. Statt dessen unternehmen heute primär non-fiktionale Magazine ein Agendasetting, das dem Thema Gesundheit analog zur politischen Diskussion um die „Gesundheitsreform" hohen Stellenwert verleiht. Auch und gerade werbefinanzierte Programme profitieren von dieser „Gesundheitsreform": Fiktionale Inhalte sind – besonders in der Wintersaison –, gesuchtes Umfeld der Pharmawerbung. Einen eigenen Weg geht seit Frühjahr 2007 das Deutsche Gesundheitsfernsehen. Es präsentiert sich monothematisch und refinanziert sich über Werbung und Sponsoring.

Als ProSieben Ende August 2006 das „season finale" des „Emergency Room" (ER) ausstrahlte, erreichte die Krankenhausserie auf dem 20.15-Uhr-Sendeplatz noch 1,84 Mio. Zuschauer und einen Marktanteil von 6,2 Prozent. In der Zielgruppe der 14- bis 49-Jährigen hatten die Ärzte allerdings mehr Erfolg: 1,40 Millionen Zuschauer dieser werberelevanten Altersklasse bedeuteten hier 11,8 Prozent Marktanteil. Die zweite Folge an diesem Abend hatte 1,56 Millionen werberelevante Zuschauer und einen Marktanteil von 12,2 Prozent. Dennoch: Diese Schlussquote bedeutete nahezu eine Halbierung der Reichweite im Vergleich zu den erfolgreichsten Folgen. Sogar die RTL II-Dokusoap „Zuhause im Glück" fand ein größeres Publikum.

Gesundheit in Unterhaltungssendungen

Bis zum neuen „ER"-Start war ProSieben jedoch nicht ohne Ärzteserie. Auf dem Samstags-Sendeplatz läuft die Krankenhaus-Comedy „Scrubs – Die Anfänger". Die Mediziner-Soap „Grey´s Anatomy – Die jungen Ärzte" erreichte zwar lange nicht die gewünschte Resonanz. Doch dann überwanden manche Folgen sogar die 15-Prozent-Marktanteilshürde in der werberelevanten Zielgruppe. Eine der meist gesehenen Krankenhausserien präsentiert dagegen RTL: Das Format „Dr. House" überrascht mit einem kauzigen, mürrischen Protagonisten. Der Spezialist für Infektionskrankheiten zeichnet sich dabei weniger durch eine traditionelle Medizinerrolle als einen gewissen Zynismus aus. Der Marktanteil in der umworbenen Zielgruppe liegt mit zuweilen über 20 Prozent nur knapp hinter den erfolgreichen neuen US-Krimiserien wie „CSI: Miami".

Die vermeintliche Vielzahl der Ärzte- und Krankenhausserien täuscht jedoch. Das Genre rund um Krankenhäuser und Ärzte ist kaum noch in Reinform anzutreffen. Gerichtsshows oder Endlosserien, in denen durchaus ein Arzt agieren kann, haben die reinen Krankenhaus-Inhalte abgelöst. Die Genres vermischen sich, zumal sich auch die Zuschauerinteressen Anfang des neuen Jahrtausends wandeln[1]: 1997 gaben noch 20 Prozent der Befragten an, dass sie Familien- und Arztserien „sehr gern" sehen; 2002 sind dies nur noch 14,5 Prozent, darunter fünfmal so viele weibliche wie männliche Zuschauer. Der damals reichweitenstärkste Klinikfilm, der mit der „Schwarzwaldklinik" seinen Protagonisten hatte und sich mit Elementen des traditionellen Heimatfilms verband, verliert an Akzeptanz.

Neue Elemente kommen durch das Reality-TV und andere Genres dazu: Die US-Serie „Scrubs" etwa verbindet Comedy und Krankenhaus. Bei der deutschen Produktion „Post Mortem" ist – wie in früheren US-Formaten wie „Dr. Quincy" – ein Rechtsmediziner und Pathologe der Serienheld. Das ZDF strahlte im Frühjahr eine Staffel des britischen Krimiformates „Waking the dead – Im Auftrag der Toten" aus. Auch hier weicht das typische Krankenhaus-Sujet der Forensik.

Bei Formaten dieser Art vereinen sich die klassischen Themen Mord und Verbrechen sowie Krankenhaus. Das Thema wird hier allerdings nicht als „Heilung" interpretiert, sondern als detektivische Suche nach Todesursachen. Noch weiter vom traditionellen Handlungsort Krankenhaus entfernt sich die von RTL ausgestrahlte Serie „Bones". Hier spürt eine forensische Anthropologin den Verbrechen nach.

Gesundheit aktuell

Während sich das fiktionale Thema Krankenhaus in erster Linie in solchen Cross-Over-Formaten erhält, schlug es in den vergangenen Jahren eine Themenkarriere in den non-fiktionalen Sendungen ein. Die Themenhoheit erringen somit nicht mehr reine Unterhaltungsformate. Vielmehr besetzt die aktuelle Berichterstattung das Thema. Das Sujet „Gesundheitsreform" steigt analog zur politischen Debatte nach oben auf der Medienagenda. Mit diesen Themenkarrieren in den Nachrichtensendungen und Magazinen einher ging eine veränderte Fokussierung des Sujets Gesundheit. Anzahl und Programmierung der Ratgeber blieb zwar in etwa gleich. Doch mit dem Deutschen Gesundheitsfernsehen erhielt zu Beginn 2007 das erste deutschlandweit ausstrahlende Free-TV-Sender seine Lizenz. Bereits im Jahr zuvor hatte Burda Media mit Focus TV Gesundheit ein digitales Angebot installiert.

Diese Neugründung reflektiert die zu erwartende steigende Bedeutung des Themas Gesundheit angesichts der soziodemografischen Entwicklung. Wenn die Zahl der älteren Menschen zunimmt, stellt dies nicht nur die sozialen Sicherungssysteme vor neue qualitative und quantitativ-finanzielle Aufgaben. Es verändert auch das Informationsverhalten der Menschen. Denn: Die Mehrzahl medizinischer Leistungen wird mit zunehmendem Lebensalter in Anspruch genommen. Parallel dazu wächst das Informationsbedürfnis, das folgende Hypothese abbildet: Je älter die durchschnittlichen Mediennutzer werden und je höher die gesetzlich vorgesehene Eigenbeteiligung bei Arzneimitteln wird, desto stärker richtet sich das Selektionsverhalten bei Kommunikation und Kauf auf eine Markenkommunikation der pharmazeutischen OTC-Produkte aus. Früher galt dabei als Kauf- und Kommunikationsstimulans: Schnell gesund werden! Heute verändert v. a. die Furcht um den Verlust des Arbeitsplatzes die Intentionen. So stehen nicht mehr die traditionell älteren Rezipienten allein im Focus. Werbezeitenvermarkter wie IP Deutschland sehen gerade bei jüngeren Zielgruppen Wachstumspotentiale[2]. Für sie gilt die Prävention, und die erfordert Information über das Thema „Gesund bleiben, gesund ernähren".

Dennoch: Derzeit nimmt die absolute Zahl älterer Rezipienten zu; ebenso die Nachfrage nach Informationen aus dem Gesundheitssektor. Diese demografische Entwicklung bildet den politischen und ökonomischen Hintergrund der werblichen, aber auch nicht-werblichen Thematisierung der Gesundheit in der Folge der Gesundheitsreform.

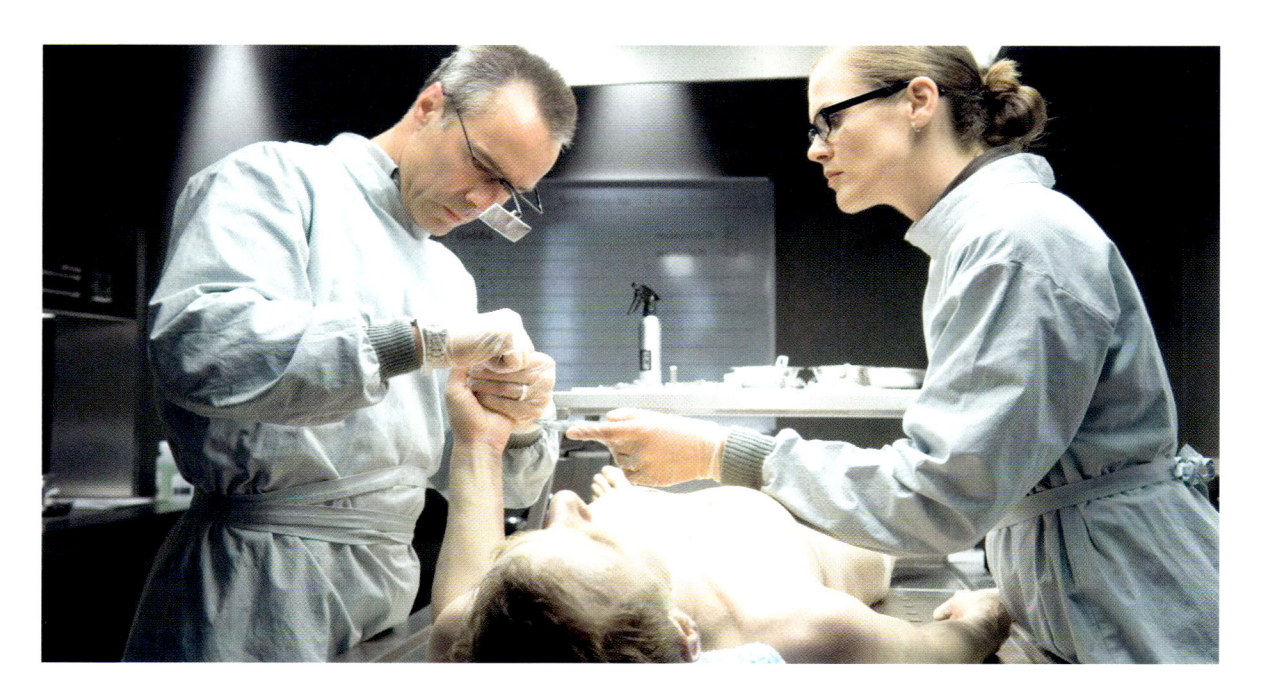

Die Grenzen des Gesundheitssystems, die Arbeitsbedingungen der Mediziner oder die Kostenpotentiale der Krankenkassen strukturieren das Medienangebot und legen den Rezipienten/Patienten ein Themenrepertoire vor.

Hier zeigt sich: In der journalistischen Bearbeitung des Themas Gesundheit haben Ärzte keineswegs mehr den Status des „Halbgottes in Weiß". Vielmehr rücken die wirtschaftlich und politisch determinierten Kompetenzen der Ärzte in den Mittelpunkt. Der Arzt wird medial eher als „homo oeconomicus" denn als "altruistischer Heiler" abgebildet. Die von diversen TV-Formaten gesteuerte Außenbewertung des „Traumberufs Arzt" wird derzeit von non-fiktionalen Berichten irritiert und auf eine ökonomische Basis zurückgeführt. Ärzte fürchten ein medial verzerrtes Bild ihres Berufes, das durch „Abrechnungsbetrug, Bestechlichkeit und Vorteilsnahme[3]" sowie durch den „Ärztenotstand" geprägt ist.

Gesundheit medienwissenschaftlich

Dabei bleibt das positive Bild vom Arzt dennoch erhalten. So nimmt der Arztberuf in der Allensbacher Berufsprestige-Skala 2005 mit weitem Abstand vor der Krankenschwester und dem Polizisten den ersten Rang ein[4]. Eine These zur Wirkung des Fernsehens führt hier zur Annahme, dass das reale Bild des Arztes durch das Medienbild mitgeprägt wird. Nach dieser „Kultivierungstheorie" konstruieren Medien und besonders das Fernsehen eine Medienrealität, die besonders dann Informationen, Werthaltungen und Einschätzungen vermittelt, wenn direkte Erfahrungen fehlen.

Eine Studie der Fachhochschule Fulda ergab[5]: Patienten, die Krankenhausserien kennen oder regelmäßig verfolgen, empfanden die Zeit, die das Pflegepersonal für ein Gespräch mit ihnen aufwendete, überwiegend für nicht ausreichend (65 Prozent). Patienten, die weniger Serien kennen oder diese nicht regelmäßig verfolgen, waren dagegen zu 65 Prozent mit dem Gespräch zufrieden. Auch bei der Bewertung des Gesprächs mit den Ärzten zeigt sich ein Unterschied zwischen den „Viel- und Wenigsehern". Während die erste Gruppe zu 37,5 Prozent die Gesprächszeit für nicht ausreichend hielt, waren in der zweiten Gruppe nur 20,9 Prozent unzufrieden. Medien fungieren wie eine Sozialisationsagentur[6], die der Krankenhausrealität eine „Idylle" entgegestellt.

Das Bild vom Arzt unterliegt damit nicht nur der unmittelbaren Patientenerfahrung, sondern auch den Aktivitäten der Medien-Mediziner. Nahezu allen war gemeinsam, dass Ärztinnen selten eine Rolle spielten. TV-Ärzte waren in der Regel „attraktiv und sexy", hatte eine eigene Praxis und waren „gutverdienend, mit Sportwagen vor der Tür".

Seine professionelle Haltung war gekennzeichnet durch eine Patientenorientierung. Im Gegensatz dazu waren Pflegenotstand, Zeitdruck oder Kunstfehler keine Themen der unterhaltenden Formate. Hier liegt das Potential, unrealistische Vorstellungen beim Patienten zu wecken. Falsche (Vor-)Einstellungen schlagen im Behandlungsalltag in Enttäuschung um – sofern kein Korrelat dieser Scheinwelt vorliegt[7]. Dieses stilisierte Bild vom Arzt wird indes durch non-fiktionale Formate gebrochen. Medien wirken im Kontext der Gesundheitskommunikation bereits dadurch, die öffentliche Diskussion zu strukturieren, also Themen überhaut erst öffentlich zu machen. Medien wählen aus dem unüberschaubaren Komplex Gesundheit manche Themen aus und „adeln" sie durch die von ihnen herbeigeführte Öffentlichkeit. Sie werden öffentliches Medienthema. Andere Themen bleiben unter der Oberfläche der medialen und der öffentlichen Wahrnehmung. Diese Form der Gesundheitskommunikation hat wenig mit der gezielten gesundheitlichen Aufklärung zu tun. Sie ist Patchwork-Berichterstattung über Gesundheit.

Gesundheit pädagogisch

In den 80er Jahren war „health communication" identisch mit Gesundheitskommunikation und -erziehung. Ende der 80er Jahre aber stellte sich die Frage nicht mehr nach der gezielten Gesundheitsinformation. Sie richtete sich auf die Frage, wie der alltägliche Medienkonsum das Gesundheitsverhalten beeinflusst. Eine Theorie dazu nutzt die Annahme des Agendasetting-Ansatzes. Danach bestimmen TV und Zeitschriften nicht das, was die Menschen denken. Sie haben aber einen großen Einfluss darauf, worüber sie sich Gedanken machen. Übertragen auf die Fernsehgenres im Feld Gesundheit bedeutet dies: Mord und Totschlag sind hier die Hauptursachen für den Tod. Ist ein TV-Akteur einmal ernsthaft krank, handelt es sich meist um eine akute Erkrankung, die von souveränen Ärzten behandelt werden kann, so dass der Patient schnell gesundet. Die Ausblendung etwa chronischer Erkrankungen folgt den dramaturgischen Bedingungen des Fernsehens punktuelle, aufmerksamkeitsstarke Geschehen abzubilden. Dasselbe gilt für den Sex, der auf dem Bildschirm allgegenwärtig ist. Geschlechtskrankheiten jedoch sind selten ein Thema. Allerdings: AIDS wird häufig thematisiert, auch mit aufklärerischem Motiv, ein Kondom zu benutzen.

Beim Agenda Setting in non-fiktionalen Produktionen ist zu unterscheiden zwischen Medizin- und Ratgebersendungen sowie den Nachrichten und Magazinen. Hier wird etwa der Arzt auf unterschiedlichen Rollen zum Medienthema. In Sendungen wie „ARD-Ratgeber Gesundheit"oder der „BR-Sprechstunde" erfüllt der Arzt in der Regel seine medizinische Aufgabe: Er tritt als Heiler auf, der dank unterschiedlicher Heilmethoden und Techniken Krankheiten besiegt. Das Spektrum reicht von ARD-Formaten wie „Quivive" (RBB) oder „Visite", die sich mit einem umfassenden Angebot an gesundheits- und ernährungsbewusste Zuschauer wenden. Die Brücke zum Thema Ernährung und Bewegung schlagen Sendungen wie der Klassiker „Telegym" aber auch das Pro-Sieben-Format „Besser Essen".

Im Gegensatz dazu stellen Nachrichtensendungen wie „Tagesschau", „heute", oder Magazine wie „Report", „Zeitspiegel" und „Frontal" den Arzt und sein Umfeld in erster Linie in ihrer gesellschaftlichen und ökonomischen Funktion dar. Der Arzt ist hier wirtschaftlich Handelnder, er ist Geldverdiener oder Angestellter, der in seiner derzeitigen ökonomischen Rolle nur noch beschränkt in der Lage ist, die in den fiktionalen Sendungen assoziierten Images real zu erfüllen. Berufsständische Vertreter sind alarmiert. Das Arzt-Image bekomme eine negative Einfärbung. Medienwissenschaftler relativieren jedoch die von Ärzten kritisierte Omnipotenz der Medien, für eine Verschlechterung des berufsständischen Bildes mitverantwortlich zu sein. Ärztinnen und Ärzte werden, so der Medienforscher Heinz Bonfadelli[8], heute stärker als früher hinterfragt. Dieses Faktum müsse auch vor dem Hintergrund gesehen werden, dass die Ärzteschaft jahrzehntelang eine äußerst positive und kritiklose Presse hatte. Das habe dazu geführt, dass sich die Ärzte nie um eine aktive Kommunikation nach außen gekümmert haben. „Das hatten sie scheinbar ja auch nicht nötig. Das Bild der Ärzte in der Öffentlichkeit wurde zudem lange Zeit durch Fernsehserien geprägt, vor allem durch amerikanische, in denen die Mediziner in positiven Rollen dargestellt wurden." Mit den veränderten Rahmenbedingungen steht auch der Mediziner unter einem verstärkten Legitimationsdruck der öffentlichen Meinung. Die Krise des Gesundheitssystems hat einen höheren Nachrichtenwert als spektakuläre Heilmethoden.

Dr. Hergen H. Riedel

---

[1] Allensbacher Werbeträger Analyse (AWA) 2002, Institut für Demoskopoe Allensbach, Berichtsband S. 186

[2] Nach Angaben von IP Deutschland. Florian Ruckert,

Geschäftsleiter Marketing, im Frühjahr 2007. IP vermarktet RTL, VOX, Super RTL, n-tv. Die IP erzielte 2006 einen Marktanteil von 30 Prozent der Pharmawerbung. RTL (31 Prozent), VOX (6,8 Prozent), Super RTL (1 Prozent), n-tv (642.000 €)...

[3] Z.B. Ortrun Riha: Das Arztbild in der Bevölkerung. Ärzteblatt Sachsen 8/2003. S. 362-364. Vgl. Wolfgang Donsbach: Das Ärzteimage in der Bevölkerung. Ärzteblatt Sachsen 5/2003, 176–181.

[4] Allensbacher Archiv, IfD-Umfrage 7071, Mai/Juni 2005.

[5] Witzel, Kai; Hipp, Tanja; Kaminski, Cornelia. Arztbild in den Medien: Dr. Stefan Frank hätte sich mehr Zeit genommen... Deutsches Ärzteblatt 100, Ausgabe 45 vom 07.11.2003. S.A-2933, B-2431, C-2284.

[6] Die Forschung verweist auf vergleichsweise alte Studien: z.B. Constanze Rossmann: Götter in Weiß oder Menschen wie Du und ich? Zum Einfluss des Fernsehens auf das Arztbild der Öffentlichkeit. München, Mai 2003.

[7] Vgl. Witzel; Hipp; Kaminski.

[8] Ein Beispiel: Prof. Heinz Bonfadelli im VSAO Journal 7 / 2000. S.5-8.

TV-Sendungen mit Gesundheitsinformationen

Tag	Zeit	Sendung	Sender
Mo-So	6.00-6.15	Tele-Gym (Sa 5.45-6.00)	BR alpha
Mo-So	6.30-7.00	Fit wie die Profis	Focus Gesundheit TV
Mo-So	7.15-7.30	Tele-Gym	BR
Mo-So	7.30-8.00	Fit wie die Profis	Focus Gesundheit TV
Mo-Fr	7.50-8.05	Tele-Gym	HR
Mo-So	9.00-9.15	Tele-Gym	BR
Mo-Fr	9.05-10.00	Volle Kanne – Servie täglich. Rubrik „Praxis vor 10"	ZDF
Mo-Fr	9.35-10.20	„Teledoktor", Rubrik in ARD Buffet (auch auf EinsPlus)	SWR
Mo-Fr	9.05-10.30	„Praxis vor 10", Rubrik in „Volle Kanne – Service täglich"	ZDF
Mo	10.30-10.45	Praxis kompakt (auch 22.30-23.00)	ZDF info
Mo-Sa	14.00-15.00	Zwei bei Kallwass - Psychologie u. Lebensberatung	SAT.1
Mo	15.45-16.00	Neues aus der Medizin	ZDF info
Mo-Fr	12.15-13.00	„Teledoktor", Rubrik in ARD Buffet	ARD
Mo-Fr	15.00-16.00	Besser Essen	ProSieben
Mo-Fr	16.30-16.45	fit&gesund	ZDFinfokanal
Mo	17.05-17.15	„Fit & Gesund", Rubrik in „Daheim und unterwegs"	WDR
Mo-So	17.20-18.00	Apotheken TV (auch 19.20 und 21.20)	Dresdner Fernsehen
Mo	17.40-17.45	Gesunde Küche mit Geschmack	3Sat
Mo	18.20-18.50	Servicezeit Gesundheit (Wdhl. 11.15-11.45 am Folgetag)	WDR
Mo	18.45-19.00	Unternehmen Gesundheit	Hamburg 1
Mo	18.30-18.45	Praxis kompakt	ZDF info
Mo-Fr	18.30-19.15	Nano – Die Welt von morgen (häufig mit Gesundheittsthemen)	3sat
Mo	20.15-21.00	Die Sprechstunde (Wdhl. Di 11.45-12.30, auch auf EinsPlus, ARD Digital)	BR
Mo	20.30-20.45	Die rollende Arztpraxis	ZDfinfokanal
Mo	21.00-21.30	Ab und raus – Reise- und Gesundheitsmagazin (einmal im Monat)	Rheinmaintv
Mo	21.00-21.30	Gesundheit aktuell TV (einmal im Monat)	Rheinmaintv
Mo	21.05-21.50	Puls	SF1
Di	04.15-05.00	Puls (auch 11.00-11.56)	SF1
Di	11.00-11.35	Puls	SF1
Di-Do	11.05-11.20	Tele-Gym – Schlank + Fit	BR
Di	16.00-18.15	Hier ab vier. Jeden Dienstag mit Medizin-Rubrik „natürlich gesund"	MDR
Di	17.20-17.45	AOK TV	Hamburg1
Di	17.55-18.10	„Natürlich Gesund", Rubrik in Hier ab Vier (vierzehntägig)	MDR
Di	20.15-21.00	Visite - Das Gesundheitsmagazin (Wdhl. Fr. 6.00-6.45, auch auf EinsPlus – ARD Digital)	NDR
Di	22.15-23.00	Abenteuer leben (zuweilen Berichte zum Thema Medizin, Gesundheit)	Kabel1

Tag	Zeit	Sendung	Sender
Mi	17.30-18.00	Gesundheit regional (jeden dritten und vierten Mi. im Monat)	Spreekanal
Mi	17.45-18.00	Unternehmen Gesundheit (vierzehntägig)	Hamburg1
Mi	18.50-19.30	„Check Up", jeden Mittwoch Rubrik in „Aktuelle Stunde"	WDR
Mi	20.15-20.45	Wellness & more (14-tägig)	FAB
Mi	20.15-21.00	Quivive – Medizin aus Berlin (div. Wdhl., auch auf EinsPlus – ARD digital)	RBB
Do	18.15-18.45	Praxis Dr. Weiss (Wdhl. Mo 11.00-11.30, auch auf EinsPlus – ARD Digital)	SWR
Do	18.50-19.20	Service: Gesundheit (Wdhl. Fr. 5.45-6.15)	HR
Do	21.00-21.45	Hauptsache gesund (Wdhl. Fr 13.15-14.00, auch auf EinsPlus – ARD Digital)	MDR
Do	22.15-23.00	Fit for Fun TV	VOX
Fr	12.30-13.00	Service: Gesundheit (Format des HR)	3sat
Fr	14.30-14.15	Fit & gesund	ZDF infokanal
Fr	15.00-15.45	Besser Essen	ProSieben
Fr	18.20-18.50	Servicezeit: Essen & Trinken	WDR
Fr	22.45-23.00	Geist & Gehirn (wdhl. Mo. 9.30-9.45)	BR-alpha
Sa	07.30-08.00	Schön & Vital	n-tv
Sa	11.15-12.00	Quivive	RBB
Sa-So	14.30-14.45	fit&gesund	FDF Infokanal
Sa	17.30-18.00	Vivo (Wdhl. Mi 11.30-12.00)	3Sat
Sa	17.03-17.30	ARD Ratgeber: Gesundheit (alle drei Wochen)	ARD
Sa	18.50-19.30	Check Up (Rubrik in „Aktuelle Stunde", unregelmäßig)	WDR
Sa	18.00-19.00	Gesundheitssprechstunde	SF2
So	17.00-17.15	Vita	Rheinmaintv
So	17.30-18.30	Total vital	Spreekanal
So	18.00-18.30	Spektrum Gesundheit	Rheinmaintv

TV-Serien und Doku-Soaps

Tag	Zeit	Sendung	Sender
Mo-Fr	8.20-9.10	Das Buschkrankenhaus	Premiere
Mo	12.15-13.00	In aller Freundschaft	NDR
Mo-Fr	14.05-15.05	Dr. Quinn – Ärztin aus Leidenschaft	Vox
Mo	22.05-22.55	Dr. G.: Beruf Gerichtsmedizinerin	Discovery Channel
Di	21.05-21.50	In aller Freundschaft (Wdhl. Mi 11.15-12.00)	ARD
Di	21.15-22.15	Emergency Room	Pro7
Di	21.15-22.15	Dr. House	RTL
Di	22.15-23.15	Grey's Anatomy – Die jungen Ärzte	Pro7
		Medical Investigation	Pro7
Fr	12.55-14.00	Menschen, Tiere & Doktoren	VOX
Fr	19.25-20.00	Der Landarzt	ZDF
Fr		Medical Breakthroughs – Erfolge der Medizin	Focus Gesundheit TV
Fr	17.40-18.05	Tierarzt Dr. Dreesen	Animal Planet
Sa	01.05-01.45	Dr. Stefan Frank – Der Arzt, dem die Frauen vertrauen	ORF
Sa	07.05-08.00	Kurklinik Rosenau	SAT.1
Sa	8.05-9.00	Kurklinik Rosenau	SAT.1
Sa	14.10-15-10	Scrubs – Die Anfänger	Pro7
Sa	15.25-15.55	Tierarzt Dr. Dreesen	Animal Planet
Sa	18.45-19.42	Dr. Sommerfeld – Neues vom Bülowbogen	ARD
So	16.00-16.30	Kinderklinik	Focus Gesundheit TV
So	17.00-17.30	Die Tierklinik (auch Wdhl. auf RBB)	3sat

Trends in der Pharmakommunikation

Geänderte Rahmenbedingungen erfordern neue Konzepte

Wenn wir von Pharmakommunikation sprechen, ist grundsätzlich die Kommunikation mit Ärzten und Patienten gemeint. Kommunikation bedeutet dabei nicht nur Information über Produkteigenschaften, sondern auch Dialog mit den beiden Zielgruppen. Bisher gab es eine klare Trennung zwischen den beiden Gruppen, Ärzte wurden über ethische Medikamente informiert und Patienten erhielten Informationen über OTC-Medikamente.

Durch geänderte politische Rahmenbedingungen wird die bisherige Trennung zwischen Kommunikation für ethische Medikamente auf der einen Seite bzw. OTC-Medikamente auf der anderen Seite mit klarer Zielgruppenausrichtung immer schwieriger. Patienten bekommen immer mehr (finanzielle) Eigenverantwortung und möchten daher mehr über die verordneten Medikamente wissen als bisher. Ärzte empfehlen zunehmend OTC-Medikamente, um ihr ständig überwachtes Arzneimittelbudget zu schonen, und benötigen daher auch mehr Informationen über OTC-Produkte. Es zeigt sich bereits heute, dass auch die Rolle des Außendienstes, des klassischen Hauptpfeilers der Pharmakommunikation mit dem Arzt, in Zukunft eine geringere, eine andere Rolle spielen wird als bisher.

Auf diese Veränderungen muss die Pharmakommunikation reagieren, es müssen neue Konzepte entwickelt werden, um diese Herausforderungen zu meistern. Der folgende Artikel zeigt einige der Themen auf, die in Zukunft eine Rolle spielen werden, und Richtungen, in die sich Pharmakommunikation entwickeln wird.

Der Patient im Mittelpunkt

Zur Zeit sind drei große Trends in der Patienten-Pharmakommunikation zu erkennen, die sich in Zukunft aller Voraussicht nach noch verstärken werden: zunehmende Bedeutung der OTC-Medikamente, verstärktes Informationsbedürfnis über verschreibungspflichtige Medikamente und ein sich ausbildendes Markendenken im Bereich der Originalpräparate.

Die zunehmende Bedeutung des OTC-Marktes wird durch verschiedene politische wie auch ökonomische Prozesse beeinflusst. In der Vergangenheit wurden einige Medikamente aus der Erstattungsfähigkeit gestrichen – diese kann der Patient jetzt selber kaufen oder sich nach freiverkäuflichen Alternativen umsehen. Medikamente oder Marken, die sich in der Indikation entsprechend positioniert haben, sind hier klar im Vorteil. Durch erweiterte Zuzahlungen für ärztliche Leistungen und Arzneimittelkosten (Praxisgebühr 10 Euro und 5 bis 10 Euro pro verschreibungspflichtigem Medikament) versucht sich der Patient medikamentös zunehmend selbst zu versorgen, um diese Kosten zu senken. Bei leichten Erkrankungen, z. B. Erkältungen oder leichten Rückenschmerzen, sieht die politisch gesteuerte Rechnung für den Patienten so aus: Arztbesuch mit langer Wartezeit + Standardverschreibung = mind. 20 Euro oder Beratung beim Apotheker + 2 Medikamente = im besten Fall günstiger, aber sicherlich mit erheblicher Zeitersparnis.

Politisch getriggert ist auch eine andere Entwicklung: Wenn Kranksein (gefühlt) immer teurer wird, wird es auch wichtiger werden, sich vor Krankheit zu schützen. Dem Patienten wird wichtiger, sich um seine Erkrankung zu kümmern. Dies erhöht auf der einen Seite sein Informationsbedürfnis, auf der anderen Seite steigt auch seine Bereitschaft, Geld für Medikamente/nichtärztliche Leistungen mit Präventionscharakter auszugeben (z. B. Nahrungsergänzungsmittel, Ernährungsberatungen, Fitness, Wellness). Dieses Thema wird in den nächsten Jahren einen wichtigen Stellenwert in der Pharma- bzw. Gesundheitskommunikation einnehmen. Für hochwertige Informationen und Services sind die Patienten schon heute bereit Geld auszugeben. Als Beispiele hierfür stehen die zahlreichen Gesundheitsratgeber oder auch internetbasierte Raucherentwöhn- und Abnehmprogramme.

Markenbildung auch im ethischen Bereich

Der gestiegene ökonomische Druck im Gesundheitssystem ist der Auslöser für das zunehmende Informationsbedürfnis von Patienten über verschreibungspflichtige Medikamente. Seit einiger Zeit muss der Patient 10 Prozent des jeweiligen Arzneimittelpreises und die mögliche Differenz zum Festbetrag übernehmen. Er wird damit also stärker als bisher an seinen Arzneimittelkosten beteiligt. Zwar liegt der Betrag höchstens zwischen fünf und zehn Euro (+ Differenz zum Festbetrag), aber durch diese finanzielle Beteiligung, bekommt der Patient auch ein höheres Mitspracherecht bei der Therapie. Der Patient hat die Erwartung, dass er, wenn er schon bezahlt, auch etwas Gutes bzw. das Beste bekommen möchte. Da in Deutschland die direkte Information des Patienten über verschreibungspflichtige Medikamente verboten ist, müssen andere Wege gegangen werden, um das gestiegene Informationsbedürfnis zu befriedigen bzw. die Abgrenzung zu den Wettbewerbern zu erreichen. Es wird also auch im ethischen Bereich darauf ankommen, ein Markenbewusstsein beim Patienten (und Arzt) zu entwickeln.

„Gibt´s das auch von Ratiopharm?" Das ist die Messlatte, mit der sich Markenbildung auch im Originalpräparate-Markt messen lassen muss. Der Patient muss das Gefühl haben, dass er ein besonderes Medikament bekommen hat, ein Medikament, das mehr wert ist. Diesen Mehrwert müssen die Hersteller dem Patienten im zugelassenen Rahmen aufzeigen. Beispielsweise wird ein Patient kaum mit einer Medikamentenumstellung einverstanden sein, wenn er von der Arzthelferin ausführlich im Rahmen von Schulungen mit der Anwendung vertraut gemacht wurde oder wenn sie weiß, warum das verschriebene Medikament besser wirkt.

Da der Patient immer mehr finanzielle Eigenverantwortung aufgebürdet bekommt, wird sich die Politik in Zukunft nicht länger dem gestiegenen Informationsbedürfnis verschließen können und die restriktiven Werbeverbote lockern müssen, so dass Informationen über Produkteigenschaften den Patienten nicht mehr vorenthalten werden können. Dann kommt es darauf an, dem Patienten mit möglichst neutralen, aber werthaltigen Informationen und Services an eine Marke zu binden.

Hochwertige Informationen und Services

Wie schon angesprochen steigt das Informationsbedürfnis von Patienten in den letzten Jahren. Genügte es vor Jahren noch, über die Erkrankung und deren mögliche Behandlungsweisen im Allgemeinen zu informieren, so hat die Informationstiefe in den letzten Jahren durch die Verbreitung des Internets stark zugenommen. Die Patienten möchten sich heute über die geringsten Unterschiede in der medikamentösen Therapie austauschen, sie möchten wissen, wo welche Studien laufen und welche Vorteile moderne Untersuchungsmethoden (z. B. Spiral-CT vs. Koronarangiographie) im Vergleich zur herkömmlichen Diagnostik haben.

Daher werden in Zukunft Internet-Patientenportale immer stärker genutzt. Diese Patientenportale müssen sich dem allgemeinen Trend nach individualisierter Information anpassen und nicht nur als reine Informationsspeicher fungieren. Expertenforen mit Dialogfunktion haben heute schon die Nase bei den Nutzern vorn (z. B. Onmeda, Qualimedic). Aber auch die subjektive Meinungsäußerung unter Patienten mit einer Erkrankung in so genannten Blogs oder Online-Foren nimmt zu. Blogs sind einem kommentierten Tagebuch ähnlich. Ein Erkrankter beschreibt seine Erkrankung und wie er damit umgegangen ist, und andere Betroffene können die Eintragungen kommentieren und so aus diesem Erfahrungsaustausch lernen. In Online-Foren werden verschiedene Themen von Betroffenen oder von Experten (Expertenforen) diskutiert und kommentiert. Die Pharmaindustrie wird sich in Zukunft verstärkt um Platzierung ihrer Blogs und Expertenforen kümmern und versuchen, mit zielgruppengerechter Information ihre Interessen zu adressieren. Durch das Internet haben die Pharmafirmen die Möglichkeit, Patienten gezielt anzusprechen, die sich mit ihren Erkrankungen auseinandersetzen. Durch das Anbieten von neutralen, werthaltigen Informationen, wie z. B. mittels Podcast oder Webcast über die Erkrankungen und neue Therapiemöglichkeiten, wird die Marke etabliert und gewinnt bei Patienten, die gut informiert sind, an Ansehen. Diese tragen dieses Markenbewusstsein als potente Multiplikatoren in ihre Community wie beispielsweise SHG oder Selbsthilfe-Internetforen. Durch das Etablieren einer Marke oder eines bestimmten Medikamentes kann gerade bei Indikationen, bei denen es nur ein Präparat gibt, der klassische Weg des Push-Marketing verlassen werden, und es können mehr Pull-Strategien zum Einsatz kommen (s. beispielsweise Viagra (Sildenafil)). Zwar ist der Weg über Pull-Strategien, also Marketingmaßnahmen, die auf den Patienten zielen, oft wesentlich teurer als Push-Strategien, erzeugt aber beim Patienten ein wesentlich höheres Markenbewusstsein und damit Markentreue, die sich in ausgewählten Indikationen (Lifestyle, Prävention) immer mehr lohnt.

Kommunikation mit Ärzten: Alternativen zum Außendienst

Ärzte möchten informiert werden. Zwar sind auch viele Ärzte bereit, sich in ihrer knappen Zeit fortzubilden, zumal dies durch die Fortbildungspflicht vermehrt gefordert wird. Trotzdem geben Ärzte in Umfragen regelmäßig an, dass der Außendienst gerne willkommen ist, wenn neue Produkte eingeführt werden oder es sich um komplexe Produkte wie Onkologika handelt. Das ist aber der springende Punkt: Da in den letzten Jahren die Außendienstlinien auch für Medikamente, die schon lange im Markt waren, aufgestockt wurden, wurden Ärzte auch mit Produktinformationen belastet, die nicht unbedingt zu einem werthaltigen Wissensgewinn führten. Dies führte insgesamt dazu, dass Pharmaberater zu reinen Musterüberbringern wurden, die den Arzt nur selten zu sehen bekamen. Allmählich dämmert es vielen Pharmaunternehmen, das die bisherige Strategie, mit möglichst vielen Besuchen pro Quartal die Verordnungszahlen in die Höhe zu treiben, nicht mehr aufgeht und letztendlich ökonomisch nicht sinnvoll ist. Zudem wird es in Zukunft durch den Wegfall der RPM-Daten noch schwerer, die Ärzte in Zielgruppen aufzugliedern und mit individualisierten Informationen zu versorgen (Segmentierung/Tracking). Dass vermehrte Musterabgaben zu Mehrverordnungen der entsprechenden Präparate geführt haben, mag in der Vergangenheit gestimmt haben. In Zeiten der strengen Pharmaberatungen und der Bonus-Malus-Regelung werden Ärzte immer mehr sensibilisiert für die Kostenaspekte einer Therapie und sind nicht mehr so leicht bereit, „Gefälligkeitsverordnungen" zu tätigen wie bisher. „Beziehungsmarketing" wird in einem zunehmend enger werdenden Markt schwieriger.

Was also sind zukunftsfähige Strategien, den Arzt zu informieren? Worüber möchte der Arzt in Zukunft informiert werden?

Einige Themen, mit denen sich niedergelassene Ärzte in Zukunft beschäftigen müssen, wurden von der Politik vorgegeben: Qualitätsmanagement, Kooperationsmodelle (MVZ, integrierte Versorgung), Telemedizin (e-Card, elektronische Krankenakte), DMPs, Rabattverträge, Bonus-Malus-Regelung, IQWiG-Empfehlungen, Kosten-Nutzen-Analysen, Morbiditätsindizes und Hausarztmodelle, um nur einige aktuelle Themen zu nennen. Diese vielfältigen Veränderungen müssen bewältigt, verstanden und vom Arzt umgesetzt werden. In diesem Bereich besteht also ein großes Informationsbedürfnis, eine Unsicherheit, die mit hochwertigen Angeboten/Informationen der Pharmaindustrie beseitigt werden kann. Eine Klärung dieser Fragen hilft dem Arzt dabei, sich wieder auf seine ursprüngliche Arbeit zu konzentrieren, die Behandlung von Patienten. Und dann ist auch wieder Zeit für Informationen über wichtige Medikamente.

E-Media + soziale Netzwerke

Um den Arzt möglichst effektiv (zeit- und kosteneffektiv) zu informieren bietet sich die elektronische Kommunikation an: E-Learning und E-Detailing sind Wege, die in Zukunft weiter an Bedeutung zunehmen werden. Sie sind frei verfügbar, interaktiv, und der Arzt kann sie nutzen, wenn er Zeit und Lust hat. E-Learning und E-Detailing können die Präparate in jeder Phase des Produktlebenszyklus unterstützen. Bei Neueinführungen sind sie neben dem Pharmaberater eine wichtige Informationsquelle. Bei Präparaten, die schon länger im Markt sind, müssen zusätzliche Services/Informationen den Arzt zur Nutzung dieser Dienste anregen. Auch beim Arzt wird es in Zukunft darauf ankommen, dass sich ein Markenbewusstsein bildet. Das Unternehmen, das den Arzt am besten unterstützt – also mit Informationen versorgt, die ihm helfen, den komplizierten Alltag zu meistern –, dessen Präparate wird der Arzt häufiger verschreiben, diese Präparate wird er dem Patienten empfehlen, auch wenn der Patient mehr zuzahlen muss – beispielsweise wenn das Medikament nicht in der Festbetragsgruppe ist, der Arzt aber von der Marke überzeugt ist (Marke = bessere klinische Daten, besserer Service, Zusatzinfos durch Pharmaberater).

Ein weiterer Trend ist, dass sich Ärzte stärker organisieren müssen. Der Weg von der Einzelpraxis zur Gemeinschaftspraxis bzw. MVZs ist politisch gewünscht und wird in Zukunft zunehmen.

Warum? Viele der in Zukunft geplanten Änderungen sind in der Einzelpraxis nicht umzusetzen: Qualitätsmanagement, ständige Fort- und Weiterbildung, Einzelverträge mit Kassen und integrierte Versorgung. Der Arzt muss also die Wandlung vom Einzelkämpfer zum Teamplayer vollziehen. Dies wird sich auch in seiner Kommunikation wieder spiegeln: Ärzte organisieren sich zunehmend im Internet, es wird mehr Meinungsaustausch im Netz stattfinden (z B. www.jeder-Fehler-zaehlt.de, www.facharzt.de. www.hausarzt.de). In Zukunft werden soziale Netzwerke wie beispielsweise www.xing.com (vormals openBC) auch für Ärzte entstehen, die ihnen den Platz für interdisziplinären Meinungsaustausch unter Kollegen bieten. Auch dort können sich Pharmaunternehmen einbringen. Hochwertige Informationen über Studien, Kongresse oder Serviceangebote können zentral abgerufen werden und sind nicht mehr – wie heute – verstreut über das ganze Netz.

Neue Adressaten

Pharmakommunikation von Pharmaunternehmen wird sich in Zukunft auch in ganz andere Richtungen entwickeln müssen als bisher. Gelernt werden muss die Kommunikation mit Kassen als mächtige Verhandlungspartner bei Rabattverträgen, als Verhandlungspartner bei der Organisation von integrierter Versorgung und DMPs. Hier müssen Wege gefunden werden, wie aus einem fast konträren Verhältnis ein partnerschaftliches Miteinander wird. In Zukunft wird es möglich sein, dass eine Kasse ein Medikament ersetzt und eine andere Kasse nicht mehr, dass Patienten die Kasse wechseln, weil eine Kasse nur Generika erstattet und die andere Originalprodukte. Eine Kasse bezahlt bestimmte onkologische Therapien und andere nicht. Dies wird einerseits wahrscheinlich durch Nutzbewertungen entschieden, andererseits sicher auch durch Rabattverträge mit einzelnen Herstellern. Die freie Therapiewahl wird zunehmend eingeschränkt zugunsten kassenspezifischer Einzelleistungen bei zunehmendem Kostendruck. Dies bedeutet letztendlich wieder, dass Patienten und Ärzten klar sein muss, welche Medikamente oder welche Marken welche Vorteile bieten.

Pharmakommunikation wird auch heißen: Kommunikation mit Stellen, die neue Medikamente nach Kosten-Nutzen-Aspekten beurteilen. Das IQWiG muss mit anderen Informationen versorgt werden als die Ärzte. Auch wenn es heute scheint, dass die Unterschiede unüberbrückbar sind, so wird auch das IQWiG mit der Pharmaindustrie kommunizieren müssen (z. B. Scoping-Verfahren). Es müssen Wege gefunden werden, Informationen zu liefern, die das IQWiG verwenden kann und dann auch verwendet.

Neue Wege gehen

Die Schwerpunkte der Pharmakommunikation werden sich in Zukunft verschieben. Im Patientenbereich wird die Kommunikation über ethische Produkte einen höheren Stellenwert einnehmen. Kommunikationskanäle wie das Internet und hochwertige Serviceangebote für Patienten werden an Bedeutung gewinnen. Außerdem werden die Hersteller von den gewandelten politischen Rahmenbedingungen profitieren, die es schaffen, sich und ihre Medikamente als Marke zu positionieren.

Die klassische Pharmakommunikation mit dem Arzt über den Pharmaberater wird abnehmen. Zunehmend wichtig werden andere Kanäle der Kommunikation wie beispielsweise E-Detailing oder soziale Netzwerke. Marktanteile gewinnen werden solche Unternehmen, die Ärzte mit hochwertigen Serviceangeboten rund um das Produkt/Indikation versorgen.

Pharmakommunikation wird in Zukunft auch stärker auf Kassen, Arztnetze, sektorenübergreifende Kooperationen und andere Player wie das IQWiG ausgerichtet sein müssen, um die Eigenschaften, die Vorteile des Präparats zu vermitteln.

Dr. Dirk Nonhoff

ist Facharzt für Allgemeinmedizin und Gesundheitsökonom. Nach seiner Tätigkeit als Arzt arbeitete er von 1999 bis 2002 als Chefredakteur für verschiedene medizinische Fachzeitschriften sowie Projekte im Bereich neue Medien. Anschließend sammelte Herr Dr. Nonhoff Erfahrungen als Berater für medizinische Call Center, pharmazeutische Unternehmen und als Unternehmensberater im Bereich Integrierte Versorgung.

✉ *dirk.nonhoff@t-online.de*

GESUNDHEIT AUS VERBRAUCHERSICHT

- Gesundheit und Konsument
  Eine neuropsychologische Perspektive 114
  Decode Marketingberatung

- Patientenorientierte Markenführung
  Viele Faktoren bestimmen der Erfolg einer OTC-Marke....................................118
  TNS Healthcare

- Frauen und Gesundheit – ein Markt im Umbruch 124
  Psychonomics AG

- Bei uns liegen Sie richtig!
  Markenwahrnehmung und Branding bei stationären Einrichtungen 128
  Konzept & Analyse AG

- Empfindlich bis robust
  Europäische Unterschiede in der Gesundheitswahrnehmung 135
  Ulrike Maris

Gesundheit und Konsument – eine neuropsychologische Perspektive

Der souveräne Health-Konsument?

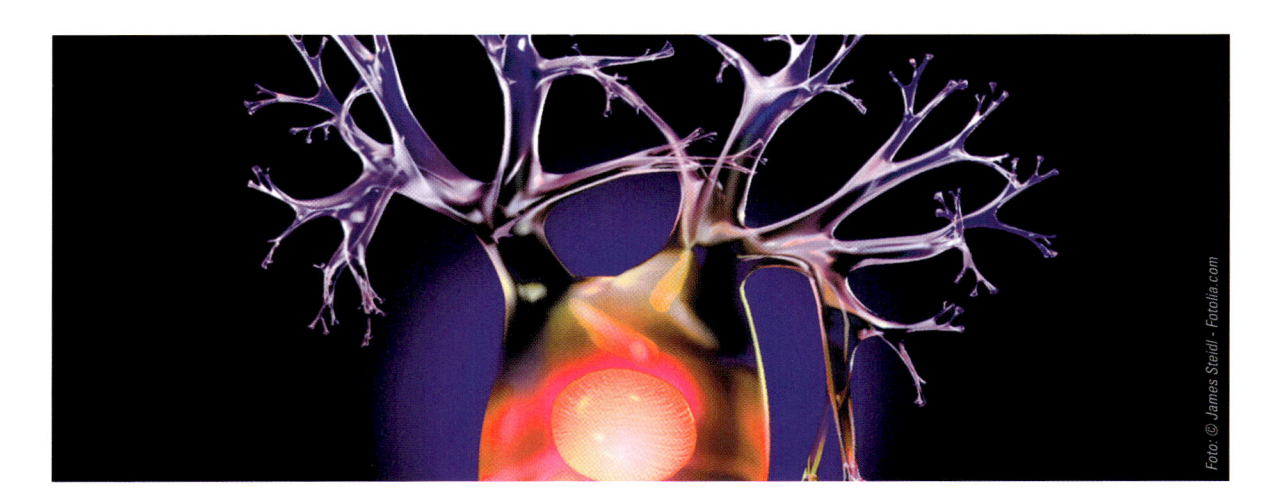

Traut man den Aussagen der Zukunftsforscher, werden Konsumenten in naher Zukunft ein völlig anderes und neues Verhältnis zum Thema Gesundheit entwickeln. Gesundheit entwickelt sich demnach zu einem identitätsstiftenden Faktor. Matthias Horx hat dazu den Begriff „Selfness" geprägt, der für die Nachfrage nach Wohlbefinden und innerer Balance steht. Gesundheit entspricht danach einem Bedürfnis des Individuums, das aus dem Angebot des Gesundheitsmarktes wählt. Dementsprechend verändert sich die Rolle des Arztes. Als Medizinberater verliert er die Hoheit über den Patienten. Im Zentrum steht künftig der Patient als Kunde, der von Ärzten, Naturmedizinern und (Psycho-)Coaches umsorgt wird. Die Apotheke der Zukunft könnte nach dieser Vorstellung ein Lifestyle-Zentrum für Gesundheit sein.

Solche Zukunftsszenarien skizzieren einen souveränen, rational agierenden, unabhängigen Gesundheitskonsumenten. In diesem Beitrag wollen wir einen etwas anderen Blick auf den scheinbar souveränen Health-Konsumenten der Zukunft werfen – den Blick aus Sicht der Neuropsychologie bzw. des Neuromarketings. Die erste Erkenntnis ist, dass es im Gehirn keine rein rationalen Prozesse gibt, sondern jedes, wirkliches jedes, Signal emotional bewertet wird, weit bevor es ins Bewusstsein gelangt. Deshalb sind auch die Ökonomen gerade dabei, ihr Bild des „Homo oeconomicus" über Bord zu werfen. An seiner Stelle tritt das Bild eines fundamental sozialen Menschen, ein Herdentier, dessen Verhalten zu einem signifikanten Teil aus nicht-reflektierten, so genannten impliziten Prozessen bestimmt wird – etwa positiven oder negativen Vorurteilen gegenüber Ärzten, Arzneien, Apotheken, Werbung, Marken und dem Thema Gesundheit insgesamt.

Die zwei Systeme im Kopf des Health-Konsumenten

Es gibt nach den neuesten Erkenntnissen der Neuropsychologie also zwei Systeme im Gehirn, die menschliches Verhalten und damit auch den Gesundheits-Konsumenten bestimmen:

– Das implizite System – der Autopilot im Kopf. Dieses System arbeitet hoch effizient und weitestgehend unbewusst. Dazu gehören die Sinneswahrnehmung, viele Lernvorgänge (z.B. bei Werbung), Emotionen, Faustregeln, Stereotypen, Automatismen, Markenassoziationen, unbewusste Markenimages, spontanes Verhalten und intuitive Entscheidungen. Das implizite System regelt unter anderem die Beziehung zwischen Arzt und Patient, das Lernen von Markenbotschaften. Hier entfalten (starke) Marken ihre Wirkung.

— Das explizite System – der Pilot im Kopf. Mit dem expliziten System denken wir nach (Arbeitsgedächtnis), verarbeiten den Satz „die Sonne scheint", erstellen Kosten-Nutzen-Analysen und planen in die Zukunft. Dieses System gibt bei Konsumentenbefragungen die Antwort „Ich habe Preise verglichen und mir das beste Angebot rausgesucht" oder „Ich verstehe diese Werbung nicht".

Wie wir heute wissen, steuert das implizite System, der Autopilot im Kopf, bis zu 95 Prozent des Konsumverhaltens. Das wird sich auch in einem veränderten Gesundheitsmarkt nicht ändern, da das Gehirn des modernen Menschen 50.000 Jahre alt ist und sich die darin angelegten Grundmotive über diese Zeiträume hinweg nicht verändert haben. Verändert hat sich die Umwelt, nicht aber das Gehirn. Die grundlegenden Motive im Menschen, die auch die Beziehung zu Marken und zum Arzt regulieren, sind eine relevante Konstante für das Health Marketing. Hier gilt es Marken und Markenbotschaften zu positionieren und die (veränderte) Arzt-Patienten-Beziehung zu analysieren.

Obwohl im deregulierten Gesundheitsmarkt den Arzneimittelmarken eine immer größere (Orientierungs-)Bedeutung zukommt, haben es laut Studien erst wenige Marken geschafft, sich gegenüber No-Names zu differenzieren und dem Verbraucher damit einen relevanten Mehrwert zu bieten. So kommt eine repräsentative Befragung von 2.195 „Patienten" des Kölner Institutes für Handelsforschung zum Schluss:

— Markenarzneimittel bieten nur geringe Vertrauens- und Qualitätsvorteile: Nur 12 Prozent der Befragten vertrauen ausschließlich auf Markenarzneimittel. 71 Prozent halten Generika für genauso wirksam.
— 66 Prozent der Befragten glauben nicht, dass sich im Preis eines Medikaments dessen Qualität widerspiegelt.
— 70 Prozent der Umfrageteilnehmer sind dementsprechend auch nicht bereit, für Markenarzneimittel einen höheren Preis zu bezahlen.

Hier liegt also eine große Chance. Diese können wir aber nur nutzen, wenn wir die wahren Bedürfnisse bzw. Motive der Health-Konsumenten verstehen und entsprechend ansprechen.

Die Grundmotive des Health-Konsumenten

Die Ebene der Motive ist eine tief im Gehirn liegende Ebene (limbisches System). Motive sind die wahren Treiber des Kaufverhaltens. Sie entfalten ihre Wirkung im Autopiloten und steuern unbewusst unser Verhalten, Psychologen sprechen deshalb auch von impliziten Motiven. Eine Markenpositionierung ist nur dann nachhaltig relevant – also verhaltenssteuernd –, wenn sie auf den grundlegenden, impliziten Motiven beruht. Denn Menschen konsumieren, um Motive und Bedürfnisse zu regulieren. Nach einem langen Arbeitstag schicken wir beispielsweise eine SMS „ich bin gleich da" nach Hause, um unser ins Minus geratene Bedürfnis nach Geborgenheit zu regulieren. Die drei Grundmotive, die Menschen bestimmen, sind:

— Bedürfnis nach Sicherheit (Geborgenheit, Fürsorge, Zusammensein, Tradition) – wie hilft mir die Marke, mich sicherer oder geborgener zu fühlen?
— Bedürfnis nach Erregung (Abwechslung, Stimulans, Spieltrieb) – wie hilft mir die Marke, etwas Neues zu probieren, über das bisher Bekannte hinauszugehen?
— Bedürfnis nach Autonomie (Abgrenzung, Macht, Kontrolle, Leistung) – wie hilft mir die Marke, mich stark zu fühlen und die Dinge „im Griff" zu haben?

Diese drei Motivkomplexe wurden unter anderem vom renommierten deutschen Psychologen Norbert Bischof (der für sein Lebenswerk mit dem Deutschen Psychologiepreis geehrt wurde) und dem Hirnforscher Jan Panksepp intensiv erforscht und von Decode erstmals für den gesamten Prozess der Markenführung, insbesondere auch der Implementierung, aufbereitet. Die Aufgabe der Markenführung ist es, durch Kommunikation aufzuzeigen, welche Motive mit diesem oder jenem Produkt reguliert werden können.

Die Psychologie der Liberalisierung

Infolge des Gesetzes zur Modernisierung der gesetzlichen Krankenversicherung ist insbesonre bei OTC-Produkten eine Liberalisierung des Marktes eingetreten. Was bedeutet das für den Health-Konsumenten psychologisch? Sie werden aus dem sicheren, geborgenen „Zuhause" vertrieben und müssen selbstständig werden – nun wird also das Autonomiemotiv plötzlich wichtig. Ob gewollt oder nicht müssen sich Health-Konsumenten nun mit Preisen, Marken usw. deutlich stärker als früher auseinandersetzen. Die Kunden werden gezwungen, „erwachsen" zu werden. Dazu kommt, dass die Ärzte als „weise Alte" (bzw. Väter) wegfallen – denn nun verlangen sie für jeden Besuch Geld. Der Konsument wird also nicht nur aus einem Zuhause vertrieben, sondern seine ehemalige Bezugsperson verlangt auch noch Geld für jeden Rat. Diese natürlich plakative Beschreibung zeigt, welche Spannungen aktuell den Gesundheitsmarkt aus Sicht des Konsumenten bestimmen. Weit davon entfernt, ein befreiter, rationaler Gesundheitskonsument zu sein, muss sich der unfreiwillig Mündige nun mit Dingen beschäftigen, für die er eigentlich keine Ressourcen investieren möchte. Für Unternehmen, die diese komplexe Motivdynamik frühzeitig erkennen und in Form entsprechender Produkte, Marken und Markenkommunikation umsetzen, bieten sich aktuell große Chancen.

Dr. Christian Scheier

ist nach einer wissenschaftlichen Karriere am renommierten California Institute of Technology und dem erfolgreichen Aufbau einer Agentur für Marketingforschung (MediaAnalyzer, Hamburg) heute einer der führenden Experten für Neuromarketing in Deutschland. Er ist gemeinsam mit Dipl. Psych. Dirk Held Autor des Bestsellers „Wie Werbung wirkt – Erkenntnisse des Neuromarketing", sowie Autor des Standardwerks der neuen Künstlichen Intelligenz (MIT Press) und zahlreicher wissenschaftlicher Publikationen. Dr. Scheier ist gefragter Referent im In- und Ausland und wurde mit dem „Best Speaker"- und „Best Presentation"-Award an der ESOMAR Technovate Konferenz ausgezeichnet.

✉ scheier@decode-online.de

Dipl. Psych. Dirk Held

ist Diplom-Psychologe und absolvierte einen Master of Business Administration an der renommierten Business School der Universität Bradford (England). Er ist ausgewiesener Experte für psychologische Marketingforschung und berät namhafte Unternehmen der Konsumgüter- und Telekommunikationsbranche. Daneben ist er Dozent an der Psychologischen Fakultät der Johannes Gutenberg Universität und an der Steinbeis-Hochschule in Berlin.

✉ held@decode-online.de

www.gwa.de

GWA FORUM
—HEALTHCARE—
KOMMUNIKATION

FALLS IHNEN IHRE MOMENTANE PHARMA-AGENTUR KOPFSCHMERZEN BEREITET ...

... gibt es jetzt das neue GWA-Health-Jahrbuch 2007 mit Porträts bester deutscher Pharma-Agenturen. Kostenfrei erhältlich bei Frau Anna Adam unter 069/25 60 08-15 oder per E-Mail an: anna.adam@gwa.de

Patientenorientierte Markenführung

Viele Faktoren bestimmen den Erfolg einer OTC-Marke

Betrachtet man die gesellschaftlichen Gegebenheiten in Deutschland, so wird deutlich, dass im Gesundheitswesen die Rolle des Patienten immer wichtiger wird. Stichworte sind hier insbesondere die demographische Entwicklung und die zunehmende Kostenbeteiligung der Patienten an den Gesundheitsleistungen.

Demographische Entwicklung und Morbidität

Es ist unbestritten, dass mit zunehmendem Alter die behandlungsbedürftigen Erkrankungen zunehmen. So sind zum Beispiel von den unter 30-Jährigen nur 3 Prozent von Hypertonie und 1 Prozent von Diabetes, von den über 50-Jährigen jedoch 39 Prozent von Hypertonie und 15 Prozent von Diabetes betroffen (Quelle: TNS Healthcare).

Gleichzeitig zeigt die demographische Entwicklung von 1950 bis 2006 einen deutlichen Anstieg des Anteils der über 64-Jährigen an der Gesamtbevölkerung. Waren es im Jahr 1950 noch 10 Prozent, so sind es heute schon 20 Prozent. Bis zum Jahr 2030 wird eine Zunahme auf 29 Prozent prognostiziert (siehe Abb. 1).

Für den Gesundheitsmarkt bedeutet dies, dass die bereits heute große Anzahl behandlungsbedürftiger Personen in Zukunft deutlich ansteigen wird, ohne dass eine ausreichende, durch das bisherige Sozialversicherungssystem gedeckte Finanzierung zu erwarten ist.

Zunehmende Kostenbelastung der Patienten

Diese Finanzierungsprobleme haben bereits in den letzten Jahren ihren Niederschlag in diversen

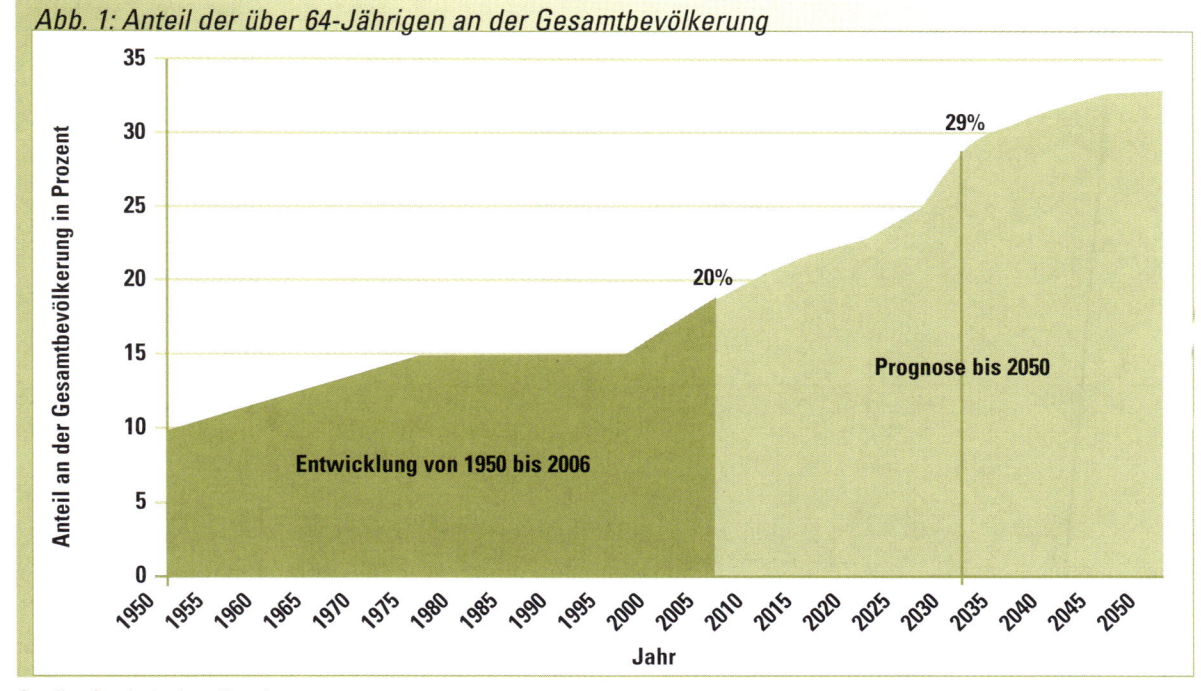

Abb. 1: Anteil der über 64-Jährigen an der Gesamtbevölkerung

Quelle: Statistisches Bundesamt

gesetzgeberischen Maßnahmen gefunden. Beispielhaft seien hier nur die Einführung der Praxisgebühr, die Zuzahlungen bei Medikamenten, die Herausnahme von OTC-Präparaten aus der Erstattungsfähigkeit und natürlich die regelmäßig steigenden Krankenkassenbeiträge genannt. Bereits im Jahr 2003 betrugen die durchschnittlichen Aufwendungen für die Gesundheitspflege pro Haushalt 1.008,- Euro (Quelle: Statistisches Bundesamt). Realistischerweise kann man davon ausgehen, dass die Kostenbelastung und auch die Eigenverantwortung der Patienten weiter zunehmen werden. Und es liegt in der Natur der Sache, dass der Patient wissen möchte, was er für sein Geld bekommt.

Konsequenzen für den Gesundheitsmarkt

Fasst man diese Tatsachen zusammen, ergeben sich für die am Gesundheitsmarkt agierenden Unternehmen steigende Chancen, aber auch Anforderungen:
1. Steigende Nachfrage im und damit zunehmendes Wachstumspotential für den Gesundheitsmarkt.
2. Steigende Bedeutung der Selbstmedikation.
3. Stärker werdende Rolle des (kritischen) Patienten/Endkonsumenten als Entscheider über die Produkt- und Markenwahl im Gesundheitsmarkt.

Aus der stärker werdenden Rolle des Patienten bzw. Endkonsumenten lässt sich die dringende Notwendigkeit ableiten, ihn als Teilnehmer des Gesundheitsmarktes ernstzunehmen, seine Bedürfnisse zu kennen und ihm die Informationen zukommen zu lassen, die er für seine Entscheidungsfindung benötigt. Die Möglichkeiten der Informationsübermittlung sind für OTC-Präparate sicherlich weiter gefasst als für OTX/Rx-Präparate, aber auch dort sind sie gegeben.

Der OTC-Markt nähert sich der Konsumgüterindustrie

Insgesamt gleichen sich damit die Spielregeln im OTC-Markt denen in der Konsumgüterindustrie immer stärker an. Eine der wichtigsten Regeln ist dabei der frühe und schnelle Aufbau eines unverwechselbaren, auf die tatsächlichen Bedürfnisse abgestimmten Markenbildes in den Köpfen des Patienten bzw. des Konsumenten.

Marken-Commitment als Schlüsselfaktor für den wirtschaftlichen Erfolg einer Marke

Dabei ist die Zielsetzung und Meßlatte einer erfolgreichen Markenentwicklung der Aufbau und die Pflege einer starken Bindung zwischen Marke und Patienten bzw. Konsumenten (Marken-Commitment).

Denn Konsumenten mit hohem Marken-Commitment ...
⇒ sind bereit, einen höheren Anteil ihres Budgets für ‚ihre Marke' auszugeben,
⇒ sind stärker immun gegen Konkurrenzaktivitäten,
⇒ müssen vom Wiederkauf nicht überzeugt werden,
⇒ sind geneigt, ‚ihrer Marke' länger treu zu bleiben,
⇒ sind insgesamt profitabler.

Marken-Commitment ist somit ein Indikator für die Wirtschaftlichkeit einer Marke. In frühen Phasen des Marken-Lebenszyklus ist es der Prädikator für zukünftiges Verwendungsverhalten und zukünftige Verwendungsanteile, in späteren Phasen verlängert es den Zyklus und verringert das Risiko von Markenwechseln (insbesondere vor dem Hintergrund, dass immer mehr Me-too-Marken im Pharma-Markt auftauchen und mit den Pionieren der letzten Jahre konkurrieren).

Versteht man den Antrieb von Marken-Commitment, hält man die Anleitung zu einem effizienten und damit Ressourcen schonenden Aufbau eines unverwechselbaren Markenbildes fast schon in der Hand.

Unterschiedliche Wege zum Markenerfolg

Doch so komplex und facettenreich das Gebilde einer Marke ist, so wenig kann es eine standardisierte Anleitung für eine erfolgreiche Markenentwicklung geben. Letztendlich lassen sich die Faktoren, die ein Markenbild bestimmen und Markenstärke beeinflussen, in zwei Bereiche einteilen:

– **Brand Power in the Mind (Brand Equity):** Repräsentiert den Marktanteil, den eine Marke erreichen würde, wenn Kaufentscheidungen allein nach Markenpräferenzen getroffen würden. (ohne den Einfluss von Marktfaktoren)
– **Brand Power in the Market (Market Equity):** Repräsentiert den Marktanteil, den eine Marke

Abb. 2: Der TNS Healthcare BPO: Mit gesteigerter Markenbindung (Commitment) zu mehr Umsatz und Profitabilität

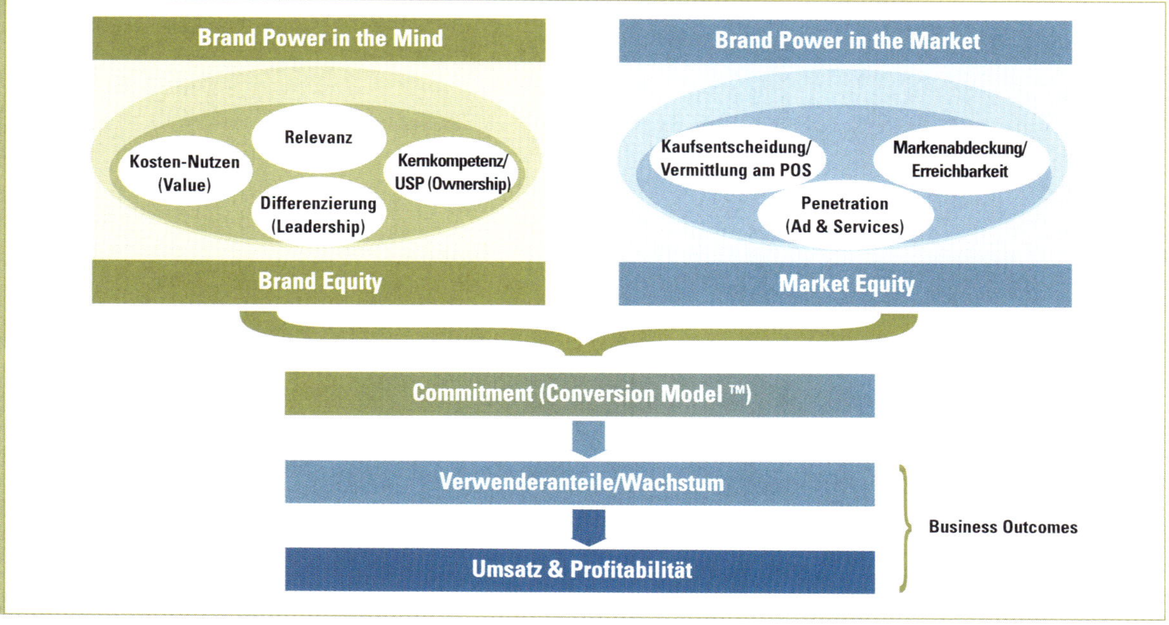

Quelle: TNS Healthcare

erreichen würde, wenn ausschließlich Marktfaktoren die Kaufentscheidung steuern (und Konsumenten für alle Marken die gleiche Präferenz hätten).

Will man die Marke wirklich verstehen und optimieren, muss sie ganzheitlich in beiden Bereichen betrachtet und analysiert werden.

Decision Support für Markenführung im Gesundheitsmarkt

Mit der Entwicklung des BPO (Brand Performance Optimisation) bei TNS Healthcare wurde der Bedeutung von Marken-Commitment als Kerngröße des Markenerfolges und der Anforderung nach einer ganzheitlichen Markenbetrachtung Rechnung getragen: Der BPO ist ein holistisches Markenführungsinstrument, das die Kerngrößen von Brand Equity und Market Equity innerhalb eines einzigen Untersuchungsansatzes bei allen wichtigen Teilnehmern im Pharmamarkt (Patienten, (potentiellen) Verwendern, Apothekern, Ärzten) bestimmt (siehe Abb. 2).

Messung von Marken-Commitment über das Conversion Model™

Mit der Integration des Conversion Models™ als Tool zur Messung von Marken-Commitment wird offengelegt, ob Markenbindung aufgebaut wurde. Es identifiziert umfassend die Treiber für Markenbindung und kann somit ergebnisorientierte Blueprints zur Steigerung von Markenbindung liefern.

Der Grad des Marken-Commitments wird beim Conversion Model™ über drei maßgebliche Dimensionen gemessen:

- Bedürfniserfüllung: Inwieweit erfüllen alle bekannten Marken die Erwartungen und Bedürfnisse des Konsumenten/des Patienten?
- Markeninvolvement: Welche Bedeutung hat die Markenwahl für den Konsumenten/Patienten im Pharma-Markt?
- Inwieweit führen attraktive Alternativen zu einer Unsicherheit des Konsumenten/Patienten bei der Markenwahl? Gibt es Wechselschwellen?

Das Ergebnis ist eine Zielgruppensegmentation nach Markenbindung. Der Grad der Markenbindung definiert dabei letztendlich die Kernrichtung einer Markenstrategie (siehe Abb. 3).

Je weitreichender, aber auch tiefergehend das Wissen über die Marke und ihre Treiber ist, desto ausgeklügelter kann letztendlich die Entwicklungsstrategie einer Marke unter der Maßgabe einer Kernrichtung sein.

Abb. 3: Conversion-Zielgruppensegmentation nach Markenbindung und -affinität

Nutzer				Nicht-Nutzer			
Sichere Nutzer		**Gefährdete Nutzer**		**Offene Nicht-Nutzer**		**Nicht erreichbare Nicht-Nutzer**	
Verwurzelt	Verbunden	Schwankend	Wechselbereit	Erreichbar	Vielleicht erreichbar	Relativ Unerreichbar	Gänzlich unerreichbar
Halten		**Sichern**		**Überzeugen**		**Bekannt machen**	

Quelle: TNS Healthcare

Zweigleisige Treiberanalyse von Marken-Commitment

Der holistische Ansatz des TNS Healthcare BPO liefert hierzu die relevanten Informationen. Dabei geht es nicht nur in erster Linie um rationale bzw. funktionale Aspekte einer Marke. Immer stärker im Vordergrund steht die emotionale Positionierung. Denn die emotionale Substanz einer Marke ist kaum zu kopieren und damit die entscheidende Möglichkeit zur wirklichen Differenzierung vom Wettbewerb. Der TNS Healthcare BPO beinhaltet daher sowohl auf funktionaler als auch emotionaler Ebene die wichtigsten Schlüsselfaktoren hinsichtlich Brand Equity und Market Equity, die den Erfolg einer Marke bestimmen.

Brand Equity (Brand Power in the Mind):

– Awareness und Main Message Recall: Kennen (potentielle) Konsumenten/Patienten die Marke und ihre Kernbotschaft?
– Brand Usage und potentielles Wachstum: Wird die Marke verwendet? Wie hoch sind die aktuellen Verwendungsanteile und wie werden sie sich entwickeln?
– Markenkommunikation: Stimmt die Markenkommunikation? Werden die wichtigen Kundensegmente richtig angesprochen?
– Rationale Markenpositionierung: Was sind die Produkteigenschaften, die für die Markenwahl bzw. die Markenverwendung als besonders relevant klassifiziert werden?
– Emotionale Markenpositionierung: Wie ist die emotionale Beziehung zwischen Marke und Konsument/Patient im Vergleich zum Wettbewerb (⇒ Brandmapping auf Basis emotionaler Attribute)?
– Brand SWOT: Was sind die Stärken und Schwächen der Marke und ihrer Wettbewerber?

Market Equity (Brand Power in the Market)

Unabhängig davon, welcher Markt betrachtet wird, sind es identische Faktoren (mit vielleicht unterschiedlicher Gewichtung), die ein Markenbild im Bewusstsein des Konsumenten formen (siehe Brand Equity).
Dagegen unterscheiden sich die Faktoren, die die Marktstärke einer Marke (Market Equity) bedingen, je nach Marktzugehörigkeit. Sie werden im TNS Healthcare BPO entsprechend angepasst.
Im Rx-Sektor des Pharma-Marktes sind dies insbesondere:

– Targeting relevanter Arztsegmente. (Werden die über die Therapie entscheidenden Ärzte erreicht bzw. die richtigen Potentialärzte erschlossen?)
– Außendienst-Performance. (Wie wird der Außendienstmitarbeiter in Bezug auf verschiedene Leistungsparameter bewertet? Welche Leistungsparameter sind therapieentscheidend?)
– Service-Portfolio und Weiterbildung. (Sind die richtigen Maßnahmen platziert? Welche Maßnahmen treiben die Verordnung am stärksten?)

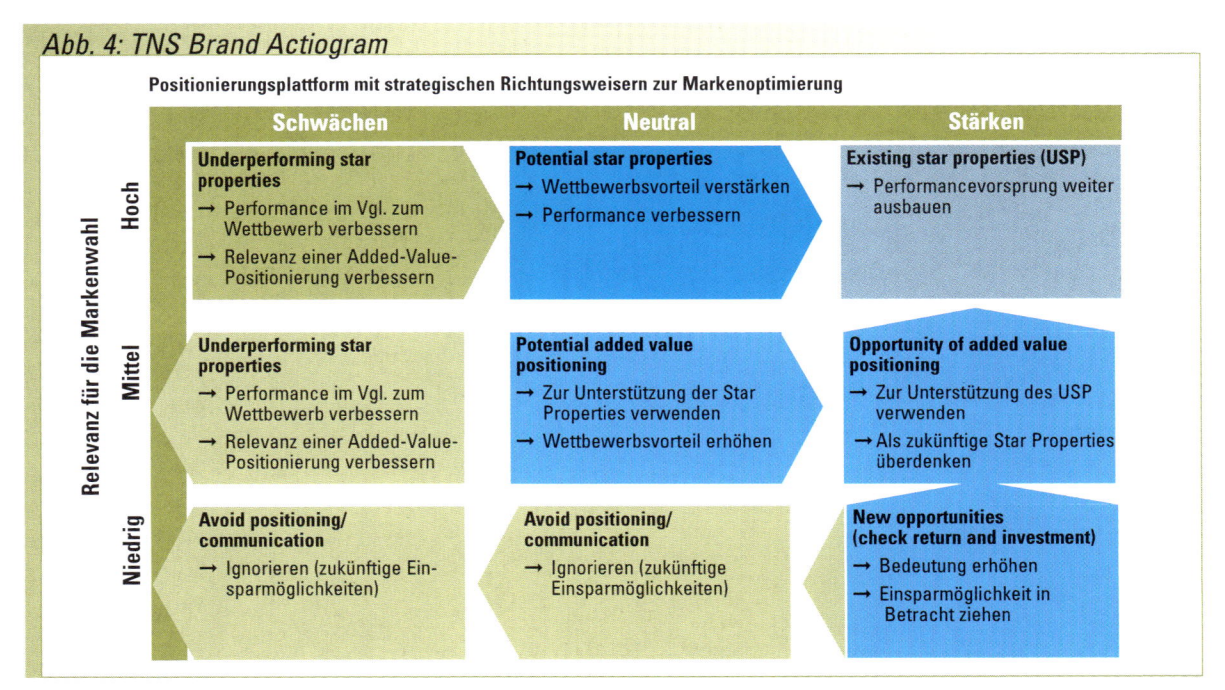

Abb. 4: TNS Brand Actiogram

Positionierungsplattform mit strategischen Richtungsweisern zur Markenoptimierung

	Schwächen	Neutral	Stärken
Hoch	**Underperforming star properties** → Performance im Vgl. zum Wettbewerb verbessern → Relevanz einer Added-Value-Positionierung verbessern	**Potential star properties** → Wettbewerbsvorteil verstärken → Performance verbessern	**Existing star properties (USP)** → Performancevorsprung weiter ausbauen
Mittel	**Underperforming star properties** → Performance im Vgl. zum Wettbewerb verbessern → Relevanz einer Added-Value-Positionierung verbessern	**Potential added value positioning** → Zur Unterstützung der Star Properties verwenden → Wettbewerbsvorteil erhöhen	**Opportunity of added value positioning** → Zur Unterstützung des USP verwenden → Als zukünftige Star Properties überdenken
Niedrig	**Avoid positioning/communication** → Ignorieren (zukünftige Einsparmöglichkeiten)	**Avoid positioning/communication** → Ignorieren (zukünftige Einsparmöglichkeiten)	**New opportunities (check return and investment)** → Bedeutung erhöhen → Einsparmöglichkeit in Betracht ziehen

(Zeilenbeschriftung: Relevanz für die Markenwahl)

Quelle: TNS Healthcare

– Zugang/Erstattung. (Gibt es Hürden im Markt, die die Verschreibung von Produkten erschweren?)

Dementsprechend sind es im OTC-Sektor neben den sicherlich ebenfalls relevanten Faktoren der Außendienst-Performance bei Ärzten und Apothekern und dem Service- und Weiterbildungsangebot insbesondere Faktoren, die sich auf den Preis und die Distribution beziehen:

– Marktabdeckung,
– Präsenz am POS,
– Kaufentscheidung am POS,
– Empfehlungsverhalten des Apothekers,
– Arztempfohlene Selbstmedikation,
– Preisgestaltung.

Dreidimensionale Markenpositionierung

Eine strategisch wertvolle Markenpositionierung hinsichtlich der hier aufgeführten Faktoren von Brand Equity und Market Equity kann immer nur relativ gesehen werden: uu einem im Vergleich zu den im Markt tatsächlich existierenden Konsumentenbedürfnissen und zum anderen in Relation zum Wettbewerb.

Die Markenpositionierung unter Berücksichtigung von Konsumentenbedürfnissen zeigt auf, inwieweit eine Marke verwendungsrelevante Faktoren erfüllt oder das Markenmanagement Energie und Ressourcen in vermeintliche Markenstärken „verpufft", die für die Wahl einer Marke unerheblich sind.

Die gleichzeitige Betrachtung des Wettbewerbs legt offen, inwieweit es sich bei den Stärken einer Marke um Unique Selling Propositions (USPs) handelt, die vom Wettbewerb (noch) nicht erfüllt/erreicht werden.

Des Weiteren kann die parallele Berücksichtigung von Konsumentenbedürfnissen und Wettbewerb mögliche Nischen (Konsumentenbedürfnisse, die vom Marktangebot bisher noch gar nicht bedient werden) identifizieren, die sich als echte Chancen einer Marke zur Differenzierung erweisen.

Im Rahmen des TNS Healthcare BPO bildet das TNS Brand Actiogram diese Dreidimensionalität von Bedürfnissen, Markenpositionierung sowie Wettbewerb ab und vermittelt strategische Richtungsweiser für eine effiziente und zielgerechte Markenoptimierung (siehe Abb.4).

Das Ergebnis einer umfassenden Markenanalyse sind Handlungsempfehlungen zur Markenoptimierung mit der klaren Zielausrichtung des Aufbaus und der Steigerung von Marken-Commitment als Kerngröße des Markenerfolges (siehe Abb.5, fiktives Beispiel).

Abb. 5: Erfolgsrelevante Handlungsempfehlungen für Marketing & Sales

Marketing — Brand Power in the Mind
- → Im Vgl. zum Wettbewerb hervorragendes Nebenwirkungsprofil ausbauen/halten
- → Verbesserung des Wirkungsprofils:
  - Wirksamkeit bei akuter Behandlung
  - Schnelle Wirkung
- → Wichtige benefits ausbauen/ kommunizieren:
  - Für Kinder geeignet
  - Gute Darreichungsform
  - Benutzerfreundliche Verpackung

Sales — Brand Power in the Market
- → Training des Außendienstes in Richtung Erfahrung und Glaubwürdigkeit
- → Apothekenexklusivität beibehalten
- → Apothekern wirtschaftliche Vorteile kommunizieren
- → POS-Materialien modernisieren

Mit höchstem Impact auf Marken-Commitment
↓
Verwenderanteile/Wachstum
↓
Umsatz & Profitabilität

Ulrike Bolsius

(39) ist Diplom-Betriebswirtin. Von 1994 bis 2006 arbeitete sie bei TNS Infratest (ehemals Emnid-Institut) in Bielefeld zunächst in der Mediaforschung und anschließend viele Jahre in der Consumer-Forschung. Seit 2006 ist Ulrike Bolsius Senior Consultant bei TNS Healthcare und dort verantwortlich für den Bereich Markenführung im OTC-Sektor.

✉ ulrike.bolsius@tns-global.com

Dirk Balsmeier

(46) ist seit 2004 Director bei TNS Healthcare, Bielefeld. Der Diplom-Kaufmann begann seine berufliche Laufbahn 1988 beim Emnid-Institut nach Abschluss seines Studium mit Schwerpunkt Marketing an der Universität Bielefeld. Seine besonderen Kompetenzfelder sind die Markt- und Marketingforschung für den OTC-Sektor (Patienten, Apotheker, Ärzte).

✉ dirk.balsmeier@tns-global.com

Frauen und Gesundheit – ein Markt im Umbruch

Gesundheitsreformen und Mentalitätswandel: Worauf sich Ärzte, Apotheker und Medien einstellen müssen

Frauen gelten gemeinhin als auf die Gesundheit bedacht und gewissenhaft – insbesondere im Vergleich zu ihren männlichen Geschlechtsgenossen. Dem ist grundsätzlich auch so, wie Marktforschungsdaten immer wieder belegen.

Allerdings ist Frau nicht gleich Frau. Dass mit zunehmendem Alter Gesundheit (und die Tatsache, dass man dafür etwas tun muss) mehr und mehr in das Bewusstsein rückt, ist keine neue Weisheit, sondern liegt auf der Hand: Je weniger selbstverständlich Gesundheit wird, desto eher passt Frau das eigene Gesundheitsverhalten (notgedrungen) an.

Gesundheitstypologie – sechs trennscharfe Segmente

Mindestens genauso spannend sind aber jene Divergenzen, die sich – unabhängig vom Alter – auf eine unterschiedlich ausgeprägte Gesundheitsmentalität zurückführen lassen. Anschaulich wird dies, wirft man einen Blick auf die von der psychonomics AG im Jahr 2005 entwickelte Gesundheitstypologie, anhand derer die Bevölkerung in Deutschland in sechs homogene Gruppen eingeteilt werden kann (siehe Abb. 1).

- „Informierte" sind gesundheitlich oft angeschlagen und setzen sich nicht zuletzt deshalb sehr aktiv mit gesundheitlichen Fragen auseinander. Sie zeichnen sich durch einen vergleichsweise hohen Konsum von Gesundheitsprodukten aus.
- „Souveräne" nehmen ihre Gesundheit selbst aktiv in die Hand und zeigen oft eine eher kritische Haltung gegenüber der Schulmedizin. Sie haben eine vergleichsweise hohe Neigung zu alternativen Heilmethoden.
- „Ängstliche" weisen einen vergleichsweise schlechten Gesundheitszustand auf. Aus Angst, etwas falsch zu machen, konsultieren sie häufig Arzt und Apotheker und geben sich insgesamt sehr anlehnungsbedürftig.
- „Bequeme" kümmern sich gesundheitlich nur um das Notwendigste. Für sie ist der Gang zum Arzt oder in die Apotheke der einfachste Weg, um darüber hinaus nicht selbst aktiv werden zu müssen.

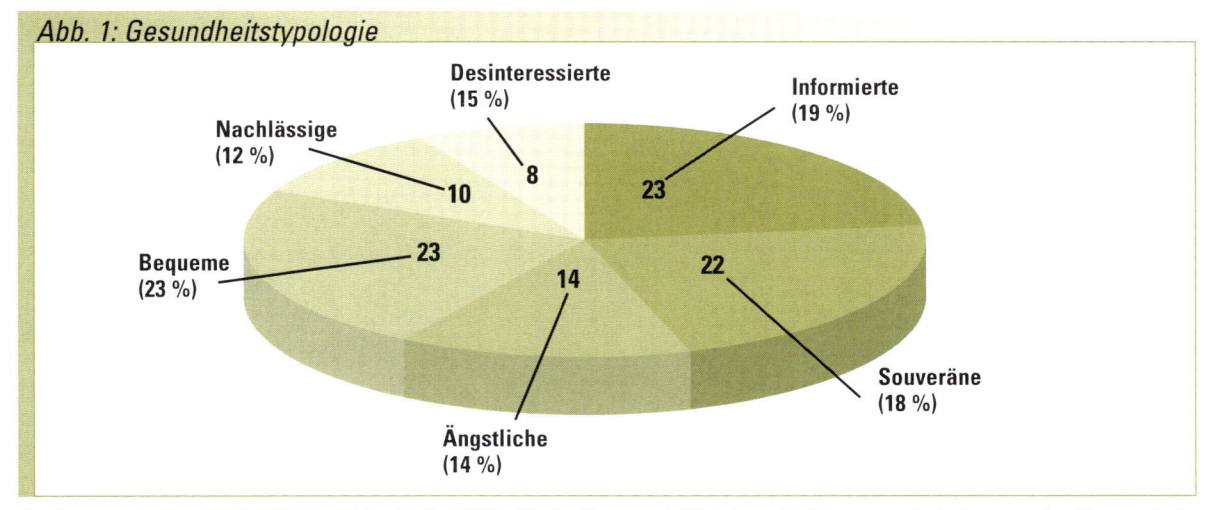

Abb. 1: Gesundheitstypologie

- Desinteressierte (15 %): 8
- Informierte (19 %): 23
- Souveräne (18 %): 22
- Ängstliche (14 %): 14
- Bequeme (23 %): 23
- Nachlässige (12 %): 10

Quelle: psychonomics Health Care Monitoring 2006, Basis: Frauen ab 16 Jahren (in Klammern Anteilswerte der Segmente in der Gesamtbevölkerung ab 16 Jahren)

- „Nachlässige" fühlen sich gesund und setzen sich vergleichsweise wenig mit gesundheitlichen Fragen auseinander. Genau deshalb plagt sie aber auch häufig ein schlechtes Gewissen.
- „Desinteressierte" schließlich fühlen sich gesund und zeigen an Gesundheitsfragen keinerlei Interesse.

Die Segmentverteilung bestätigt das ausgeprägte Gesundheitsbewusstsein der Frauen in Deutschland: „Informierte" und „Souveräne" sind – im Vergleich zu den Segmentgrößen in der Gesamtbevölkerung – deutlich überrepräsentiert, „Nachlässige" und „Desinteressierte" vergleichsweise seltener anzutreffen. Lediglich die „Bequemen" sind unter den Geschlechtern gleich verteilt.

Eigenverantwortung als Herausforderung der Zukunft

Neben der Gesundheitsmentalität spielt die Verarbeitung von Veränderungsprozessen eine wichtige Rolle. Denn die gesundheitspolitischen Reformen der jüngsten Vergangenheit haben Spuren hinterlassen. Seit einigen Jahren dominiert nun schon Unsicherheit die Gefühlslage, wenn es um die gesundheitliche Versorgungssituation in Deutschland geht. Reformen werden ausnahmslos als Einschnitte erlebt, ihr Hintergrund nicht verstanden.

Um so wichtiger ist es daher für die Akteure im Gesundheitsmarkt, Verständnis dafür zu entwickeln, wer infolge der veränderten Marktbedingungen wie agieren oder reagieren wird (oder dies bereits schon tut). Damit wird die Kenntnis der unterschiedlichen Gesundheitstypen gepaart mit dem Wissen um die Reaktionen auf gesundheitspolitische Veränderungen zum Rüstzeug, um sich auf den Gesundheitsmarkt von morgen einzustellen, in dem die Entscheidungsgewalt der Patienten mit zunehmend größerer (finanzieller) Eigenverantwortung anwachsen wird.

Der Arzt: Vom Halbgott in Weiß zum Dienstleister auf Augenhöhe

Ärzte galten lange Zeit als unantastbar. Ihre Beratung war unzweifelhaft, ihre Empfehlung gesetzt. Aber die Tatsache, dass sie das, was sie medizinisch für gut befinden, nicht mehr uneingeschränkt anwenden bzw. verordnen dürfen, zehrt an ihrer Autorität. Zwar bringen 84 Prozent der Frauen in Deutschland – und damit eine immer noch deutliche Mehrheit – den Ärzten ein grundlegendes Vertrauen entgegen.

Allerdings gibt es deutliche Unterschiede: So geben sich „Souveräne" und „Informierte" bereits deutlich arztkritischer als andere Gesundheitstypen und bringen sich aktiver ein, wenn es

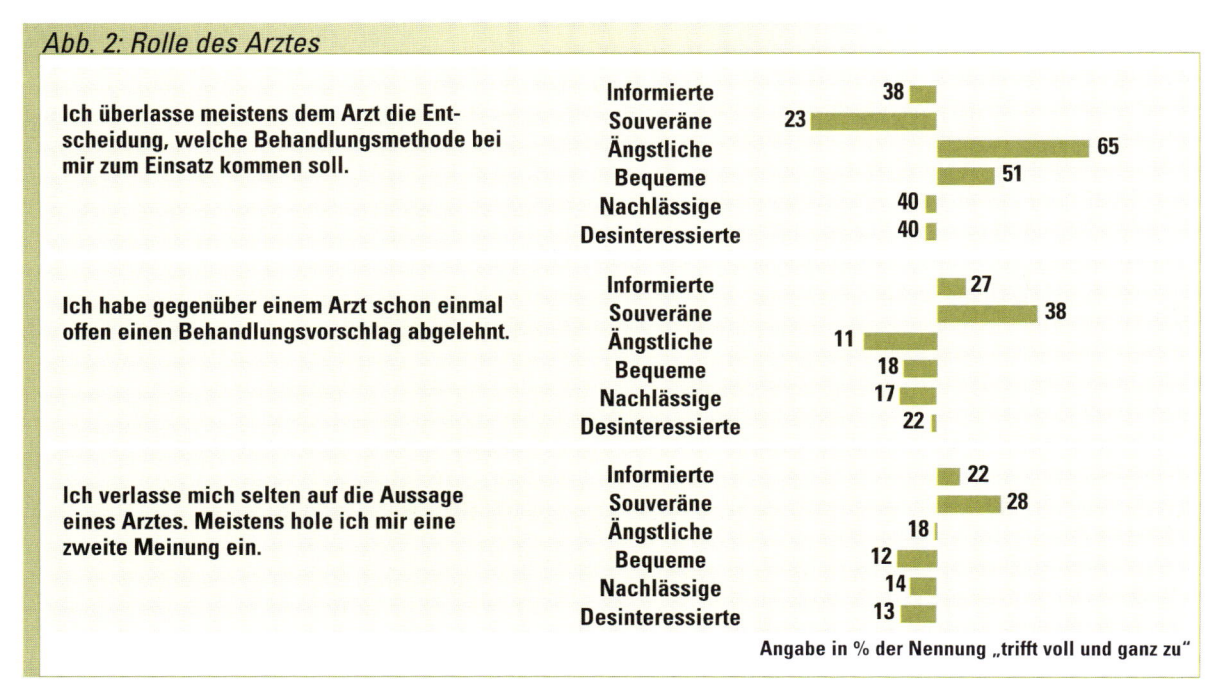

Abb. 2: Rolle des Arztes

Ich überlasse meistens dem Arzt die Entscheidung, welche Behandlungsmethode bei mir zum Einsatz kommen soll.
- Informierte: 38
- Souveräne: 23
- Ängstliche: 65
- Bequeme: 51
- Nachlässige: 40
- Desinteressierte: 40

Ich habe gegenüber einem Arzt schon einmal offen einen Behandlungsvorschlag abgelehnt.
- Informierte: 27
- Souveräne: 38
- Ängstliche: 11
- Bequeme: 18
- Nachlässige: 17
- Desinteressierte: 22

Ich verlasse mich selten auf die Aussage eines Arztes. Meistens hole ich mir eine zweite Meinung ein.
- Informierte: 22
- Souveräne: 28
- Ängstliche: 18
- Bequeme: 12
- Nachlässige: 14
- Desinteressierte: 13

Angabe in % der Nennung „trifft voll und ganz zu"

Quelle: psychonomics Health Care Monitoring 2005, Basis: Frauen ab 16 Jahren

beispielsweise um Behandlungsentscheidungen geht. Nicht selten suchen sie durch eine Zweitmeinung nach Absicherung, aber auch die Ablehnung von ärztlichen Therapieempfehlungen ist längst kein Tabu mehr (siehe Abbildung 2). Dazu passt, dass sich insbesondere „Informierte" und „Souveräne" flankierend zum Arztbesuch weiterer Informationskanäle bedienen – sei es im Vorfeld, um auf das Arztgespräch besser vorbereitet zu sein, oder aber im Nachgang, um die Arztaussagen validieren zu können (siehe Abb. 2).

Mit Blick auf die Entwicklungen der letzten Jahre nehmen die Ärzte allerdings nicht nur eine teils veränderte Rolle gegenüber ihren Patientinnen ein. Auch sind sie nicht mehr unbedingt Ansprechpartner Nr. 1, wenn es um Befindlichkeitsstörungen geht. Denn neben der zunehmenden Patientensouveränität sind es vor allem die anwachsenden Barrieren des Arztbesuches (insbesondere Praxisgebühr, steigende Zuzahlungen und Streichung der Erstattungsfähigkeit von rezeptfreien Medikamenten), die den wahrgenommenen Impuls zum schnellen Arztbesuch haben deutlich zurückgehen lassen: Gaben 1998 noch 59 Prozent der Frauen an, auch bei leichteren Befindlichkeitsstörungen sofort einen Arzt aufzusuchen, waren dies 2006 nur noch 30 Prozent, wobei die Unterschiede zwischen den Gesundheitstypen besonders deutlich ausfallen: Den unmittelbaren Arztbesuchsimpuls verspüren lediglich 15 Prozent der „Souveränen", aber nach wie vor 51 Prozent der „Ängstlichen".

Der Apotheker: Entwicklung zum Gesundheitsberater

Die rückläufige Arztbesuchstendenz bleibt nicht ohne Auswirkungen auf andere Akteure im Gesundheitsmarkt. Insbesondere die Apotheker haben von dieser Situation profitiert und ihre Positionierung als Gesundheitsberater ausbauen können: 94 Prozent der Frauen in Deutschland äußern sich in Bezug auf die Gruppe der Apotheker sehr vertrauensvoll.

Vor dem Hintergrund dieses Vertrauens in den Apotheker überrascht es nicht, dass inzwischen 70 Prozent (!) der Frauen angeben, bei kleineren Beschwerden häufiger auf den Arztbesuch zu verzichten und sich stattdessen vom Apotheker beraten zu lassen.
Und es gibt große Potentiale für den weiteren Ausbau von Apothekenberatung und -service – insbesondere im Hinblick auf individualisierte Leistungen und Direktansprache (siehe Abbildung 3). Vor allem die Ernährungsberatung erscheint aus Kundinnensicht als ein attraktives Feld. Außerdem stoßen Informationsveranstaltungen zu gesundheitlichen Themen sowie individualisierte schriftliche

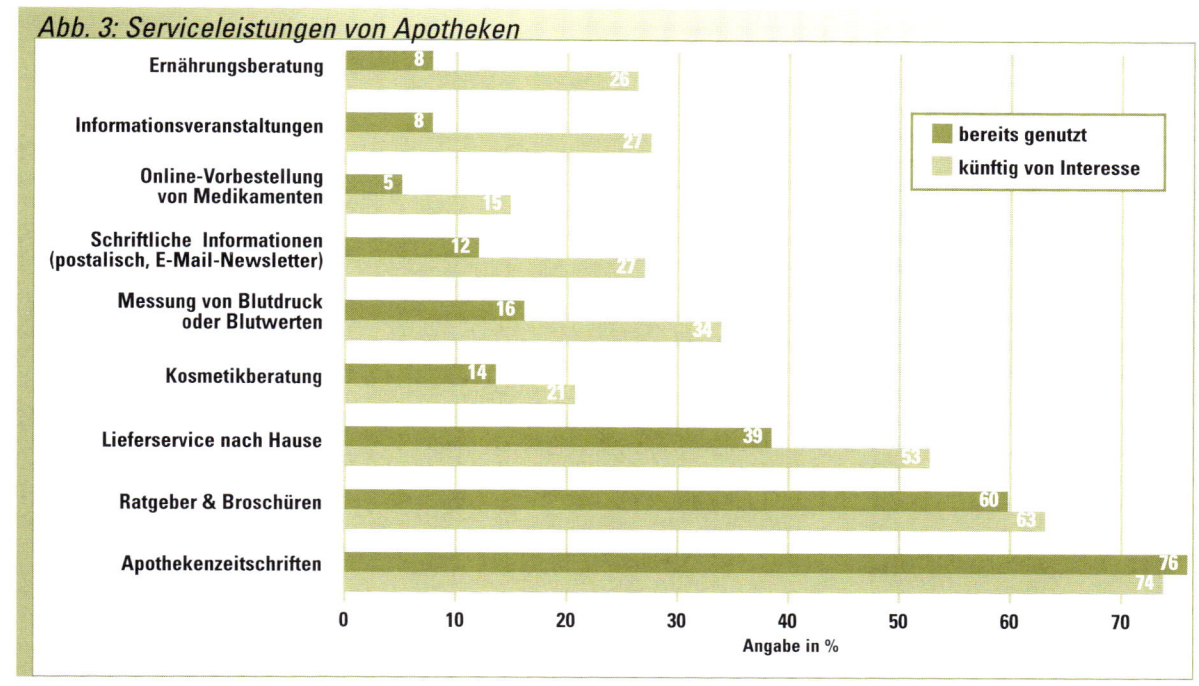

Abb. 3: Serviceleistungen von Apotheken

Serviceleistung	bereits genutzt	künftig von Interesse
Ernährungsberatung	8	26
Informationsveranstaltungen	8	27
Online-Vorbestellung von Medikamenten	5	15
Schriftliche Informationen (postalisch, E-Mail-Newsletter)	12	27
Messung von Blutdruck oder Blutwerten	16	34
Kosmetikberatung	14	21
Lieferservice nach Hause	39	53
Ratgeber & Broschüren	60	63
Apothekenzeitschriften	76	74

Angabe in %

Quelle: psychonomics Health Care Monitoring 2006, Basis: Frauen ab 16 Jahren

Abb. 4: Präferierte Informationskanäle bei Gesundheitsfragen

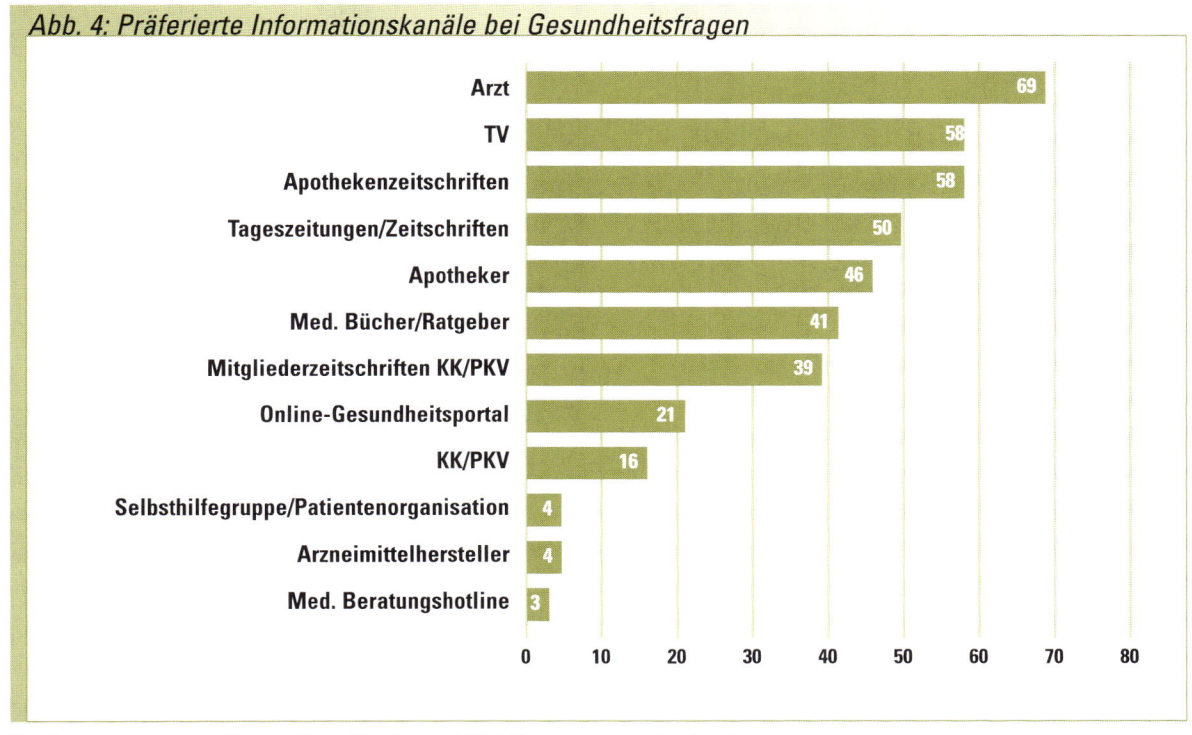

Kanal	Wert
Arzt	69
TV	58
Apothekenzeitschriften	58
Tageszeitungen/Zeitschriften	50
Apotheker	46
Med. Bücher/Ratgeber	41
Mitgliederzeitschriften KK/PKV	39
Online-Gesundheitsportal	21
KK/PKV	16
Selbsthilfegruppe/Patientenorganisation	4
Arzneimittelhersteller	4
Med. Beratungshotline	3

Quelle: psychonomics Health Care Monitoring 2006, Basis: Frauen ab 16 Jahren

Informationen, die die Apothekenkundin postalisch oder per E-Mail erhält, auf großes Interesse. Weitgehend ausgeschöpft sind hingegen die Potentiale bei allgemeineren Ratgebern und Broschüren sowie bei Apothekenzeitschriften (siehe Abb. 3).

Online als Informationskanal der Zukunft?!

Bleibt abschließend noch ein Blick auf die präferierten Kanäle bei der gezielten Suche nach gesundheitlichen Informationen. Noch dominieren deutlich Arzt, Apotheker und klassische Medien wie TV, Print und Apothekenmagazine.

In jüngerer Vergangenheit hat allerdings insbesondere bei jüngeren Frauen das Internet eine beeindruckende Entwicklung genommen – und steht damit als Sinnbild eines sich verändernden Marktes: Nahezu jede dritte Frau der Altersgruppen „unter 30 Jahre" bis hin zu"40 bis 49 Jahre" hat sich in jüngster Vergangenheit eines Online-Gesundheitsportals bedient, um sich gezielt gesundheitliche Informationen einzuholen. Und der Zenit dürfte hier bei weitem noch nicht erreicht sein (siehe Abb. 4).

Man darf gespannt sein, wie sich die Akteure im Gesundheitsmarkt künftig auf die neuen Anforderungen der Patientinnen einstellen und wie sie sich mit den teils veränderten Rollen arrangieren. Dass der Markt nicht völlig „verkrustet" und lange praktizierte Verhaltensweisen nicht „in Stein gemeißelt" sind, haben die Veränderungen in jüngster Vergangenheit eindrucksvoll bewiesen.

Anja Schweitzer

ist Diplom-Volkswirtin. Sie studierte Volkswirtschaftslehre an der Universität zu Köln mit Wahlbereich Wirtschafts- und Sozialpsychologie. Seit 1996 ist sie bei der psychonomics AG beschäftigt, wo sie sich anfangs vor allem mit Zielgruppenforschung beschäftigte. Seit 2005 leitet sie als Partnerin der psychonomics AG den Geschäftsbereich HealthCare-Forschung im OTC-Sektor.

✉ anja.schweitzer@psychonomics.de

Bei uns liegen Sie richtig!

Markenwahrnehmung und Branding bei stationären Einrichtungen

Früher waren Krankenhäuser in erster Linie Einrichtungen, um die stationäre Gesundheitsversorgung in Deutschland möglichst flächendeckend sicherzustellen. Heute sind stationäre Einrichtungen viel mehr: Krankenhäuser und Pflegeeinrichtungen gehen über diesen Grundnutzen hinaus und bieten neben den rein medizinisch begründeten Leistungen vielfältigen Zusatznutzen. Mehr zu bieten als die „Basics" – und dies auch klar zu kommunizieren – hilft ihnen dabei, sich von anderen Einrichtungen abzuheben. Insbesondere wirtschaftlich erfolgreiche Einrichtungen haben sich damit zu institutionellen Marken weiterentwickelt!

Im institutionellen Bereich ist alles anders – oder doch nicht?

Eine Klinik, ein Kurhotel, Rehabilitationseinrichtung oder Senioren- bzw. Pflegeheim bieten organisatorisch wie auch medizinisch äußerst komplexe und verantwortungsvolle Dienstleistungen, die auf den ersten Blick nicht zu vergleichen sind mit klassischen Dienstleistungsmarken wie z. B. Steigenberger Hotels, Center Parcs oder Club Med.

Anders als bei den genannten Beispielen dienen die Handlungsabläufe in stationären Einrichtungen weniger dem Wohlfühlfaktor, sondern beinhalten in erster Linie eine medizinisch-pflegerische Verantwortung für das größte Gut des Menschen, seine Gesundheit.

Zudem bedingt die historische Struktur im deutschen Gesundheitswesen häufig einen stärkeren Fokus auf das B2B-Marketing, da Leistungen zwar von Patienten in Anspruch genommen werden, aber meistens von anderer Stelle „gekauft" bzw. bezahlt werden.

Aber vieles ist im deutschen Gesundheitswesen im Umbruch. Pharmaunternehmen berücksichtigen in ihren Marketingstrategien immer häufiger neben den klassischen Verordnern auch die nichtmedizinischen Laien. Wie bei OTC-Präparaten schon länger der Fall, so spielen auch im ethischen Pharmasegment Patienten – also die „Endverbraucher" – eine zunehmend wichtige Rolle für eine erfolgversprechende Markenführung.

Der zunächst so andersartig erscheinende Pharma-Markt lernt von der scheinbar banalen Welt der Konsumgüterindustrie… Und diese Entwicklung wird in Zukunft auch verschärfend für Einrichtungen der Gesundheitsversorgung gelten.

Die stationäre Einrichtung als Marke

Coca-Cola, Nutella, Audi usw. sind „große" Marken, die sich intensiv um Imagepflege und Markenführung kümmern. Zu jeder dieser Marken hat der Verbraucher unweigerlich bestimmte Bilder im Kopf. Diese inneren Bilder, Vorstellungen und vielleicht auch Vorurteile bestimmen das Image, das der Verbraucher von dieser Marke hat – und beeinflussen damit direkt oder indirekt, bewusst oder unbewusst sein Kaufverhalten. Diese „inneren Bilder" und Wahrnehmungsmechanismen (die meistens nichts mit der objektiven Wirklichkeit zu tun haben) sind in der Verhaltenspsychologie mit dem Terminus Schemata definiert. Sie bilden letztlich die Grundvoraussetzung von Markenwahrnehmung und Markenverständnis (im Sinn einer „Markierung" von Sinneseindrücken/Wünschen/Empfindungen).

In Abbildung 1 ist exemplarisch die Darstellung für das Erlernen eines Schemas „Fürsorge" (als Arbeitstitel) dargestellt. Schemata wie Fürsorge usw. werden dabei von Kindheit an gelernt und im Laufe eines Lebens durch Selbsterlebtes, Erfahrungsberichte aus dem Bekanntenkreis (Mundpropaganda mit hoher Glaubwürdigkeit), aber auch Informationen aus jedweder Art von Werbung (z.B. Anzeigen, Prospekte) ergänzt, erweitert oder

Abb. 1: Möglicher Schema-Aufbau im Laufe eines Menschenlebens am Beispiel des Schemas „Fürsorge"

Lebensphase	Bilder / Assoziationen	Zusätzliche Benefits
Die ersten Lebenstage	Das eigene Bett	Geborgenheit; Liebe
Kindheit	„Weinen dürfen"; TROST; „Daheim sein"; Zusammenhalt	„Heimat"; Schutz; Sicherheit
Jugend / Adoleszenz	Geld; „Wie früher"; „Verliebt sein" / Träumen; HUK-COBURG; Allianz; Schwäbisch Hall	Verunsicherung; Rückbesinnung (Vergangenheit)
Erwachsen / mittleres Alter	Haus; Landliebe; Dr. Oetker; Deutsches Rotes Kreuz; Familie	Vorsorge; Caring (Gegenwart)
Best Age	„Weitergeben können"; Apotheke; Kirche / Religion; Testament	Lebenserhalt; Absicherung (für die Angehörigen)

modifiziert. Schemata führen letztlich zu einem mehr oder weniger automatisierten Schubladendenken und erlauben jedem Menschen, in einer stets komplexer werdenden Welt schnelle Orientierung bzw. vergleichsweise schnelle Entscheidungen und Bewertungen treffen zu können (ohne lange zu überlegen).

Wenn ein Krankenhaus/Pflegeheim den Grundnutzen „Fürsorge" für sich stärker besetzen will, so gilt es stets die bestehenden Wahrnehmungsschemata der anzusprechenden Zielgruppen zu beachten. Wie in Abbildung 1 schematisch dargestellt, verändern sich im Laufe eines Lebens die Schwerpunkte in der Wahrnehmung: Zu Beginn des Lebens wird Fürsorge stärker mit Geborgenheit und (Mutter-)Liebe in Verbindung gebracht, in der Kindheit um zusätzliche Aspekte wie Trost, Schutz und Sicherheit ergänzt (Fürsorge bietet „Heimat") und schließlich im „Best Age" stärker mit Selbsterhalt, aber auch Absicherung (insbesondere für Nachkommen) verknüpft.

Wie bei klassischen Marken haben auch potentielle Kunden stationärer Einrichtungen solche Vorstellungen, derer sie sich häufig nicht einmal selbst vollständig bewusst sind, weil sie eher aus dem „Bauchgefühl" kommen. Diese Vorstellungen prägen auf der einen Seite die Wahrnehmung der gesamten Kategorie (z.B. Krankenhäuser im Allgemeinen), aber auch die Wahrnehmung ganz bestimmter Häuser. Diese „Denk-Schubladen" können dabei positive Vorstellungen (Likes) wie auch negative Grundstimmungen (Dislikes) beinhalten.

Schemata potentieller Patienten als zweischneidiges Schwert der institutionellen Markenführung

Je nach Ausprägung – eher positiv oder negativ – ist das bestehende Schema für den potenziellen Patienten sowie dessen Angehörige die Grundlage seiner Entscheidung, auch wenn dies zum Großteil unterbewusst abläuft. Gerade stationäre Einrichtungen haben mehr als fast jeder andere Bereich (ausgenommen vielleicht die Bestattungsbranche!) mit tendenziell eher negativen Grundstimmungen bis hin zu Angst beim Patienten zu kämpfen. Nur allzu leicht kommen dem potentiellen Patienten beim Gedanken an einen Krankenhausaufenthalt innere Bilder einer sterilen Krankenhausatmosphäre mit weißen Wänden, „krankenhaustypischem" Geruch, grünen OP-Kitteln und mit dem hilflosen Gefühl des Ausgeliefertseins.

Alles was diesen Eindruck bestätigt, festigt eventuell vorhandene Negativ-Schemata. Hinzu kommen spezifischere Informationen, z.B. durch Bekannte, die in einer bestimmten Einrichtung schlechte Erfahrungen gemacht haben. Dabei kann ein einmal subjektiv lokalisiertes Schema zusätzlich verstärkend auf die Gesamtwahrnehmung einer Institution wirken: Wenn beispielsweise Angehörige in einem speziellen Krankenhaus Verlust und Trauer erlebt haben, so werden sie beim nächsten Besuch der Einrichtung nicht nur mit einem eher negativen Vorurteil wiederkehren, sondern gezielt nach Bestätigung des Vorurteils suchen. Der Geruch des Krankenhauses („Gammelige Massenküche mit typischen Krankenhausfraß"; „Steriler Geruch nach Sagrotan"; „Ungelüftete Zimmer und der Geruch nach Krankheit") wird meistens subjektiv noch ungünstiger erlebt, als er tatsächlich (objektiv) ist. Um solche Negativschemata überwinden zu helfen (die häufig auch auf andere Häuser unterbewusst übertragen werden), ist eine gezielte Markenführung durch das Krankenhausmanagement unverzichtbar.

Zentraler Grundnutzen eines jeden Krankenhauses ist dabei immer noch eine für den Patienten „medizinisch kompetente Behandlung mit sicherer (vorübergehender) Betreuung". In der Gynäkologie/Geburtshilfe wird diese Nutzenargumentation eher in Richtung „Geburt eines gesunden Kindes ohne Komplikationen für die Mutter" interpretiert, bei schwerwiegenden Krankheiten und Verletzungen als eine „Genesung mit dem Ziel der vollständigen Wiederherstellung der Situation davor".

Alle Eindrücke, die Gegenteiliges auch nur vermuten lassen, machen Angst und sind das Ausschlusskriterium schlechthin: Ein Patient würde sich mit Händen und Füßen gegen die Einweisung in ein Krankenhaus wehren, in dem er fürchten muss, nicht optimal versorgt zu sein.

Die beste Alternative statt das geringere von zwei Übeln

Der Grundnutzen ist von essentieller Bedeutung, damit eine Einrichtung für den Patienten zunächst überhaupt in Frage kommt und in sein Relevant Set Aufnahme findet. Aber das Nichtvorhandensein von Ausschlusskriterien reicht meist nicht für die Präferenz einer bestimmten Einrichtung gegenüber anderen!

Hierfür ist ein „Plus", also ein Zusatznutzen notwendig, oder aber ein besonders überzeugender spezifischer „Reason to Believe". Dieser begründet, warum der Grundnutzen gerade in dieser Einrichtung deutlich besser erfüllt ist als anderswo. Ob Zusatznutzen oder überzeugender (Spezial-) Reason to Believe" – er sollte möglichst eigenständig und unverwechselbar sein, also eine „Unique Selling Proposition" (USP) darstellen.

Ist ein solcher USP für eine Einrichtung noch nicht als Schema verankert, so sollte bei aktiver Markenführung die bestehende Bedürfnisstruktur der potentiellen Patienten/Heimbewohner analysiert werden. Die mittels Marktforschung gewonnenen Insights sind dabei unverzichtbarer Bestandteil weiterführender strategischer Marketingmaßnahmen.

In den Abbildungen 2a und b wurde eine Auswahl wichtiger Likeabilities für die Kategorien Krankenhäuser sowie Pflege- und Alteneinrichtungen zusammengestellt.

Das eine Krankenhaus genießt im Orthopädiebereich einen besonders guten Ruf („Dort operiert der bekannte Professor X"), woanders fühlt sich der Patient besonders geborgen („Die Krankenschwestern dort sind immer so freundlich und fröhlich"), die Unterbringung und Verpflegung sind besonders gut („Wie im Hotel"), die Atmosphäre einladender und wohnlicher („Nicht nur kahle weiße Wände") oder die Menschen haben das angenehme Vertrauensgefühl, in der Einrichtung gut aufgehoben zu sein, in und mit der gewählten Einrichtung „richtig zu liegen".

Das Markenimage der Einrichtung beeinflusst damit sowohl direkt (interner Entscheidungsprozess, basierend auf Schemata) als auch indirekt (externe Beeinflussung des Prozesses in der Informationsphase) das Auswahlverhalten, wenn es um die Wahl der „richtigen" Klinik für eine geplante Operation oder des „richtigen" Seniorenheimes für die Großmutter (oder für sich selbst) geht.

Nutzenanalyse und Positionierung als Voraussetzung für erfolgreiches Branding

Oft ist es bei vielen Kliniken und anderen Einrichtungen trotz sich ständig verschärfenden Wettbewerbs noch immer so, dass ein solches Image ohne das aktive Zutun der Einrichtung eher zufällig entsteht und sich ebenso zufällig in die eine oder andere Richtung weiterentwickelt (oder aufgrund sponta-

Abb. 2a: Auswahl wichtiger Likeabilities bei Krankenhäusern

Sicherheit:
„Da kann nichts schiefgehen"
„Da operiert der bekannte Professor M."
„Hat einen guten Ruf"

Atmosphäre:
„Die Zimmer sind richtig wohnlich"
„Da fühlt man sich fast wie im Hotel"
„Ich konnte mich trotz der Behandlung auch entspannen"

Freundlichkeit:
„Die Schwestern sind immer so nett"
„Wenn ich Probleme hatte, wurde mir stets geholfen"

Krankenhaus X

Verpflegung:
„Die Auswahl ist fast wie im Restaurant und es schmeckt richtig lecker"
„Ich habe mich gar nicht wie in einem Krankenhaus gefühlt"

Empfang von Besuchern:
„Da kann mein Besuch auch nach der Arbeit noch kommen"
„Wenn ich Sehnsucht nach Leuten hatte, waren auch wirklich welche da"

Individualität:
„Da bin ich nicht nur eine Nummer"
„Da werden meine Sorgen und Wünsche ernstgenommen"

Abb. 2b: Auswahl wichtiger Likeabilities bei Senioren- bzw. Pflegeheimen

Fürsorge / keine Einsamkeit:
„Der nette Pfleger nimmt sich Zeit für mich"
„Da bin ich nicht so allein"

Finanzierbarkeit:
„Damit falle ich meinen Kindern finanziell nicht zur Last"

Ernstgenommen werden:
„Behandeln mich nicht wie ein Kind"
„Nehmen meine Beschwerden und Bitten ernst"

Atmosphäre:
„Die Zimmer sind gemütlich und hell"
„Hat einen einladenden Gemeinschaftsraum"

Senioren-/ Pflegeheim Y

Unterhaltung:
„Bietet Veranstaltungen, z.B. Gymnastik oder Vorträge"
„Dort wird es nicht langweilig"

Individualität:
„Da kann ich ein paar eigene Möbel mitbringen"
„Mein Haustier darf mit"
„Manches kann ich noch selber tun"

Infrastruktur:
„Da habe ich auch ein paar Läden in der Nähe"
„Es kommt regelmäßig eine Friseuse ins Haus"

Verpflegung:
„Schmeckt fast so gut wie selbstgekocht"
„Abwechslungsreich – es gibt nicht immer das gleiche"

---

ner Aktivitäten im Krankenhausmanagement in eine bestimmte Richtung weiterentwickelt werden).
Grund hierfür ist, dass Einrichtungen häufig nicht systematisch wie beispielsweise Konsumgütermarken mit Hilfe von Marketing den Einfluss nutzen, den sie auf ihr Markenimage beim potentiellen Patienten nehmen können. Hierfür muss eine Einrichtung allerdings erst einmal wissen, welche Vorstellungen und Schemata die potentiellen Patienten von der Einrichtung haben. Nötig ist deshalb zunächst die Bestimmung der aktuellen Imagesituation, des Status quo, mit Hilfe von Marktforschung.

Abb. 3: Marktforschung als Grundlage für institutionelle Marketing-Strategien

Grundlagenforschung

Bedarfsplanung
- Kleinräumige demographische Prognoseszenarien
- Epidemiologische Prognosen (z.B. Indikationsbereiche)

Qualitative Lernforschung
- Motiv- und Bedürfnisstrukturen bei Patienten (z.B. K&A Psychodrama®)
- Qualitative Concept Labs (Experten, Laien)
- Gesprächslabore (KKH-Personal, überweisende Ärzte)

Quantitative Befragungen
- Customer Satisfaction (Patientenbefragung)
- Wettbewerbsanalysen (Segmentationen unter Einbeziehung von direkten Wettbewerbern)

Wirkungsanalysen

Qualitativer Check-up
- Fokusgruppen bei Patienten/Experten über Marketing-Mix-Veränderungen
- Tagebücher: Eindrücke/Bewertungen aus individueller Patientensicht

Konzepttests (online/offline)
- Quantitative Wirkungsanalysen (z.B. Folder, Anzeigen, Foyergestaltung)
- Expertenbefragungen (Einzelexplorationen bei Spezialisten/HCP etc.)

Tracking
- Überprüfung der Positionierungsstrategien bzw. deren Durchdringung im Markt
- Mitarbeiterzufriedenheit/gelebtes We-Feeling im Team

Aber gerade an der tiefgehenden Erforschung der Motivstrukturen beißt sich so manche traditionelle Befragung oder klassische Gruppendiskussion die Zähne aus und deckt die wahren Entscheidungsmotive nur unvollständig auf.

Denn gerade bei stationären Einrichtungen muss der Patient im Rahmen seiner „Kaufentscheidung" dem gewählten Haus einen – durch und durch emotionalen – Vertrauensvorschuss entgegenbringen. Aus diesem Grund ist ein tiefgehendes Verständnis der emotionalen Motivationen, Bedürfnisse und wahrgenommenen Markenimages der potentiellen Patienten unerlässlich. Erst anhand dieser Wissensbasis kann das Management der Einrichtung daran gehen, die Wahrnehmung der ihrer institutionellen Marke aktiv, gezielt und strategisch sinnvoll zu beeinflussen.

Die bei der Marktforschung zum Einsatz kommenden Methoden müssen hinreichend Grundlage für die „Standortbestimmung", aber auch für die Kontrolle aller eingeleiteten Marketingmaßnahmen liefern. Systematische Marketing Research in Institutionen schließt dabei sowohl Grundlagenforschung als auch Wirkungsanalysen ein (vgl. Abb. 3). Unter Grundlagenforschung fallen sowohl repräsentative Erhebungen sowie die daraus abzuleitenden Prognoseszenarien für die zukünftige Bedarfsplanung (z.B. Geburtshilfe in Abhängigkeit von Fertilitätsentwicklungen; Onkologie u. a. in Abhängigkeit von Raucherstatus, Lebenserwartung, Indikationsprävalenzen und deren Übergangswahrscheinlichkeiten) als auch klassische qualitative Patientenbefragung (Zufriedenheits- und Image-Analysen zum Teil unter Einbeziehung der Wettbewerber-Images). Darüber hinaus bietet vor allem die qualitative Lernforschung (psychologische Marktforschung im weitesten Sinn) die notwendigen Insights über Motiv- und Bedürfnisstrukturen von Patienten und aktuell tätigen Personal. Wirkungsanalysen beinhalten neben „schnell mal durchzuführenden" Fokusgruppen, Konzepttests sowie diverse Herangehensweisen bei Tracking.

Das Psychodrama als Methode für Schemaveränderungen

Wie man in den Wald ruft, so schallt es heraus. Wenn Marktforschung Patienten rational über ausgewählte Themen befragt, bekommt sie fast ausschließlich rationale Antworten. Die entscheidungsrelevanten Emotionen liegen jedoch meist zu sehr in der Tiefe, als dass sie spontan abgerufen

Abb. 4: K&A Markendreieck® für wirksame Ansprache potentieller Patienten

Begeisterungsfaktoren
Emotionaler Benefit
... Vertrauensvorschuss
... Gefühle, Emotionen, Soft Facts
... Innere Bestätigung, die richtige Entscheidung getroffen zu haben

Marken-Faszination

Leistungsfaktoren
Faktischer Benefit
... Erhoffte Service-Performance (Risikominimierung und Erfolgsoptimierung)
... Problemlösung (Genesung/Pflege)
... Mehrwert und unmittelbare Leistungsnachweise

Basisfaktoren
Reason to Believe
... überzeugende Referenz
... Kompetenz & Vertrauenswürdigkeit
... Qualitätsvorsprung/Spezialisierung

Eine Marke - maximal 5 Begriffe im relevanten Teilmarkt!
... die dem potentiellen Patienten ein vertrauenerweckendes, überzeugendes Gesamtbild vermitteln!

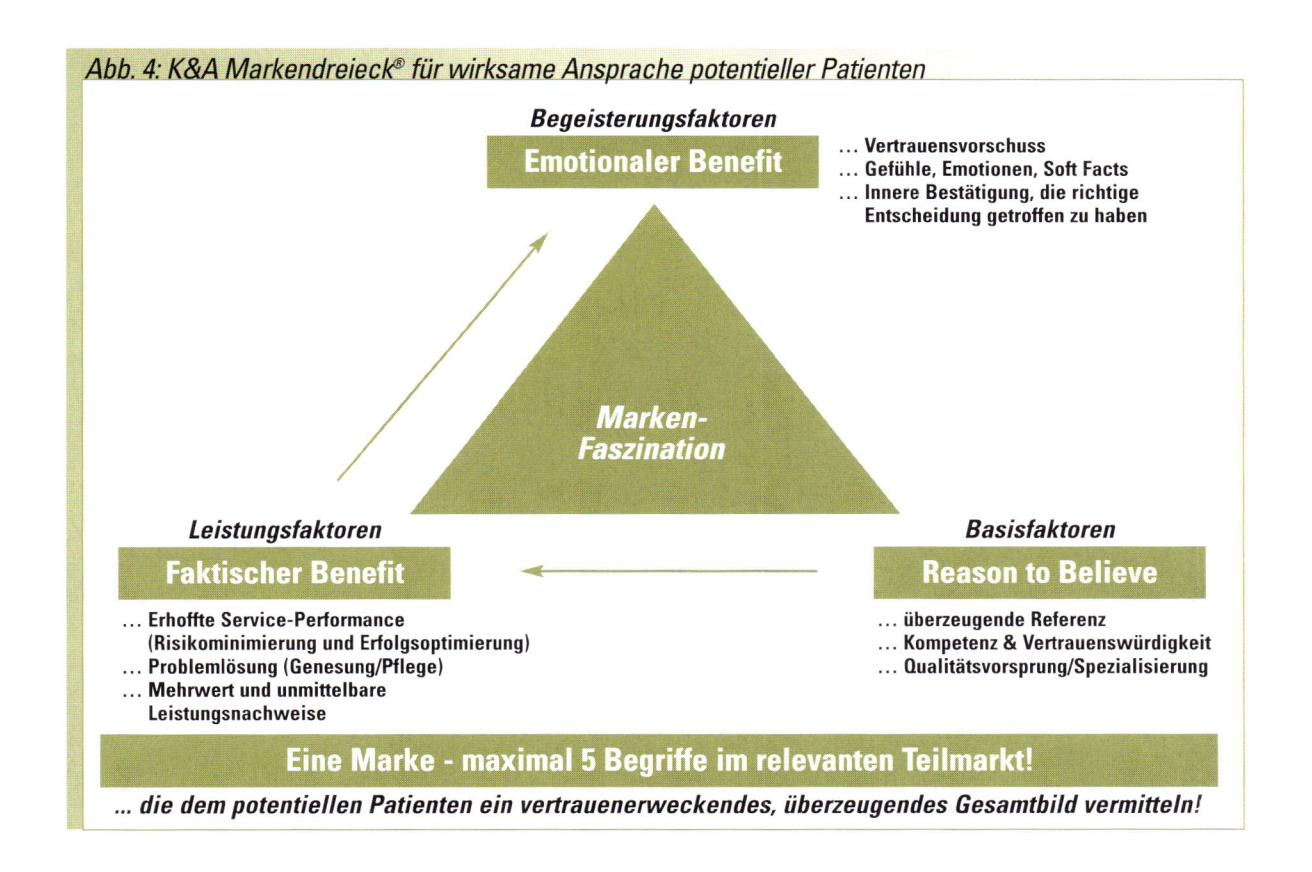

werden könnte – manchmal sind sie dem Patienten selbst auch gar nicht bewusst. In anderen Fällen könnte es ihm aber auch peinlich sein, seine wahren Beweggründe zu offenbaren, weil dies womöglich nicht „sozial erwünscht" wäre.

Es ist also gar nicht so einfach herauszufinden, was die Patienten wirklich dazu bringt, ein Krankenhaus dem anderen vorzuziehen. Zu diesem Zweck wurde eine Methode aus der Psychotherapie für die (motivdiagnostische) Anwendung in der Marktforschung adaptiert – das sogenannte Psychodrama.

Die Grundidee des K&A Psychodramas® ist, eine Fragestellung nicht durch direktes Fragen anzugehen, sondern sich dem Thema durch Rekonstruktion des interessierenden Sachverhalts zu nähern. Dieser wird von den teilnehmenden Verbrauchern bzw. potentiellen Patienten in Form von Rollenspielen umgesetzt. Auf diese Weise kann ein deutlich tieferer Zugang zu den emotionalen Motiven, Nutzen und Schemata gewonnen werden. Die Entscheidungsfindung wird für die Probanden erlebbar gemacht und liefert dem Marktforscher die notwendigen Ableitungen für zukünftige Marketingmaßnahmen, um beispielsweise Negativschemata in Zukunft deutlich zu verbessern. Die Methode wurde bereits in der Konsumgüterindustrie als auch in der ethischen Pharma-Marktforschung (u. a. HCP) unzählige Male eingesetzt und ist als Herangehensweise der Motivanalyse in der psychologischen Marktforschung breit anerkannt.

... vom Krankenhaus zur Gesundheitsmarke

Sobald emotionale Motive (oder Hemmschwellen) identifiziert sind, müssen diese in den richtigen Kontext gebracht (oder überwunden) werden. Es reicht nicht, ein rein emotionales Versprechen zu geben, das völlig losgelöst von den realen, rationalen Eigenschaften der Einrichtung ist.

Erfolgreiche Einrichtungen erfüllen die Wünsche und Bedürfnisse in der Wahrnehmung ihrer Zielgruppen (Patienten, deren Angehörige, einweisende Ärzte usw.) eindeutig und unmissverständlich besser und werden dadurch zur besten verfügbaren Alternative – im näheren oder gar weiteren Einzugsbereich.

Es geht folglich bei systematischer institutioneller Markenführung nicht nur um solide Ergebnisse aus der Marktforschung, sondern auch um präzise Ableitungen aus den (qualitativen und quantitativen) Daten. Im Gegensatz zum reinen Statistiker muss ein Marketingverantwortlicher Zahlen bewerten. Bewertung bedeutet aber auch, die Vielzahl an Informationen für eine Positionierung zu bündeln (Fokussierung!) und die Wirksamkeit einzelner Marketing-Mix-Elemente neutral zu überprüfen (Fremdimage der Patienten vor Eigenwahrnehmung durch das Krankenhausmanagement!).

Letztlich gilt auch bei der Implementierung eines Krankenhauses oder einer Pflegeeinrichtung als Gesundheitsmarke, dass die relevanten Zielgruppen unmissverständlich und eindeutig anzusprechen sind (vgl. Abb. 4). Klare Markenprofile fokussieren sich stets auf wenige Begriffe, die neben Reason-to-Believe-Argumenten faktische Benefits und emotionale Benefits berücksichtigen. Das Gesamtbild einer Institutionenmarke wird für seine Zielgruppe präziser, greifbarer und (virtuell) erlebbarer.

Gerade in Zeiten verschärften Wettbewerbs und knapper Budgets im medizinischen Bereich bilden dieser Wissensvorsprung und das genauere Zielgruppenverständnis die Voraussetzung und Basis für systematische Markenführung ... damit auch institutionelles Management mit der Markenpositionierung „richtig liegt".

Susanne Hoffmann

ist Projektleiterin bei der Konzept und Analyse AG, Nürnberg. Die Dipl.-Betriebswirtin betreut überwiegend Kunden aus dem Pharma-, Konsumgüter- und Verlagsbereich im Rahmen nationaler und internationaler Studien.

✉ *susanne.hoffmann@konzept-analyse.de*

Dr. Uwe Lebok

ist seit 2004 Vorstand bei der Konzept & Analyse AG, Nürnberg. Vor seiner Tätigkeit im Unternehmen war er jahrelang in Forschung und Lehre (Demographie, Gesundheitsökonomie) an verschiedenen Universitäten. Heute zählt zu seinen Hauptaufgabenfeldern neben der Kunden- und strategischen Markenbetreuung die Methodenentwicklung in besonderen Zielgruppen.

✉ *uwe.lebok@konzept-analyse.de*

Empfindlich bis robust

Europäische Unterschiede in der Gesundheitswahrnehmung

In der breit angelegten Studie Europe Health 2006 befragt der Verlag Reader's Digest Das Beste 25.000 Europäer nach ihrem Gesundheitsverhalten. Welchen Stellenwert nimmt Gesundheitsvorsorge bei den Polen, Schweizern oder Spaniern ein? Ist es eher der Verkaufspreis, eine Werbeanzeige oder die Empfehlung eines Arztes, die bei Franzosen, Schweden oder Tschechen zur Kaufentscheidung bei OTC-Produkten führt? Wer geht diesen Fragen in einem jährlichen Monitoring nach. 2006 erstellte der europaweit agierende Verlag Reader's Digest erstmals die Studie Europe Health, um sie Pharmaunternehmen und Agenturen kostenlos zur Verfügung zu stellen.

Die Deutschen entwickeln sich immer stärker zu ihren eigenen Gesundheitsexperten. Das ist ein Resultat der Gesundheitsreform und der steigenden Kosten, die jeder Deutsche für Medikamente, andere Gesundheitsprodukte und -dienstleistungen selbst aufbringen muss. Doch wie stehen die Verbraucher in anderen europäischen Ländern zu den Themen Gesundheitsvorsorge? Für pharmazeutische Unternehmen, die europaweit handeln, wie auch für Netzwerkagenturen ist dies eine durchaus wichtige Frage.

Wie viel Geld geben Europäer für ihre Gesundheit aus?

Die Deutschen gaben im Jahr 2004 etwa 2,7 Prozent ihres Haushaltsnettoeinkommens für ihre Gesundheit aus und lagen damit im europäischen Mittelfeld. Laut OECD Health Data 2006 gaben die Bürger anderer Nationen einen größeren Teil ihres Haushaltsnettoeinkommens für ihre Gesundheit aus – wie etwa Griechenland (4,8 %), die Schweiz (ebenfalls 4,8 %) oder die Niederlande (3,4 %). Zum Vergleich: Amerikaner gaben im Durchschnitt 8,4 Prozent ihres Einkommens für Gesundheit aus. Am niedrigsten lag der Anteil, der für die eigene Gesundheit ausgegeben wird, mit 0,7 Prozent des Haushaltsnettoeinkommens in Luxemburg und in der Slowakischen Republik.

Doch welche Rückschlüsse kann man von diesen Zahlen auf die Einstellung in den einzelnen europäischen Ländern ziehen? Gibt jemand viel Geld für seine Gesundheit aus, weil er nicht entsprechend versichert ist, oder weil er etwas für sich und seinen Körper tun will? Hier ist eine tiefergehende Untersuchung nötig, die vom Verlag Reader's Digest Das Beste nun entwickelt und im Herbst 2006 vorgelegt wurde. Dabei geht es um die Einstellung zur eigenen Gesundheit, um tatsächliche Handlungsweisen und die Einstellung gegenüber der pharmazeutischen Industrie.

Einschätzung des eigenen Gesundheitszustandes variiert

In Deutschland spielt das Thema Gesundheit eine recht wichtige Rolle. 59 Prozent aller Deutschen halten ihren Gesundheitszustand für gut oder sogar hervorragend und 87 Prozent aller Deutschen fühlen sich gut bis sehr gut über Gesundheit, Krankheit und Behandlungsmöglichkeiten informiert. Dennoch sind immerhin 38 Prozent aller Deutschen ernsthaft besorgt um ihre Gesundheit. In anderen europäischen Ländern sieht dies durchaus anders aus.

Die Schweizer sind scheinbar ein sehr gesundes Volk. Zumindest fühlen sich die Bewohner des kleinen Alpenstaates kerngesund. 79 Prozent aller befragten Schweizer halten ihren Gesundheitszustand für gut bis hervorragend. Trotzdem – oder gerade deshalb? - machen sich nur 35 Prozent der Bevölkerung Sorgen um das eigene Wohlbefinden. Dies entspricht auch den Informationsmöglichkeiten: 92 Prozent aller Schweizer fühlen sich gut bis sehr gut informiert über die Themen Gesundheit, Krankheit und Behandlungsmöglichkeiten.

Tab. 1: Was beeinflusst die Entscheidung, ein OTC-Produkt zu kaufen?

Ländervergleich, Angaben in %

	Ø aller Länder	B	CZ	FIN	FR	D	HU	NL	PL	P	RO	RUS	E	S	CH	UK
Absolute Zahl der befragten Personen	1692	891	967	1522	1016	9469	1007	1088	990	1017	1027	1021	765	1046	2549	1003
Empfehlung durch den Arzt	76	78	82	72	82	76	79	58	80	91	87	63	86	68	76	68
Habe das Produkt früher schon benutzt	67	57	68	73	60	73	72	53	71	70	70	49	62	75	75	84
Empfehlung durch den Apotheker	56	56	52	57	65	64	58	45	52	60	56	24	65	51	67	65
Habe das Produkt früher auf Rezept bekommen	55	46	58	45	60	61	45	39	66	66	69	49	59	50	59	49
Qualität der Inhaltsstoffe	46	36	55	45	36	60	48	36	54	46	60	42	44	41	46	36
Preis	37	24	48	58	26	42	34	24	62	40	42	34	22	36	31	32
Bekannte Marke	28	16	31	43	17	25	35	22	38	24	45	5	23	31	19	41
Empfehlung durch Freunde/Verwandte	26	21	35	36	27	37	28	18	25	14	12	17	16	34	36	41
Guter Ruf des Herstellers	21	8	25	31	10	16	26	9	27	21	35	23	20	19	15	27
Werbung, die ich für dieses Produkt gesehen habe	14	8	13	18	13	14	22	7	15	10	19	7	15	15	13	15
Werbung am Point of Sale	11	4	9	18	9	15	20	3	19	12	15	3	9	8	15	10
Produktpackung oder Etikett	10	6	13	11	10	16	4	9	8	12	13	8	10	6	16	11

Quelle: Reader's Digest

Ein weiterer Vergleich: In Ungarn fühlen sich die meisten Menschen krank. Nur 42 Prozent der Bevölkerung bezeichnen ihren Gesundheitszustand als gut bis hervorragend. Dafür sind immerhin 43 Prozent der Magyaren besorgt um ihre Gesundheit, und es fühlt sich auch nur knapp über die Hälfte wirklich gut informiert zu diesem Themenkomplex.

Reader's Digest befragt 25.000 Europäer

Der Verlag Reader's Digest hat das Ohr an der europäischen Bevölkerung. Das international agierende Unternehmen, zu dessen Geschäftsfeldern neben dem gleichnamigen Printtitel, einigen anderen Zeitschriften und Büchern auch der Versandhandel mit OTC-Produkten und Nahrungsergänzungsmitteln gehört, hat seine Kunden befragt: Insgesamt 25.376 Verbraucher aus Belgien, Finnland, Frankreich, Großbritannien, den Niederlanden, Polen, Portugal, Rumänien, Russland, Schweden, der Schweiz, Spanien, Tschechien, Ungarn und natürlich Deutschland (hier sind es insgesamt 9.469 Fälle). Diese Kunden, die zumindest in Deutschland in der Altersstruktur weitgehend der Gesamtbevölkerung entsprechen, geben Auskunft über ihr Gesundheitsverhalten, wie und wo sie sich zu Gesundheitsthemen informieren, was für den Kauf von OTC-Produkten ausschlaggebend ist und was sie von der Pharmaindustrie im Allgemeinen und einigen großen national und international agierenden Unternehmen im Besonderen halten.

Trau schau wem – 70 Prozent der Deutschen informieren sich über das Fernsehen

Bereits beim Informationsverhalten zeigen sich große Unterschiede in den verschiedenen Nationen: Der Arzt belegt in allen Ländern als Informationsquelle zu Gesundheitsfragen den ersten Platz. Auf Platz zwei liegt in Deutschland das Fernsehen. 70 Prozent aller Deutschen geben an, ihr Gesundheitswissen über TV-Sendungen zu beziehen. Tatsächlich hat das deutsche Fernsehen auch einiges zu bieten: von regelmäßigen Ratgeberbeiträgen in Magazinsendungen über die wöchentlichen Gesundheitssendungen der Regionalprogramme des öffentlich-rechtlichen Fernsehens, den über Premiere zu empfangenden 24-Stunden-Sender Focus Gesundheit bis zum ambitionierten Deutschen Gesundheitsfernsehen, das am 1. April seinen Sendestart über den Satelliten Astra digital hatte. Im europäischen Durchschnitt informieren sich nur 58 Prozent der Verbraucher im Fernsehen über Gesundheitsfragen.

Informationen zu Gesundheitsthemen werden in Deutschland dankbar angenommen. So auch die Informationen, die man über PoS-Marketing wie Infostände in Drogerien bekommt. 27 Prozent der Befragten informieren sich hier zu Themen wie Vorsorge, Ernährung und Fitness. Dies heißt auch, dass diese Verbraucher, die angeben, sich über PoS-Marketingaktionen ihre Gesundheitsinfos zu holen, diese auch für seriös und glaubhaft halten. In anderen Ländern nutzen durchschnittlich nur 15 Prozent dieses Informationsangebot, am wenigsten in den Niederlanden und Russland (beide nur zu 6 %). In der Schweiz ist diese Informationsquelle noch beliebter als in Deutschland. Hier informieren sich 35 Prozent zu Gesundheitsthemen. Auch das Internet wird bereits recht häufig herangezogen, wenn Antworten zum Wohlbefinden gesucht werden: in Deutschland von 27 Prozent der Bevölkerung, womit die Deutschen etwa im europäischen Durchschnitt liegen. Am häufigsten suchen die Finnen (35 %) im Internet nach Infos zu Krankheit und Gesundheit, am wenigsten tun dies die Russen (10 %).

Königswissen: Wer kauft was – und warum?

Noch interessanter als die Frage, woher die Verbraucher ihre Informationen beziehen, ist die Frage danach, was denn letztendlich zur Kaufentscheidung geführt hat. Worauf legen die Verbraucher Wert bei Gesundheitsprodukten? Was führt in den einzelnen Fällen tatsächlich dazu, dass ein Produkt gekauft wird? Hier zeigt sich, dass die Apotheker europaweit (noch) ein gutes Ansehen genießen, ihre Empfehlungen werden angenommen. Der Rat von Apothekern spielt europaweit eine große Rolle, am stärksten in der Schweiz (67 %), Großbritannien, Frankreich, Spanien (jeweils 65 %) und Deutschland (64 %). Ob bzw. wie sich dies ändert, wenn erst Apothekenketten zugelassen sind und die einzelnen Pharmazien sich langsam in Drogeriemärkte verwandeln, muss sich in der kommenden Studie Europe Health zeigen.

Weniger auf den Rat eines Apothekers hören die Bewohner der Niederlande (45 %), dem Heimatland von DocMorris, und die Russen (24 %). Generell spielt in Russland jeder der abgefragten Gründe für eine Kaufentscheidung eine geringere Rolle als im europäischen Durchschnitt. Dies lässt Rückschlüsse zu: Da die Russen sich überdurchschnittlich starke Sorgen um ihre Gesundheit machen, sich jedoch zu diesem Themenbereich nicht ausreichend informiert fühlen, ist zu vermuten, dass es in Russland nicht so viele Möglichkeiten gibt, eine Wahl für das eine und gegen das andere Produkt zu treffen. Deshalb haben die Gründe für eine Kaufentscheidung weniger Gewicht.

Wie teuer darf ein Produkt sein?

Interessant ist auch die Preis-Frage. In Deutschland spielt der Preis beim Kauf von Gesundheitsprodukten für insgesamt 42 Prozent der Befragten eine Rolle. Preisbewusster sind in Gesundheitsdingen nur die Polen (62 %), die Finnen (58 %) und die Tschechen (48 %). Im europäischen Durchschnitt sind es nur 37 Prozent der Verbraucher, die sich aufgrund des Preises für oder gegen ein OTC-Produkt entscheiden. Am wenigsten preissensibel sind die Spanier, hier achten nur 22 Prozent der Verbraucher darauf, was sie für ihre Gesundheit bezahlen müssen. Schließlich sind es auch die Spanier, die sich europaweit am meisten Sorgen um ihre Gesundheit machen (90 % der Verbraucher, der Europadurchschnitt liegt bei 44 Prozent der Verbraucher mit Gesundheitssorgen). In den Niederlanden ist man auch nicht besonders preissensibel (24 %) und noch viel weniger besorgt um die eigene Gesundheit (nur 12 % der befragten Verbraucher machen sich Sorgen um ihre Gesundheit).

Jährlich abgefragt: Markenvertrauen

Bereits seit sechs Jahren führt der Verlag Reader's Digest die Studie Trusted Brands durch. Es geht um das Vertrauen, das die Verbraucher einzelnen Marken entgegenbringen. Schließlich sind die Begriffe Vertrauen und Marke eng miteinander verknüpft, da es bei der Markenführung um nichts anderes geht als Vertrauen zu schaffen. Für diese regelmäßige Studie sollen die Verbraucher die Qualität, das Preis-Leistungs-Verhältnis, das Image und die Berücksichtigung von Kundenbedürfnissen von fünf Erkältungsmitteln und fünf Schmerzmitteln bewerten. Hier gaben insgesamt 25.000 Konsumenten aus den genannten 14 europäischen Ländern zu ihren Marken Auskunft, knapp ein Drittel von ihnen, nämlich 7.800 Verbraucher, stammen aus Deutschland.

In der Rubrik Erkältungsmittel konnten die Konsumenten die Marken Wick, Ratiopharm, Tetesept,

Tab. 2: Das Image europäischer Pharmaunternehmen

25.000 Europäer wurden gebeten Europäische Pharmaunternehmen auf einer Punkteskala von 1 bis 5 zu bewerten

"Das Unternehmen hat einen guten Ruf"

Unternehmen	Punkte
Ratiopharm	4,07
Bayer	3,98
Klosterfrau	3,96
Hexal	3,82
Boehringer	3,67
Stada	3,64
Novartis	3,46
Pfizer	3,46
Sanofi Aventis	3,21
GlaxoSmithKline	3,01
AstraZeneca	2,77
Whitehall Much	2,20

"Das Unternehmen investiert in Qualitätsprodukte"

Unternehmen	Punkte
Bayer	3,51
Ratiopharm	3,42
Boehringer	3,31
Hexal	3,27
Klosterfrau	3,26
Novartis	3,23
Stada	3,21
Pfizer	3,19
Sanofi Aventis	3,05
GlaxoSmithKline	2,92
AstraZeneca	2,70
Whitehall Much	2,16

"Das Unternehmen bietet viel fürs Geld"

Unternehmen	Punkte
Ratiopharm	4,10
Hexal	3,74
Stada	3,62
Klosterfrau	3,31
Bayer	3,30
Boehringer	3,26
Novartis	3,22
Pfizer	3,01
Sanofi Aventis	2,91
GlaxoSmithKline	2,85
AstraZeneca	2,56
Whitehall Much	2,09

"Das Unternehmen ist überragend in der Kundenkommunikation"

Unternehmen	Punkte
Ratiopharm	3,47
Klosterfrau	3,03
Hexal	2,98
Stada	2,87
Bayer	2,79
Pfizer	2,70
Boehringer	2,67
Novartis	2,61
Sanofi Aventis	2,58
GlaxoSmithKline	2,40
AstraZeneca	2,15
Whitehall Much	1,98

Quelle: Reader's Digest

Aspirin und Grippostad bewerten, bei den Schmerzmitteln waren es Aspirin, Ratiopharm, Bayer, Dolormin und Thomapyrin. Voraussetzung bei dieser Bewertung: Der Verbraucher musste die Marke kennen. Die ungleich höhere Zahl der Bewertungen für das Schmerzmittel Aspirin (1978 Stimmen) im Gegensatz zur niedrigen Anzahl der Bewertungen von Thomapyrin (159 Stimmen) ist ein Hinweis auf die ungleich höhere Bekanntheit der Marke Aspirin. Dass dennoch Thomapyrin bei zwei der vier Fragen besser abschneidet, nämlich bei der Frage nach der Qualität und dem Preis-Leistungs-Verhältnis, zeugt von einer gelungenen Markenführung. Diese Studie ist zum Teil auch in die neue Europe Health eingegangen. Hier werden jedoch nicht einzelne Marken bewertet, sondern die dahinter stehenden Unternehmen.

Ulrike Maris

Jahrgang 1971, arbeitet seit November 2005 als Redakteurin und CvD für die Zeitschrift Healthcare Marketing. Sie studierte Empirische Kulturwissenschaft und Neuere Geschichte und war zunächst wissenschaftliche Mitarbeiterin für verschiedene Sonderausstellungen in Sachsen und Thüringen. Seit 2004 arbeitet sie als freie Journalistin in Hamburg.

✉ maris@new-business.de

SPEKTRUM DER KOMMUNIKATIONSSPEZIALISTEN

- Sparen zum Wohl der Agenturen 140
  Reiner Kepler

- Effizienter Kommunikationsmix erfordert
  qualifizierte Strategie 142
  Schmittgall Werbeagentur

- PR im Healthcare-Markt:
  Warum ist sie wichtig, was kann sie leisten? 146
  Weber Shandwick

- Wer A sagt, sollte nicht B meinen, oder:
  Andere Länder, andere Sitten 150
  Heye DDB Health

- Das Online-Horoskop für den Healthcare-Bereich 153
  Angela Liedler GSW

- Wer geht wem ins Netz?
  Rolle und Angebot von Netzwerkagenturen 158
  McCann Healthcare

- Werbe-Tabus bei Tabu-Produkten 161
  Torsten Schöwing

- BPO für Healthcare-Unternehmen
  Ressourcen freisetzen und Kosten senken 165
  SIM Communication Center

- Patientenmanagement
  Compliance via Telemarketing! 169
  buw Unternehmensgruppe

Sparen zum Wohl der Agenturen

Kommunikations-Anbieter profitieren von schrumpfenden Etats und wachsendem Wettbewerb

Der Gesetzgeber kurbelt den Wettbewerb an, die Verbraucher wollen immer mehr Informationen: Zwei Gründe, warum die kommunikativen Aktivitäten der Unternehmen mit Healthcare-Produkten und -Dienstleistungen zunehmen. Davon profitieren vor allem jene Werber, die sich mit Internetmaßnahmen und neuen Formen der Direktwerbung in Richtung der Verordner auskennen.

In der Markenartikelindustrie verschwanden mit Beginn des ersten Internetbooms Mitte der 90er Jahre etliche Marken von der werblichen Bühne. Vor allem mittelständische Unternehmen mussten sich zurückziehen, weil sie mit der Mediapower der größeren Unternehmen nicht mithalten konnten. Ein Beispiel ist der Biermarkt. Hier dominieren seit einigen Jahren die sogenannten Fernsehbiere, die konstant und überregional werben. Die große Mehrzahl der Biermarken aber hat sich in regionales Marketing und Promotions zurückgezogen, hat Etats deutlich gekürzt und beschäftigt kaum noch Werbeagenturen. Die Brauereien als Auftraggeber für viele Agenturen gibt es heute also nicht mehr.

Eine ganz andere Entwicklung nimmt der Gesundheitsmarkt als Betätigungsfeld für die Kommunikationsbranche ein. Gleich mehrere Faktoren, von steigender Lebenserwartung der Menschen über gesetzliche Veränderungen des Gesundheitswesens bis hin zur Deregulierung von Märkten, fördern die Zunahmen von kommunikativen Maßnahmen in der Gesundheitswirtschaft. Die Maßnahmen beziehen sich auf alle Disziplinen, was wiederum Agenturen aller Schattierungen und Vertriebsdienstleister auf Umsatzzuwächse in den nächsten Jahren hoffen lässt.

Sparen im Gesundheitswesen sorgt für Zuwächse in der Kommunikation

Nehmen wir beispielsweise die Veränderungen, die der Gesetzgeber mit seinen Eingriffen ins Gesundheitswesen bewirkt. Lange hat die Große Koalition mit sich und gegen Widerstände aus den Verbänden der Leistungserbringer gerungen. Letztlich aber passierte die Gesundheitsreform mit ihrem Gesetz zur Stärkung des Wettbewerbs in der Gesetzlichen Krankenversicherung (GKV-WSG) alle Hürden und trat im April 2007 in Kraft. Dieses Gesetz erlaubt es den gesetzlichen Krankenkassen, Wahltarife anzubieten. Damit erhalten die Krankenkassen eine zusätzliche Möglichkeit, sich gegenüber Wettbewerbern zu differenzieren. Diese Neuerung setzen viele Marktteilnehmer in ihrem Tarifsystem um und informieren die Öffentlichkeit darüber. Hierzu legen Krankenkassen, die zuvor noch nie Kampagnen on air hatten, Werbeetats für die Kreation und Mediaschaltung auf. Beispiele sind die Kaufmännische Krankenkasse, Hannover, und die Deutsche BKK, Berlin, die 2003 durch die Fusion mehrerer Betriebskrankenkassen entstand.

Eine andere Form des Eingreifens von Seiten des Gesetzgebers ist die Deregulierung, zu beobachten zum Beispiel bei Krankenhäusern und Apotheken. Immer weniger der rund 2.100 Krankenhäuser hierzulande werden nicht mehr von einem öffentlichen Träger betrieben, sondern gehören zu einem Privat- oder an der Börse notierten Unternehmen. Krankenhäuser dieses neuen Typs positionieren sich und legen Etats für Kommunikation auf (Informationsmaterial, Internet, Direktmarketing, Events, Sponsoring etc). Im Apothekenmarkt werden die im Vergleich zu Europa restriktiven Bestimmungen, die das Führen einer Apotheke regeln, immer mehr abgeschwächt. Das stachelt die rund 22.000 traditionellen Apotheken an, ihre Kooperationen weiter auszubauen und das Marketing zu verstärken. Auf der anderen Seite intensivieren DocMorris & Co. ihre Marktauftritte. Wir haben auch hier eine Entwicklung, die gleich an mehreren Fronten für eine Belebung der Kommunikation und für Arbeit bei den Agenturen sorgt.

Viel hilft nicht mehr viel: Der Außendienst hat ausgedient

Wachstum findet in allen Kommunikationsdisziplinen statt. Das Umsatzplus erreicht durchschnittlich einen hohen einstelligen Prozentwert. Auf den ersten Blick verwundern diese rosigen Zeiten, denn bekanntlich ist Sparen oberstes Ziel im Gesundheitswesen. Die Primärunternehmen der Branche, Pfizer, Boehringer Ingelheim, Sanofi-Aventis, Novartis, Roche, Bayer, Merck und andere Pharmahersteller reagieren darauf z.B. mit Personalabbau. Das wiederum führt zum Auslagern von Marketingaufgaben, die dann bei den Agenturen landen. Vom Auslagern oder Abbau ist in den Pharmaunternehmen vor allem der Außendienst betroffen. Viele Jahre galt die Formel „viel hilft viel", immer mehr Pharmareferenten und -vertreter schwärmten zu den Ärzten aus. Diese Speerspitze der Vertriebs- und Marketingabteilungen wird zu einem großen Teil in Richtung Direktwerbung mit Mailings und Telemarketing verändert. Hier sind Dialogmarketingagenturen mit speziellen Kenntnissen und Call-Center gefragt. Zum anderen schicken Unternehmen ihre Vertreter vermehrt zu Fachärzten und gehen dazu über, ihre Manpower bei Zeitarbeitsfirmen einzukaufen.

Die ‚Financial Times Deutschland' befragte jüngst 193 Manager aus Pharma- und Medizintechnikunternehmen danach, welche Marketingstrategie entscheidend für der Erfolg für die nächsten zehn Jahre sei. Die meisten positiven Antworten entfielen auf „Direkte Ansprache der Zahler und Patienten" (40 %). Es folgten „Engere Zusammenarbeit mit Gesundheitsbehörden"(32 %) und „Partnerschaften zur Entwicklung strukturierter Behandlungsprogramme" (28 %). „Ausbau der Direktwerbung" erhielt 21 Prozent.

Internet muss wachsenden Wissensdurst der Patienten stillen

Unter „Direkte Ansprache" und „Direktwerbung" fallen auch viele Maßnahmen, die rund ums Internet eingesetzt werden. Die meisten großen Arzneimittelhersteller führen auf ihrer Internetseite umfangreiche Listen mit häufigen Indikationen, die detailliert von den Ursachen über Selbsthilfe bis hin zu Medikamenten beschrieben werden. Diese Informationsfülle kommt dem Wissendrang der Verbraucher und Patienten entgegen. Mehr denn je bestimmt Wissen das Leben im 21. Jahrhunderts. Und da Gesundheit laut Umfragen immer noch das Wichtigste im Leben aller ist, interessieren Gesundheitshemen so brennend. Verstärkt wird diese Motivation der Menschen durch die Politik. Die lässt keine Gelegenheit aus zu betonen, dass Gesundheit mehr und mehr in Verantwortung jedes Einzelnen fällt – der Staat zieht sich zurück. So schaukelt sich die Direktansprache (Direct to Consumer) hoch. Pharmahersteller informieren über Krankheiten samt heilender Medizin und damit indirekt über ihre Produkte. Die Menschen wollen diese Informationen – freilich immer aktuell. Das nie kraftlose Spannungsfeld von Angebot und Nachfrage funktioniert hier bestens. Agenturen, die mit Internetmaßnahmen ihr Geld verdienen, brauchen sich also in Zukunft nicht um Aufträge Sorgen zu machen. Probleme bereitet eher der Umstand, dass es landauf, landab nicht genügend Fachkräfte für Online-Werbung und -Marketing gibt. Kommunikationsdienstleister suchen Onliner, egal in welcher Disziplin und Branche sie auch unterwegs sind. Nach dem lauten Platzen der Internetblase ließen alle Beschäftigten, auch der Nachwuchs, die Hände von virtuellen Dingen. So fehlt der Branche jetzt eine halbe Generation von Nachwuchsleuten.

Reiner Kepler

ist Chefredakteur der Zeitschrift ‚new business Healthcare Marketing', die seit Anfang 2006 monatlich im Hamburger New Business Verlag erscheint. Parallel dazu arbeitet er als Ressortleiter Agenturen beim wöchentlichen Informationsdienst ‚new business', der im selben Verlag erscheint. Diese Funktion hat Reiner Kepler seit 1997 inne.

✉ kepler@new-business.de

Effizienter Kommunikationsmix erfordert qualifizierte Strategie

Plädoyer für zentrale Koordination und Supervision

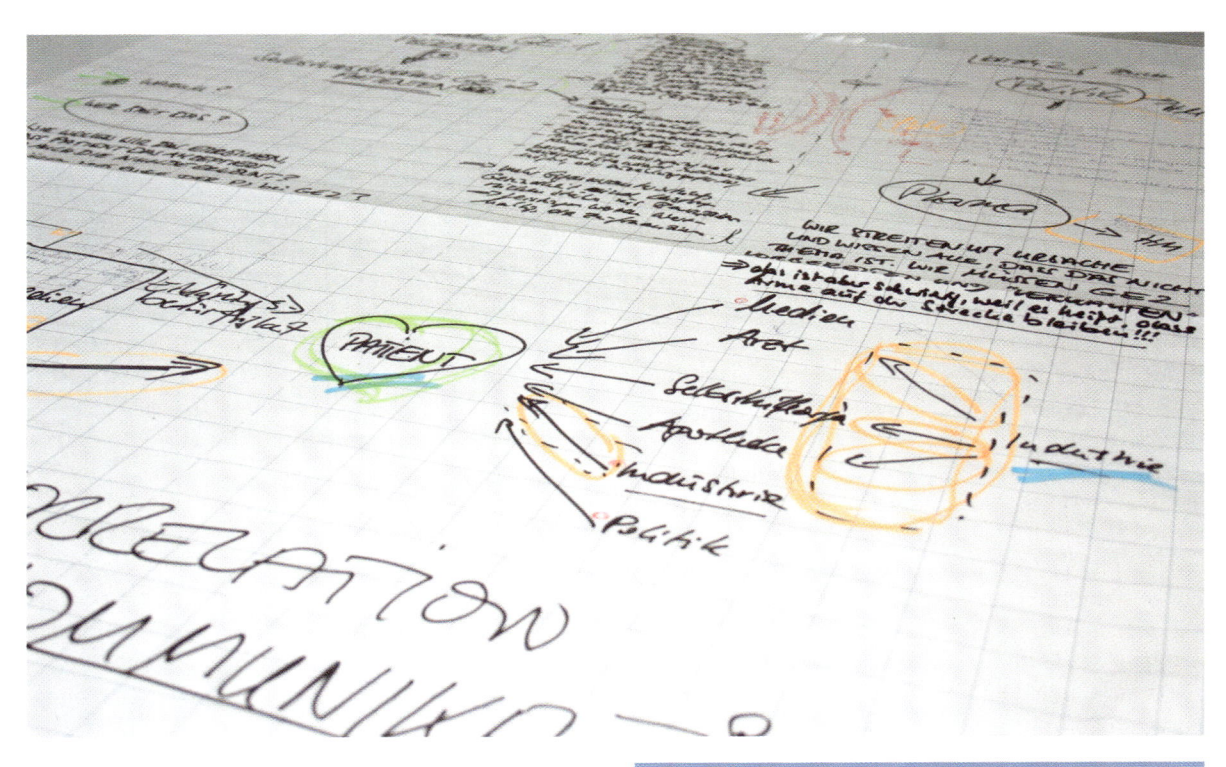

Die Höhe der Investitionen in Kommunikationsmaßnahmen für einzelne Arzneimittel ist abhängig von wirtschaftlichen Entwicklungen des Unternehmens, der nationalen Umsatzentwicklung des Produktes sowie dessen Marktstellung und -neuheit. Nicht nur bei bereits länger auf dem Markt befindlichen Produkten lässt sich die Tendenz konstatieren, dass die entsprechenden Etats schrumpfen. Diese Tatsache ist eine Herausforderung für die Verantwortlichen in Unternehmen und auf Agenturseite, um die deswegen nicht kleiner werdenden vorgegebenen Ziele weiterhin zu erreichen. Das Qualitätsbewusstsein bei den Unternehmen steigt aber nicht erst durch diese monetäre Notwendigkeit. Das Motto „Weniger ist Mehr" muss zunehmend die Devise eines neuen, auf stärkere Synergieauswertung bedachten Qualitätsstandards werden.

Kürzere Vermarktungszeiten fordern starke Marke von Beginn an

Interdisziplinäre Kreativität der Kommunikationsdisziplinen ist daher mehr denn je gefragt, nicht erst im operativen Bereich, sondern ab Beginn der ersten und zentralen Marketing- und Kommunikationsplanung für ein neues Produkt. Die unterschiedlichen Disziplinen im Kommunikationsmix haben jedoch nicht selten den Charakter von nahezu autarken Insellösungen. Diese waren bereits in Zeiten höherer Etats wenig löblich und kostenineffizient. Jetzt machen aber die geänderten Bedingungen ein Umdenken hin zu einer stärkeren Bündelung und Schaffung von Synergien zwingend notwendig. Denn es geht darum, eine Marke im Markt so gut, scharf und nachhaltig wie möglich zu positionieren und bei den Zielgruppen attraktiv zu machen und zu halten – über die gesamte Strecke des Life Cycles.

Die bewährten Disziplinen Werbung, PR und Customer Relationship Management/Dialogmarketing sind dabei nicht alleine und voneinander unabhängig auf die Reise zu schicken. Gerade in Zeiten länger werdender Forschungs- und Entwicklungsintervalle schrumpft die verbleibende Patentlaufzeit für die Reinvestition teurer innovativer Medikamente. Das erfordert, dass das Medikament von Beginn seines Life Cycles an die optimalen Voraussetzungen erhält, um ab dem ersten Verkaufstag das Potential einer starken Marke zu haben. Die Zeit für Nachbesserungen an der Strategie, für mögliche „Experimente" und für eine erst sukzessive synergetische Bündelung im Sinne einer nachhaltigen Wahrnehmung ist kaum da.

Vernetzung schafft höhere Effizienz der eingesetzten Mittel

Eine effizientere Vernetzung aller Kommunikationsmaßnahmen – weg von den Insellösungen der Disziplinen – ist dringend erforderlich. Zwar ist es normal, dass alle Disziplinen in Peripheriebereichen und im weitesten Sinne der übergeordneten Produktstory zuarbeiten. Aber sie sind nicht immer in dem Sinn synergetisch und interdisziplinär, dass sie den größten synchronen Nutzen, gegenseitigen Abstrahl- und einen Wiedererkennungseffekt haben, der eine nachhaltigere und schnellere Durchdringung der Kernbotschaften bei allen Zielgruppen ermöglicht. Das liegt mitunter daran, dass zwar die unternehmerischen Vorgaben das Kommunikationsziel für die unterschiedlichen Disziplinen im Kommunikationsmix definieren. Diese werden aber dann in Folge und nur in unmittelbar bilateraler Überwachung in (abgewandte) radiale Peripheriebereiche durch die jeweiligen Agenturen interpretiert, die nicht zwingend in einem gemeinsamen Zielkorridor liegen und damit kaum additiv wirken. Um dieses konzertierter zu erzielen, ist eine übergreifende Koordination aller Disziplinen unabdingbar. Das setzt aber zwangsläufig auch eine Verantwortlichkeit voraus, die in ihrer Umsetzung über die Kernaufgabe und Kapazitäten des Produktmanagers im Marketingbereich hinausgeht. Diese Funktion darf dabei nicht nur den Fokus auf die sich möglicherweise ergänzenden oder gar ineinandergreifenden Tools der Disziplinen legen, sondern muss vielmehr zwingend auch die additive Wirkung des inhaltlich kohärenten Zusammenspiels regeln. Daher muss eine Verantwortlichkeit auf Unternehmens- oder Beraterseite geschaffen werden, die die Kommunikationsdisziplinen, deren Tools, Grenzen und Möglichkeiten zum Transport von Story und Botschaften kennt. Nur so ist zu gewährleisten, dass erarbeitete zentrale Kernaussagen und der Claim als Story des Produktes sowie etwaige Kampagnen in alle Kommunikationseinheiten transferiert und dort in zielführende Maßnahmen umgesetzt werden können. Denn es ist ein Unterschied, ob eine Werbeanzeige 1 zu 1 abgedruckt wird oder eine Botschaft für den Journalisten so aufbereitet werden muss, dass auch nach dessen Reflexion und in dessen Bericht die intendierte Produktbotschaft noch für die Zielgruppe erkennbar ist. Hier sind je nach Disziplin ganz unterschiedliche Transformationsprozesse notwendig, die mehr erfordern als die uniforme „Herausgabe" des Ziels. Letzteres ist aber oft das Verständnis und die vorherrschende Praxis. Der Transformationsprozess wird dann den Disziplinen nebst Agenturen überlassen, was per se in ihre ureigene und gelernte Kompetenz fällt. Diese entwickeln Lösungen, die unstrittig der Interpretation ihrer Vorgaben und Prozesse zuträglich, viel beachtet und für sich genommen erfolgreich sein mögen. Die herausgearbeiteten Schwerpunkte bilden dann aber zu oft autarke „Einzellösungen", die außerhalb des zeitgleichen Targets, der „Schnittmenge" liegen. Auf diese Weise riskiert man den wertsteigernden Synergieeffekt einer vernetzten, kohärenten Wahrnehmung einer Botschaft. So würde eine Evaluation der erhobenen autarken Einzelerfolge auf höherer Markenebene zu anderen Ergebnissen kommen. Die Summe der disziplinären Einzelerfolge ist nicht zwingend gleichbedeutend mit dem bestmöglichen Kommunikationserfolg der Marke.

Single Point of Contact: Der Communication Strategy Officer

Um diese notwendige Effizienz herzustellen, bedarf es einer kontinuierlichen Koordination, die nicht nur Aufgaben an die Einheiten verteilt, sondern deren Umsetzungsvorschläge der einzelnen Disziplinen auch in ihrer Gesamtheit im Kommunikationsmix auf Kohärenz überwacht. Diese Funktion eines „Communication Strategy Officers (CSO)", der als Supervisor in der nationalen Lead-Agentur oder als (Einzel-)Berater sogar außerhalb der operativen Agenturen stehen könnte, gewährleistet eine optimale Effizienz und das notwendige Zusammenspiel. Diese Funktion muss selbst im Falle internationaler Rahmenvorgaben zwingend auf nationaler Ebene implementiert werden, um die

Gegebenheiten des Landes, die spezifische Marktsituation und den Wettbewerb des Produktes zu kennen. Gerade auch die absolute Beherrschung der Landessprache und adäquater Stilmittel ist notwendige Prämisse für eine zielführende und pointierte Ansprache der Zielgruppen. Darüber hinaus ist die Funktion nicht mehr vergleichbar mit der früheren Form des klassischen Werbe- oder Kommunikationsberaters. Die Anforderungen an ihn sind andere, gestiegene. Sie sind bei aller notwendigen strategischen Kompetenz zugleich operativer und auch interdisziplinärer. Der CSO muss das Produkt und dessen (bisherige) Lebensgeschichte kennen. So wird nebenbei auch vermieden, dass neue Dienstleister in der ein oder anderen Kommunikationsdisziplin in Richtung alter Ideen denken. Denn oft gestalten sich durch neue Agenturen (ggf. noch potenziert durch Wechsel im Produktmanagement auf Unternehmensseite) und deren vermeintlich „neue" Entwicklung von nächstliegenden, aber sich bereits als wenig erfolgreich herausgestellten Maßnahmen langatmige und kostspielige „Einarbeitungs"- und Korrekturprozesse. Gerade in Zeiten auch wechselnder Produktverantwortlichkeiten auf Unternehmensseite kommt es vor, dass etablierte Agenturen mehr Wissen über den Life Cycle und die Vergangenheit eines Produktes haben als die entsprechenden Unternehmensverantwortlichen. Eine a priori naheliegende Implementierung dieser CSO-Funktion auf Unternehmensseite muss daher nicht immer zwingend die beste Lösung sein, auch wenn es Unternehmen sicher auf Anhieb schwerfallen wird, diese Aufgabe und Verantwortung an einen externen Communication Strategy Officer herauszugeben. Letzterer ist aber ein großer (Effizienz-) Gewinn, ohne den schnell befürchteten Verantwortungsverlust auf Unternehmensseite. Denn der Austausch, die Abstimmung und die Entscheidung werden durch diesen Single Point of Contact (SPO) mit den Produktverantwortlichen auf Unternehmensseite gewährleistet. Dieser SPO entbindet den Produktmanager indes nicht von seiner letztinstanzlichen Verantwortung, wohl aber von den notwendigen Abstimmungs- und Prüfungsprozessen bei gleichzeitiger Effizienzsteigerung der Kommunikationsziele und Kosten. Denn die möglicherweise zusätzlichen Kosten für einen solchen Berater sind vergleichsweise gering, jedoch sehr nutzbringend in Relation zum Einsparpotential der bis dato ausgeprägten Coexistenz der Agenturen. Dieses ist zwar nicht auf den Cent bezifferbar. Aber die Erfahrung mit Wirkungs- und Wahrnehmungsanalysen zeigt, dass eine Kohärenz der Botschaften aller Kanäle selbstredend eine schnellere Wiedererkennung schafft und damit effizienter und effektiver zur Markenbildung und -festigung beiträgt.

Die pointierte (Werbe-)Botschaft als Nukleus der Marke

Es gilt daher, innerhalb einer zu erstellenden oder bestehenden Markenstrategie die unterschiedlichen Schwerpunkte interdisziplinär gleichzeitig zu nutzen. Dabei ist von großer Bedeutung, die Kernbotschaft klar zu erarbeiten, die in den Kommunikationsmaßnahmen zu vermitteln ist. Es geht primär darum, das Produkt gestochen scharf zu positionieren, seine Abgrenzungsmerkmale für den Arzt in Zeiten eines zunehmend großen Kommunikationswettbewerbs bei abnehmender Wahrnehmungszeit in der täglichen Praxis hervorzuheben. Eine prägnante und konzentrierte Botschaft in Werbe- und Außendienstunterlagen ist und bleibt dabei von entscheidender Bedeutung. Sie ist im Grunde der kleinste gemeinsame Nenner aller Disziplinen. Gerade die oft internationalen strategischen Vorgaben sind vom Produktmanagement in Zusammenarbeit mit dem CSO so auszugestalten, dass sie auf den jeweils nationalen Märkten auch zu der gewünschten Alleinstellung führen können. Nur so ist eine nachhaltige Penetration der Unterscheidung des Produktes bei den Zielgruppen zu erreichen. Das impliziert aber gleichzeitig, dass Werbeagenturen aufgrund der präferierten Zielgruppenerreichung und -durchdringung über Außendienstmaterialien und Werbeanzeigen und -spots auch weiterhin eine zentrale Rolle spielen werden. Denn mit diesen Kommunikationsformen wird der Arzt weiterhin am frequentiertesten in Kontakt kommen und sich seine Meinung über ein Produkt bilden. Die Priorität der Werbung steht auch in keiner Weise im Kontrast zu der Tatsache, dass zu verschiedenen Zeitpunkten des Life Cycles (z.B. Bereitung eines Indikationsfeldes im Premarketing) Maßnahmen anderer Kommunikationsdisziplinen angemessener sind. Denn es bleibt Fakt, dass zuvor die skizzierte erforderliche Prägnanz der Positionierung in Form der Markenstrategie, Story des Produktes, Botschaft und des Claims erarbeitet sind, um sie dann zielgruppenadäquat in den verschiedenen Disziplinen umzusetzen. Und die Prägnanz in Form von emotionalen Visuals und pointierten Botschaften ist und bleibt die klassische Aufgabe der Werbung.

Eine starke Marke ist kein Zufallsprodukt

Eine qualitativ hochwertige Kommunikation einer Markenstrategie ist niemals Zufall oder das Ergebnis einer individuell gesteuerten Arbeit mit einzelnen Disziplinen. Sie ist vielmehr der zentrale Teil der Gesamtstrategie und hinsichtlich inhaltlicher Rahmenvorgaben durchdacht, bevor die einzelnen Disziplinen eigenverantwortlich konzeptionell und operativ mit ihrer Arbeit beginnen. Die benötigte Form der nachhaltigen und sich gegenseitig befruchtenden Kommunikation ist das Ergebnis eines von Beginn an zentral geplanten, synergetisch angelegten und vernetzten Denkens aller Disziplinen. Und das nicht in Bezug auf das oft vorrangig fokussierte Zusammenspiel von Maßnahmen, sondern vor allem im Bezug auf deren Outcome bei Zielgruppen in Form identischer Botschaften. Das impliziert aber auch, dass die Funktion des CSO gerade auch in der Evaluation genau dieser Gesamtwahrnehmung liegt, um notwendige Korrekturen vorzunehmen. Die bestehenden Erfolgskontrollen der Einzeldisziplinen können durchaus sehr positiv sein in Hinsicht auf die intradisziplinären Zielerreichungen. Wie geschildert ist aber damit nichts darüber gesagt, ob die entsprechende Vernetzung auch wirklich das bestmögliche Kommunikationsergebnis für die Produktwahrnehmung und Markenstärkung erbracht hat. Die Planung der Vernetzung, die Evaluation und die Korrektur des Gesamtmixes der Kommunikation sollten Aufgaben eines CSO sein. Neben dem Produktmanager ist er der „Kommunikationsmanager" der Marke und berichtet an ersteren als Single Point of Contact. Eine Funktion, die sich in anderen Wirtschaftsbereichen (z.B. der Informationstechnologie) sehr bezahlt gemacht hat, gerade auch hinsichtlich des Return on Investment (ROI).

Bernd Schmittgall

Jahrgang 1947, ist geschäftsführender Gesellschafter der Schmittgall Werbeagentur in Stuttgart. Der ausgebildete Werbekaufmann gründete 1978 seine eigene Werbeagentur, mit der er sich zehn Jahre später auf Healthcare-Kommunikation spezialisierte. Seit dem Jahr 2001 wurde die Schmittgall Unternehmensgruppe sukzessive um die Geschäftseinheiten CRM und PR erweitert. Bernd Schmittgall ist Vorstandsmitglied des Gesamtverbands der Kommunikationsagenturen (GWA) und Sprecher der Gesundheitsplattform des GWA.

✉ *bernd@schmittgall.de*

PR im Healthcare-Markt: Warum ist sie wichtig, was kann sie leisten?

Healthcare-PR: Ein zentraler Baustein im Kommunikationsgeflecht

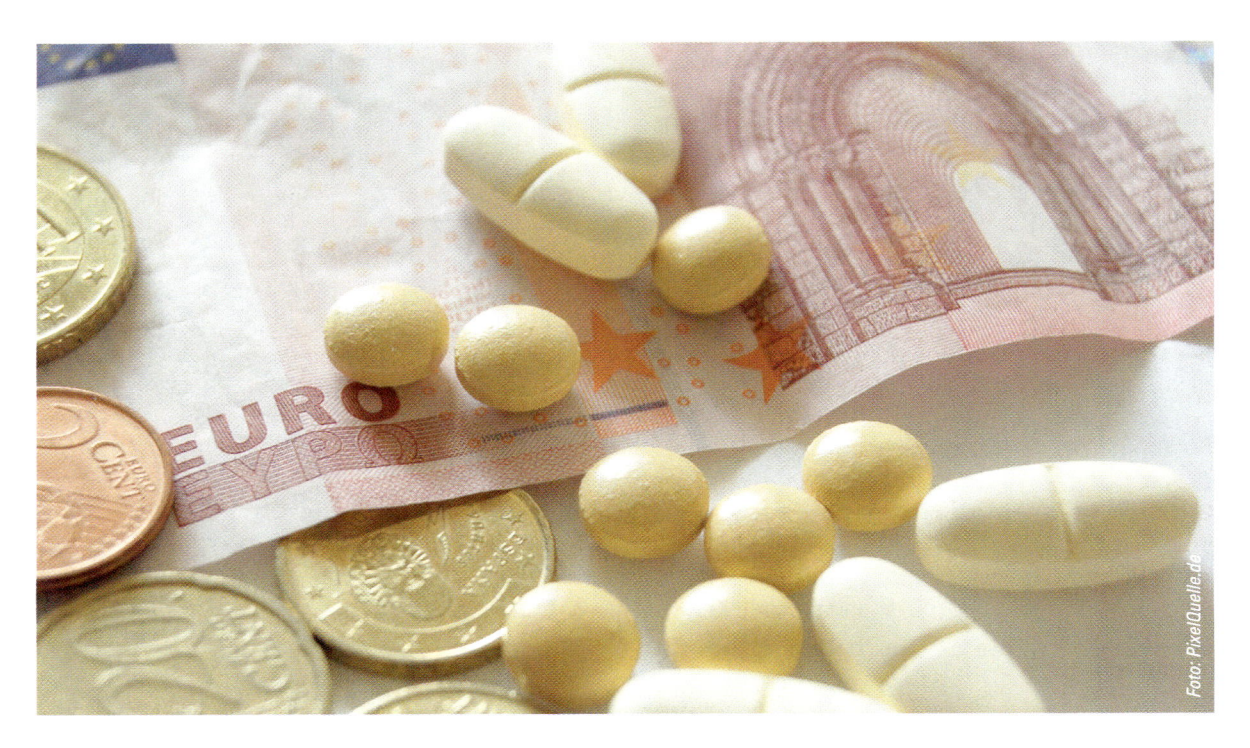

Stellen Sie sich vor, Sie machen Urlaub in einem fremden Land und werden krank; Sie können dem einheimischen Arzt zwar erklären, was Ihnen fehlt, verstehen seine Sprache aber nicht und bekommen ein Ihnen unbekanntes Medikament. Fühlen Sie sich wohl dabei oder überlegen Sie, so schnell wie möglich nach Hause zu kommen?

Ihre eigene Antwort darauf beantwortet die Frage, warum Kommunikation im Healthcare-Markt wichtig ist und was sie leistet. Der Informationsbedarf zu Gesundheitsthemen liegt auf der Hand. Die Entwicklungen, nicht nur auf dem gesundheitspolitischen Gebiet, sondern auch im Kommunikationsverhalten der Gesellschaft, verstärken dieses Informationsbedürfnis noch. Für die PR gilt es, diesem Bedürfnis innerhalb des Gefüges der gesetzlichen Bestimmungen ausreichend gerecht zu werden.

Wenn wir über Kommunikation im Gesundheitswesen reden, geht es eigentlich um Meinungsbildungsprozesse. Gleichgültig zu welchem Thema, alle reden mit: ob Leistungserbringer (Ärzte, Krankenhäuser, Krankenkassen …), Hersteller, Patientenorganisationen oder gesundheits- und berufspolitische Instanzen. Selbst ein einzelner Patient hat die Möglichkeit, Informationen und Meinungen virulent zu verbreiten; die Online-Welt macht es möglich. Dadurch hat sich die Relevanz der PR verändert, denn wenn z.B. ein Unternehmen nicht über sich und seine Produkte kommuniziert, überlässt es das Feld anderen, und einer davon wird sich früher oder später zu Wort melden. In der Arbeit der PR-Fachleute geht es schon lange nicht mehr „nur" um Informationsbereitstellung, sondern vielmehr darum, den Weg aus dem Informationsdickicht zum Empfänger zu finden, und dies zur jeweils richtigen Zeit über den jeweils relevanten Informationskanal.

Sicher gelten die veränderten Kommunikationsbedingungen im Allgemeinen; das Thema Gesundheit und gesellschaftspolitische Entwicklungen bringen jedoch spezifische Besonderheiten.

Gesundheit als Thema besitzt einen großen Stellenwert. Durch Veränderungen im gesundheitspolitischen Bereich wird Gesundheit aber mehr und mehr zur „Leistung" oder sogar „Ware". Somit treten in Deutschland erstmals wirtschaftliche Diskussionen in Verbindung mit ethischen Fragen an die Öffentlichkeit, ja sogar in den Vordergrund – die Fähigkeit der inhaltlichen bis hin zur emotionalen Themenumsetzung durch PR ist gefragt.

Forschungsergebnisse werden nicht mehr nur in Fachkreisen diskutiert, sondern finden ihren Weg in die Öffentlichkeit, nicht nur im positiven, sondern auch im negativen Sinne. Hier muss die PR eine fachlich richtige Darstellung leisten und vor allem in einer für alle verständlichen Weise – Produkt-PR für Fachleute und Laien ist zwingend.

Politiker, Krankenkassen und Ärzte tragen ihre Diskussionen aktiv mit emotionsgeladenen Aspekten in die Öffentlichkeit. Hier müssen Unternehmen der Gesundheitsbranche pro-aktiver Stellung beziehen, um ihrem „Übeltäter"-Image zu entkommen – Krisen- und langfristige Corporate-/Reputation-PR ist unerlässlich.

Die PR liefert für die vielfältigen Aufgaben der unterschiedlichen Akteure Maßnahmen, die nicht nur Bekanntheit und Informationsverbreitung sicherstellen, sondern auch in der Lage sind, Erklärungen zu geben und Aufklärung zu leisten. Werden PR-Fachleute frühzeitig eingebunden, ist es ihre strategische Aufgabe, Sichtweisen von medizinischen Fachleuten, Patienten/Konsumenten sowie anderen Interessensgruppen und Unternehmen zueinander in Beziehung zu setzen und in diesem Gesamtkontext Botschaften zu entwickeln und mit effektiven Maßnahmen zu vermitteln.

Werfen wir einen Blick auf einige Akteure und ihre Situationen:

Der Patient auf dem Weg zum „Gesundheitskonsumenten"

Der Patient als „Gesundheitskonsument" und Patientenorganisationen als Kommunikatoren haben und werden weiterhin an Gewicht gewinnen. Es gilt, den Patienten nicht nur aufzuklären und zu informieren, sondern ihn zunehmend auch zu aktivieren. Immer mehr Verantwortung und Gesundheitsleistungen soll der Patient selbst tragen und damit auch Entscheidungen treffen. Dazu müssen ihm Entscheidungskriterien gegeben werden. Zusätzlich ist das Vertrauen in das Gesundheitsgefüge erschüttert. Folgerichtig möchte sich der Patient selbst vergewissern, ob seinen Anforderungen und Wünschen ausreichend Rechnung getragen wird.

Informationsquelle Arzt:
Die größte Akzeptanz beim Patienten besitzt nach wie vor der Arzt. Doch wie ein europäischer Vergleich (Gesundheitsberichterstattung des Bundes, Themenheft 2006) zeigt, sind die in der deutschen hausärztlichen Versorgung dokumentierten Gespräche am kürzesten, am stärksten medizinisch und am wenigsten am Patienten orientiert.

Für die PR folgt daraus, den Betroffenen die Informationen zu liefern und die komplexen Sachverhalte den verschiedenen Zielgruppen, entsprechend deren unterschiedlichem Wissensstand, zu erläutern und vor allem verständlich darzustellen. Gleichzeitig gilt es, eine realistische Themenbalance in der Medienberichterstattung zu generieren. Die inhaltliche Aufarbeitung verbunden mit der Entwicklung von interaktiven Informationselementen, zugeschnitten auf möglichst kleine homogene Zielgruppen, verspricht den größten Erfolg. Und dies geht weit über Medienarbeit hinaus, denn Medien haben meist nicht genug Platz oder Zeit, dies zu leisten. Die PR muss deshalb auch Möglichkeiten und Plattformen aufzeigen, die einen individuelleren Informationsaustausch ermöglichen.

Informationsquelle persönliches Umfeld:
Im Meinungsbildungsprozess spielen die Patienten selbst eine große Rolle. Dies wird schon durch die Anzahl vorhandener Selbsthilfegruppen deutlich. Im Spannungsfeld zwischen Unterstützung und vorgeworfener Einflussnahme durch Unternehmen ist es die Aufgabe der PR, den Informationsfluss aufrechtzuerhalten. Dies ist durchaus kein Interessenkonflikt, wenn beide Seiten die notwendige Transparenz gewährleisten.

Eine größere Herausforderung für die PR besteht in der Informationsvermittlung an das persönliche Umfeld eines Betroffenen. Gelingt es, die nötige

Aufklärung und das entsprechende Wissen zu verankern, ist der Weg zur Akzeptanz frei. Besonders hier müssen Informationen nicht nur interessieren, sondern auch nachhaltig wirken. Spielerisches Lernen, interaktive Wissensvermittlung und möglichst erfahrbare Umsetzung von Inhalten sind notwendig.

Die Leistungserbringer auf dem Weg in die Marktwirtschaft

Die Ärzte als eine Hauptzielgruppe haben nicht an Bedeutung verloren, trotz wachsender Wichtigkeit des Patienten. Wissensvermittlung von medizinischen Daten, ob über Fachpresse oder Fachkongresse, gehört zur Basis einer erfolgreichen PR-Arbeit. Aber auch hier gilt es, Inhalte nicht nur passiv zu transportieren, sondern diese zielgruppengerecht umzusetzen; denn auch Ärzte sind verschieden. Hinzu kommt, dass viele Erzeugnisse (wie z.B. Medikamente, die in biological pathways eingreifen) trotz spezifischer Entwicklung nach und nach in verschiedenen Disziplinen zum Einsatz kommen und durch Veränderungen im Gesundheitssystem mehrere Instanzen in Entscheidungsprozesse und Therapieabläufe eingebunden werden. Für die PR bedeutet dies wiederum, kleine, aber möglichst homogene Zielgruppen zu erreichen.

Die Gesetze der Marktwirtschaft treffen seit einiger Zeit besonders Krankenhäuser. Um wirtschaftlich zu überleben, müssen sie sich in ihrem Umfeld positionieren. Image- und Standort-PR gehören zum nötigen Instrumentarium. Es ist eigentlich nur eine Frage der Zeit, bis für Ärzte und ihre Praxen standesrechtliche Richtlinien fallen, die dies zur Zeit noch ablehnen.

Der Kampf der Krankenkassen um Mitglieder gehört schon zum Alltag; PR-Fachleute vermitteln hier bereits, welche Leistungen getragen werden. Einzelne Kassen positionieren sich entsprechend.

Die herstellenden Unternehmen auf dem Weg in die Öffentlichkeit

Der zunehmende ökonomische und öffentliche Druck auf die Unternehmen der Gesundheitsbranche und der Wandel des allgemeinen Kommunikationsverhaltens machen es zwingend notwendig, Kommunikationsexperten frühzeitig in zentrale Prozesse einzubeziehen. Nicht nur die Kommunikation über Produkte, auch die Reputation eines Unternehmens entscheidet heute über Erfolg oder Misserfolg.

Besonders Pharmaunternehmen haben Versäumnisse aus der Vergangenheit aufzuholen und befinden sich im Brennpunkt des Interesses. Es reicht nicht mehr aus, PR-Experten „nur" in Problem- und Krisenfällen einzusetzen. Die Öffentlichkeit erwartet dauerhaft Transparenz, konkretes Handeln bei Problemen, Verantwortung und Sichtbarkeit.

Doch in welchen Zusammenhängen tauchen Pharmaunternehmen bisher in der Öffentlichkeit auf: Produktkrisen, Bestechungsskandale, Entlassungen und Kostendiskussionen. Sie haben es versäumt, ihren eigentlichen Verdienst in die öffentlichen Diskussionen einzubringen – ihre Leistung, Forschung und Entwicklung zur Gesundung und Gesunderhaltung. Nicht nur die Bekanntheit, vor allem die Glaubwürdigkeit der Unternehmen hat gelitten. PR-Fachleute sind gefragt, den Boden dafür zu bereiten, dass offene und ehrliche Aussagen, gestützt von nachvollziehbaren Fakten und Aktionen der Unternehmen, in den öffentlichen Diskussionen mit berücksichtigt werden. Dabei darf es allerdings nicht um „Augenwischerei" gehen, auch Pharmaunternehmen müssen unternehmerisch handeln, aber legitimes und alleiniges Ziel und Erfolg ist ein gesunder Kunde.

Erste Schritte wurden mit der VfA-Kampagne „Forschung ist die beste Medizin" getan und verschiedene Unternehmen gehen neue Wege in ihrer Positionierung und Reputationsbildung. Allerdings ist dies noch auf einzelne Gruppen von Ärzten oder Patienten beschränkt. Die Zukunft wird mehr verlangen, und PR-Fachleute mit dem entsprechenden fachlichen Wissen sind deshalb unerlässlich.

Die Instanzen des Gesundheitssystems auf dem Weg der Rechtfertigung

Alle Akteure im Gesundheitssystem müssen ihre Handlungen und Entscheidungen nicht nur vor den einzelnen Gruppen Betroffener, sondern auch vor der Öffentlichkeit vertreten. Hier hat sich ein Feld etabliert, das PR-Fachleute benötigt. Aber PR kann mehr leisten, nämlich einen Austausch zwischen den Lagern. Eine Aktion, die z.B. Patienten und Politiker zusammenbringt, um Erfahrungen und Probleme mit einer Erkrankung zu verdeutlichen, verstärkt das Verstehen von Nöten und Notwendigkeiten auf einer persönlichen Ebene und ist gleichsam interessant für eine breite Öffentlichkeit.

Healthcare-PR: Wohin geht die Reise?

Die dringendsten Aufgaben der PR liegen im Kommunikationsmanagement. Gab es früher Dialoge zwischen Akteuren, sind dies heute Diskussionen unterschiedlicher Gruppen auf verschiedenen Kanälen. Die PR ist in der Lage, im Kommunikationsmix eine entscheidende Rolle zu spielen: das Kommunikationsgeflecht mit seinen Inhalten zu managen und gleichzeitig eine Moderatorenrolle zu übernehmen. Das Thema Gesundheit wird nichts von seiner Brisanz verlieren, und der Markt wird sich weiter ausdehnen.

Laut Leo A. Nefiodow, Zukunftsforscher, wird das 21. Jahrhundert im Zeichen der Gesundheitswirtschaft und des Strebens nach ganzheitlicher Gesundheit stehen. Medizin und Gesundheitsvorsorge werden heute immer besser – aber wir werden nicht gesünder. Daraus ergibt sich ein Definitionsproblem der „Gesundheit". Neue Aspekte wie Wellness und Fitness werden hinzugezählt. Der Gesundheitssektor ist bereits heute ein Megamarkt und wird sich weiter verstärken. Unter dem Stichwort „psychosoziale Gesundheit" werden neue Sektoren aufkommen und sich verbinden, von Pharma, Medizintechnik, Naturheilverfahren über gesunde Materialien, Textilien, Tourismus, Umwelttechnik und Architektur sowie Psychosomatik und Psychologie bis zu gesundheitsförderlichen Farben, Gerüchen oder Musik.

Dementsprechend wird sich Healthcare-PR erweitern, mit anderen Disziplinen verschmelzen bzw. entsprechend den Anforderungen neue Disziplinen bilden. Eines wird aber bei allen Entwicklungen bestehenbleiben: die Notwendigkeit für Healthcare-PR-Fachleute, medizinisches und kommunikationsspezifisches Wissen zu vereinen.

Dr. rer. nat. Torsten Rothärmel

ist seit 2004 Managing Director der internationalen PR-Agentur Weber Shandwick. Als Leiter des standortübergreifenden Bereiches Healthcare sowie des Standortes Frankfurt am Main ist er verantwortlich für nationale und internationale Kunden aus den Sektoren Pharma, Medizin, Medizintechnik und Gesundheit. Nach seinem Biologie-Diplomstudium hat er im Bereich Biologie/Biochemie promoviert. Anschließend war er an der Universität Gießen in Forschung und Lehre tätig. 1997 wechselte Dr. Rothärmel in den Bereich Healthcare Public Relations. Nach der auf Gesundheitsthemen spezialisierten PR-Agentur CGC begann er 1998 bei Fleishman-Hillard Germany als Direktor Healthcare und wurde schließlich als Leiter der European Healthcare Practice Group zum europäischen Chair in die Global Healthcare Practice Group des Fleishman-Hillard Netzwerks berufen.

trothaermel@webershandwick.com

Wer A sagt, sollte nicht B meinen, oder: Andere Länder, andere Sitten

Internationale Kampagnen – zwischen globalem Gleichschritt und anarchischem Alleingang

Vor einem Monat in London: Der Global Brand Manager eines großen Pharmakonzerns ruft seine 65 nationalen Werbeagenturen zusammen, um ihnen die neue Kampagne zu präsentieren, die anschließend von den einzelnen Ländern in die jeweilige Sprache übersetzt und ohne Änderungen umgesetzt werden soll.

Letzte Woche in Tokio: In einer Telefonkonferenz erfahren die Berater der weltweiten Werbeagenturen eines japanischen Elektronikherstellers von ihrer globalen Lead-Agentur, dass ein neues Produkt auf den Markt kommen wird, und erhalten die Aufgabe, eigene marktspezifische Kampagnen für ihr Land zu entwickeln.

Das sind zwei Strategien für die Entwicklung internationaler Kampagnen, wie sie unterschiedlicher nicht sein könnten. Während die einen auf zentrale Kontrolle und Einheitlichkeit setzen, bauen andere auf die Vielfalt nationaler Lösungen. Es gibt für alles ein Für und Wider. Welcher kommunikationspolitischen Strategie sich Unternehmen bedienen, hängt oft auch von den Kosten ab.

Der Duft der großen weiten Welt

Die Globalisierung hält in allen Teilen der Welt Einzug. Unternehmen erschließen neue Märkte und neue Zielgruppen. Produkte und Dienstleistungen werden in allen Teilen der Welt vermarktet.

Die Besonderheiten internationaler Kampagnen liegen in der Komplexität und der Vielfalt der Zielmärkte und der absatzrelevanten Parameter. Was für Kunden wie McDonald's und VW schon schwierig ist, ist für Kunden aus dem Pharmabereich noch um einiges schwieriger. Denn der sensible Gesundheitsmarkt erfordert in besonderem Maße Kommunikation mit Fingerspitzengefühl. Gesundheitsthemen betreffen die gesamte Gesellschaft und somit auch die Interessen vieler Zielgruppen. Besonders für Patienten geht es oft um Leben oder Tod. Es ist wichtig, hier den richtigen Ton zu treffen, Vertrauen zu gewinnen und Glaubwürdigkeit zu transportieren.

Der Erfolg internationaler Kampagnen hängt maßgeblich vom erfolgreichen Einsatz der Kommunikationskanäle in den verschiedenen Ländern ab. Häufig gefährdet gerade ein mangelndes Verständnis für die kulturellen Denk- und Verhaltensweisen den Erfolg. Um so wichtiger ist es, ortsansässige Experten und Fachleute aus Agenturen in den Kreationsprozess und die Konzeptentwicklung einer Kampagne mit einzubeziehen, denn sie kennen die Marktgegebenheiten und die Zielgruppen.

Viele Wege führen nach Rom

… doch nur wenige zu einer erfolgreichen internationalen Kampagne. Der Erfolg ist oftmals davon abhängig, inwieweit Agenturen an der Konzeptentwicklung beteiligt sind und ihr lokales Know-how einbringen können.

Unternehmen stehen viele Wege offen: Für einige ist ein internationales Agenturnetzwerk, das auf lokaler Ebene mit ortsansässigen Agenturen zusammenarbeitet, die ideale Lösung. Andere Player wenden sich lieber an einen lose zusammengeschlossenen Agenturverbund oder arbeiten jeweils mit den nationalen Agenturen zusammen. Für welche Art von Agentur man sich auch entscheidet: Wichtig ist, dass ihr die Mittel zur Verfügung stehen, um Kreative von jedem der Zielmärkte gleich von Anfang an im gestalterischen Prozess, in der strategischen Planung und in der Kundenberatung mit einzubeziehen.

Gerade im Healthcare-Bereich ist das von entscheidender Bedeutung, denn was beispielsweise in den USA gilt, muss noch lange nicht in Europa oder Japan gelten. Während die Agenturen in den USA mit DTC-Werbung aus dem Vollen schöpfen können, ist z.B. in Deutschland Werbung für verschreibungspflichtige Präparate aufgrund anderer rechtlicher Bedingungen durch das Heilmittelwerbegesetz nur innerhalb der Fachkreise erlaubt. Doch juristische Gegebenheiten machen nur einen Bruchteil der Differenzen aus. Oftmals sind es die kulturellen Unterschiede, die zu Fehlinterpretationen und Missverständnissen führen können. Werbebotschaften, die ein amerikanischer Arzt als selbstbewusst empfindet, können für einen Japaner sehr dreist sein.

Deshalb ist es für die internationale Marketingabteilung mehr als wichtig zu entscheiden, ob man die verschiedenen ausländischen Zielmärkte mit einer einheitlichen Kampagne bedient oder ob man diese den länderspezifischen Erfordernissen anpasst. Hierzu ist das Wissen der lokalen Agenturen gefragt: Werden die Botschaften von der Zielgruppe verstanden? Sind Slogans und Bildsprache marktgerecht? Das Wissen um den Markt, seine Dynamik und das kreative Know-how der Agenturen ist hier von entscheidender Bedeutung und sollte in die laufenden Projekte einfließen.
Alles nur graue Theorie? Dann folgt jetzt ein gutes Beispiel.

Handfeste Erfahrungen aus der Praxis

Pfizer, einer der Global Player unter den Pharmakonzernen, führte von den USA aus, ein neues Tumor-Präparat, ein. Der kommunikative Ansatz, in den USA entwickelt, sollte global zum Einsatz kommen. Es wurde eine Befragung zum Leitmotiv bei europäischen Ärzten durchgeführt: Während die grundsätzliche Gestaltung sowie der gedankliche Ansatz verstanden und goutiert und dem Motiv eine hervorragende „Stopping Power" attestiert wurde, rief die Wirkung des Key Visuals zahlreiche Fragen hervor. Vielfach wurde die „Code-Wirkung", die Fokussierung auf den Stellcode eines Schlosses, schlicht nicht erkannt. Erst die Visualisierung mittels eines ganzen Schlosses entschlüsselte buchstäblich die Botschaft bei europäischen Ärzten. Haben sie deshalb weniger Sinn für Kreativität, können sie weniger abstrahieren? Nein, deutsche, schweizerische und französische Ärzte sind sicherlich auch nicht weniger intelligent als ihre amerikanischen Kollegen. Sie sehen nur manchmal die Dinge anders. Und darauf muss man sich einstellen. Auf Kundenseite ebenso wie in den Agenturen, die weltweit arbeiten wollen.

Bernd Hofmann

ist seit April 2005 als Geschäftsführer für die auf Healthcare spezialisierte Werbeagentur Heye DDB Health verantwortlich. Er kann auf langjährige Erfahrungen in der Vermarktung von Produkten aus unterschiedlichen Indikationsbereichen verweisen: Der 52-Jährige kommt von der Münchner Pharma-Agentur Beck & Co., bei der er von 2002 bis 2005 Mitglied der Geschäftsleitung war. Zuvor führte der Soziologe und Betriebswissenschaftler zwei Jahre lang die Geschäfte der Euro RSCG life in München und war 1988 Gründungsmitglied der Pharma-Agentur Jarchow & Friends. Seine Karriere begann er im Marketing eines medizinischen Medienverlages.

✉ bernd.hofmann@heye-ddbhealth.de

Schutz für Ideen

DER TITELSCHUTZ ANZEIGER

Der Titelschutz Anzeiger ist Deutschlands führendes Spezialmedium für Titelschutz. Seit über zehn Jahren anerkannt und erprobt bei Verfahren in allen Instanzen. Die Marktpräsenz des Titelschutz Anzeigers bei den entscheidenden Verkehrskreisen gibt Ihnen Sicherheit. Rund 3.100 Entscheider in Verlagen, Hörfunk- und TV-Anstalten, im Bereich audiovisueller und elektronischer Medien sowie Medienanwälte und Justitiare werden wöchentlich informiert.

Informationen und Probehefte
Presse Fachverlag • Angela Lautenschläger • Fon 040/60 90 09-61 • Fax 040/60 90 09-66
www.titelschutzanzeiger.de • titelschutz-anzeiger@presse-fachverlag.de

Das Online-Horoskop für den Healthcare-Bereich

Oder: Warum jeder Angler nur auf seine Würmer schwört.

Nichts muss. Alles darf. Weil das Web so individuell geworden ist, gedeihen immer mehr thematisch abgegrenzte Angebote. Längst bestimmt nicht mehr die Technik, sondern die subjektive Einstellung darüber, ob ein Online-Produkt toppt oder floppt. Die Schwierigkeit für die Marketingverantwortlichen ist in Zeiten der Online-Kommunikation aber genau die gleiche wie in der klassischen Werbung: Zunächst muss das Kommunikationsziel festgelegt werden, erst danach kann über die taktisch klügste Umsetzung entschieden werden.

Und trotz aller Theorien beobachten wir im Alltag immer wieder, wie stark die Entscheider ihre eigenen Surfbedürfnisse und -erfahrungen einfließen lassen, wenn sie mit eigenen Online-Angeboten auf Kundenfang gehen. Ganz ähnlich wie beim Angeln: Jeder weiß, dass der Wurm eigentlich dem Fisch schmecken soll, und doch funktionieren solche Köder am besten, die zuvor die Angler begeisterten.

Anhand von 12 Beispielen haben wir ein Online-Horoskop für Marketeers zusammengestellt. Denn die absolute Wahrheit sucht man im großen Becken der Möglichkeiten ohnehin vergeblich.

Widder (21.03. – 20.04.) – CME Zertifikate online

Widder wollen Informationen auf höchstem fachlichem Niveau. Kommunikation, die schnell auf den Punkt kommt und Raum zur eigenen Entfaltung gibt. Nicht nur konsumieren, handeln ist die Devise – und deshalb präferieren Widder oft solche Online-Lösungen, die sie mitgestalten und deren Erfolg sie messen können. Online-Anwendungen für Ärzte, bei denen wertvolle CME-Punkte gesammelt und Produkt- bzw. Therapie-Informationen weitergegeben werden können, stehen hoch im Kurs bei Produktmanagern mit Widder-Charakter.

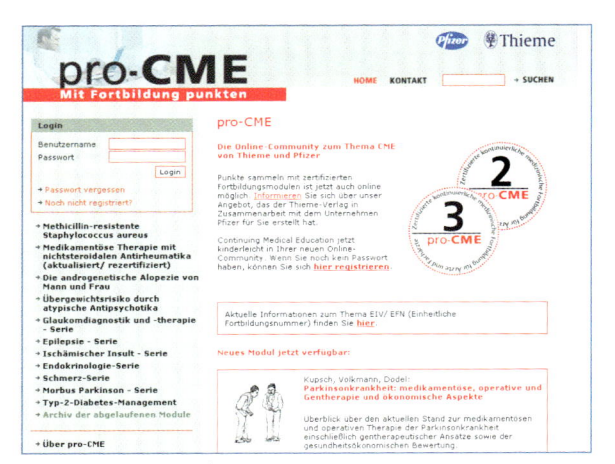

www.pro-cme.de

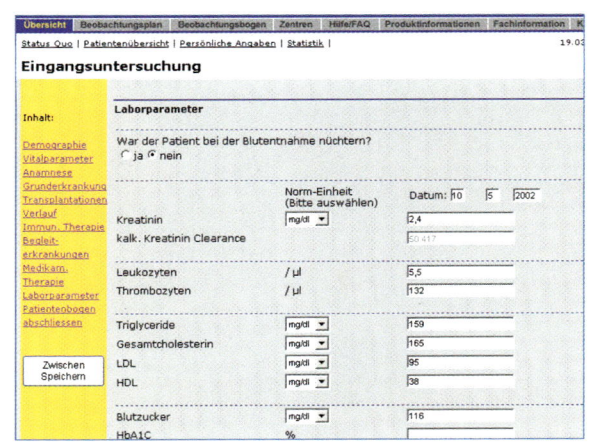

Online - AWB

Stier (21.04. – 21.05.) – Freier Lauf für Gefühle

Stiere suchen auch im WWW das Schöne. Auf Design und Gestaltung legen sie viel Wert. Ebenso, wie ihrem eigenen Tempo ohne Einmischung von außen folgen zu können. Sie identifizieren sich gerne mit Image- und Persönlichkeitsangeboten im Web. Produkte, deren Vorteile den Kunden über Ästhetik und Emotionen vermittelt werden können, sind bei Entscheidern mit Stier-Herzen gut aufgehoben.

www.pille-mit-herz.de

Zwilling (22.05. – 21.06.) – Market Survey online

Der Online-Zwilling surft auf Highspeed-Verbindungen durchs Netz, kommuniziert in drei Portalen gleichzeitig und erledigt nebenher seine E-Mail-Korrespondenz. Agil und schnell reagiert er auf jede Veränderung und ist anderen immer einen Schritt voraus. Ihm kommt es auf aktuelle Informationen an, die ihn online direkter erreichen als mit jedem anderen Medium. Eine tagesaktuelle Dokumentation über die Patientenzufriedenheit mit einer neuen Therapie gibt er sowohl den Außendienstmitarbeitern als auch den verschreibenden Ärzten weiter, anonymisiert und abgesichert über ein blitzintelligentes System zur Erfassung von möglichen Nebenwirkungen, versteht sich.

Krebs (22.06. – 22.07.) – Novartis-Jobbörse

Der Krebs möchte sich von der Online-Kommunikation erst noch überzeugen lassen. Am ehesten zeigt er sich gegenüber persönlichen Argumenten aufgeschlossen, wohingegen ihn die technischen Möglichkeiten des Webs abschrecken könnten. Bei den von uns befragten Krebsen aus dem Pharmabereich wurde das Stellenportal von Novartis besonders gut bewertet. Und zwar deshalb, weil es in puncto Privacy und Persönlichkeit hervorsticht.

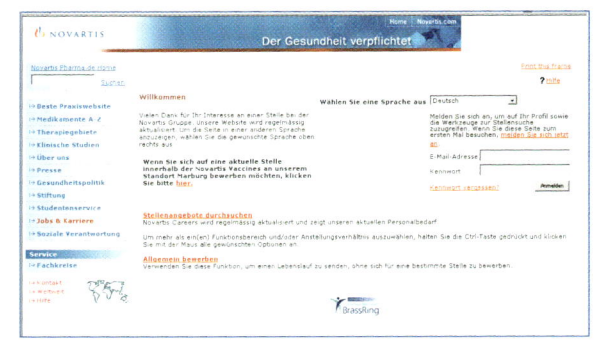

Novartis-Stellenbörse

Löwe (23.07. – 23.08.) – Außendienstfolder interaktiv

Den Löwen findet man oft im Rampenlicht. Mit seiner Anziehungskraft macht er auch das berufliche Umfeld zu seiner Bühne. Er ist im Mittelpunkt, legt

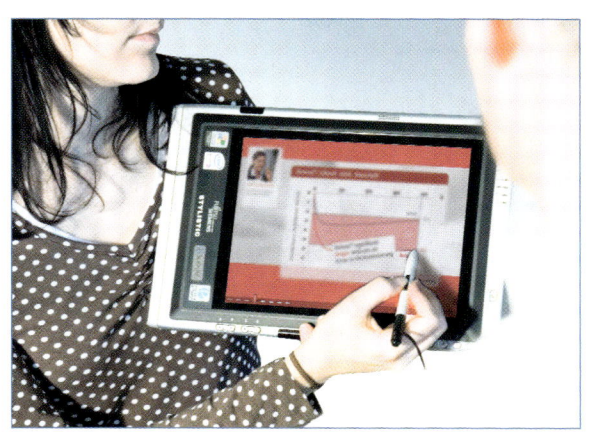

Tablet-PC

Wert auf Luxus und Statussymbole, die sein Image unterstreichen. Der Löwe strotzt vor Kraft und Stärke und trägt dementsprechend gerne Verantwortung. Im medialen Bereich baut der löweorientierte Produktmanager derzeit auf Computer-Aided-Detailing (CAD), eine neue Art, den Arzt zum aktiven Dialog über das jeweilige Medikament zu animieren.

Jungfrau (24.08. – 23.09.) – Web + Telefon = Perfektion hoch 2

Detaillierte, auf das Wesentliche konzentrierte Kommunikation – darauf kommt es der Jungfrau an. Dabei müssen die Informationen nachvollziehbar und beweisbar sein und jeder Anfechtung standhalten. Als Spezialist versucht die Jungfrau, dieses Wissen noch weiter zu vertiefen. Diesem Bedürfnis gilt es Rechnung zu tragen. Jungfrauen entscheiden sich deshalb gerne für elektronische Produktinformationen, bei denen parallel zu den wissenschaftlichen Charts noch ein persönlicher Berater befragt werden kann. Am besten völlig zeitflexibel per Webkonferenz.

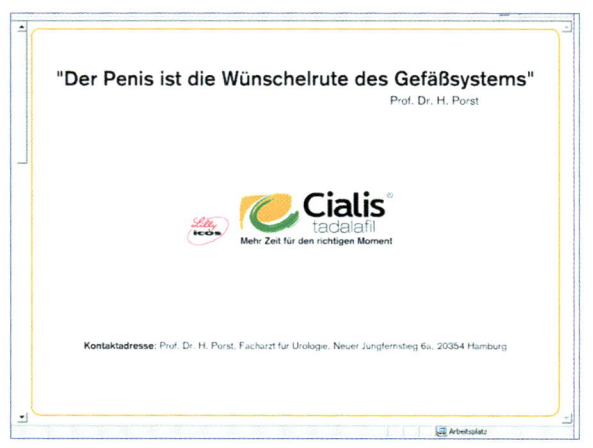

eDetailing

Waage (24.09. – 23.10.) – Patientenwebsites

Die Waage, Symbol der Ausgeglichenheit. Waage-Menschen wünschen sich Harmonie und sind stets in diplomatischer Mission unterwegs. Sie haben einen Sinn für das Schöne, beschäftigen sich gerne mit Kunst und streben nach Eleganz und Stil. Waagen zu informieren bedeutet, einem hohen Anspruch gerecht zu werden. Ansprechendes Design und gut recherchierte Informationen bilden die typische Waage-Mischung. Wenn Waage-Geborene als Verantwortliche eine Patientenwebsite konzipieren, orientieren sie sich gerne an dem Internetauftritt von Amsel, einer der führenden MS-Selbsthilfegruppen.

www.amsel.de

Skorpion (24.10. – 22.11.) – Das Blog zur Marke

Eigenwillig, stark, stolz – das sind hervorstechende Charaktermerkmale des Skorpions. Er liebt es zu analysieren und den Dingen auf den Grund zu gehen. Dabei schaut er tiefer als manch anderer. Der Skorpion ist ein Einzelgänger, scheut keine Herausforderung, sucht sie geradezu. Wenn er in angriffslustiger Stimmung ist, sollte man den Skor-

DocMorris-Blog

pion nicht herausfordern. Ein Skorpion versteht es wie kaum ein anderer, den Markenwert seiner Produkte durch Kommunikation zu stärken. Als Vorbild wird häufig Ralf Däinghaus von DocMorris mit seinem Blog genannt, der die kontroversen Meinungen seiner Gegenspieler geschickt für sich nutzt.

Schütze (23.11. – 21.12.) – Webcast-Ära

Der Schütze liebt den Duft der großen weiten Welt und das Abenteuer und will seine Unabhängigkeit keinesfalls aufgeben. Es drängt ihn hinaus auf der Suche nach Freiheit und neuen Erkenntnissen. Intellektuelle Herausforderungen und geistige Ansprache braucht er zum Leben, genauso wie zum intensiven Austausch mit seinesgleichen. Webcasting, das heißt Video- und/oder Audiobeiträge mit wissenschaftlichem Inhalt und Möglichkeiten für mehrere Betrachter zur zeitgleichen Interaktion, ist seine favorisierte Methode bei der Online-Kommunikation im Pharmabereich.

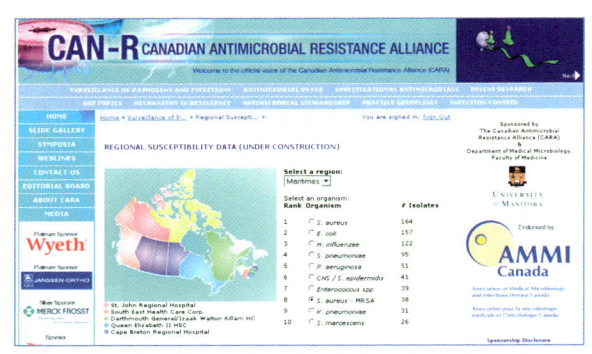

Webcast der Canadian Antimicrobial Resistance Alliance

Steinbock (22.12. – 20.01.) – Seriöse Patientenführung

Sicheren Fußes macht er sich an den Aufstieg nach oben. Mit viel Ausdauer erklimmt der Steinbock die Höhen, die sonst kaum einer erreicht. Dafür trainiert er hart, weil er weiß, dass Erfolg niemals von selbst kommt. So begründet der Steinbock seine Anerkennung. Gleichzeitig legt er großen Wert auf eine stabile Basis, vertraut dafür nur bester Qualität. In der technischen Kommunikation hält sich der Steinbock gerne an Kontrollfunktionen von Geräten. Er setzt auf die mobile Patientenführung, gleich welcher Couleur. Ob Blutzucker, Herzrhythmus oder Hormonhaushalt: Hauptsache, die Anwendung ist verlässlich und zeigt einen echten Nutzen.

Blutzuckermessgerät

Wassermann (21.01. – 19.02.) – Praxismarketing auf Knopfdruck

Der Wassermann ist seiner Zeit voraus, ein Reformer, der weiter und in Richtungen denkt, die seiner Umgebung manchmal ein wenig abgefahren erscheinen. So bunt wie seine Gedanken sind seine Chancen: Wenn eine Online-Anwendung Zeit spart, lässt er sie für sich arbeiten. Praxisbroschüren, Wartezimmer-TV, Patientenaufklärung: Der Wassermann nutzt strategisch klug ausgearbeitete Vorlagen aus dem Internet, um sie mit seiner Individualität zu krönen. Ganz einfach und ganz preiswert.

Broschüre „Praxiseinblicke"

Fische (20.02. – 20.03.) – Belohnung lockt

Ein Fisch ist schwer zu packen. Gerade hat man ihn noch im Blick, schon ist er wieder abgetaucht. Diese Fähigkeit ist es, die ihm hilft, Gefahren und Chancen zu wittern. Intuition ist sein bestechendes Merkmal. Und so träumt er eher von fetten Ködern als von Plastikblinkern. Auch wenn man es kaum noch aussprechen darf in Zeiten der sich gegenseitig übertrumpfenden Integritätsphilosophien der Pharmafirmen, so weiß der Fisch-Geborene doch, dass Ärzte und Patienten gerne Informationen weitergeben, wenn der Aufwand dafür belohnt wird.

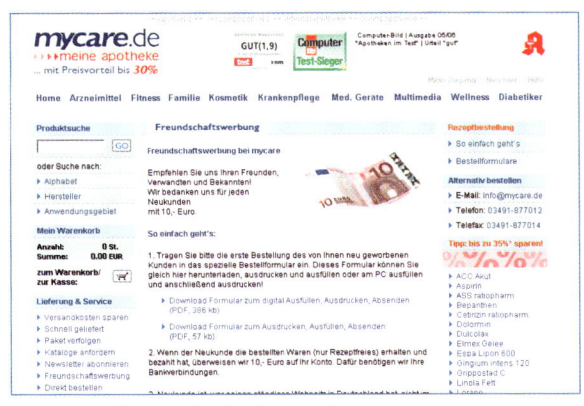

Mycare-Freundschaftswerbung.

Dr. med. Angela Liedler

arbeitete nach ihrem Medizinstudium in Aachen und Freiburg als Klinikärztin in deutschen und britischen Krankenhäusern sowie als medizinisch-wissenschaftliche Referentin bei Warner Lambert im Bereich Schmerztherapie. 1999 gründete sie die auf Pharmawerbung spezialisierte Agentur Angela Liedler GmbH, Freiburg, mit inzwischen zwei weiteren Standorten in Köln und München. Im größten Netzwerk inhabergeführter Pharma-Agenturen von GSW Worldwide vertritt Angela Liedler exklusiv den deutschsprachigen Raum.

✉ angela@liedler.de

Wer geht wem ins Netz?

Wie Etats zukünftig vergeben werden, neue Beziehungen entstehen und sich Rolle und Angebot von Netzwerkagenturen entwickeln.

Jeder, der in Deutschland in Sachen Healthcare-Marketing unterwegs ist, muss sich damit auseinandersetzen: Nichts ist mehr wie es war. Der Markt bildet sich neu. Wer überleben und wachsen will, muss sich darauf einstellen, bevor er in der Sackgasse angekommen ist, in die er zwangsläufig gerät, wenn er so weitermacht wie bisher.

Führt jeder Weg ins Netz?

Kann ich auf altbewährte Weise fortfahren oder muss ich mich einer Netzwerkagentur anschließen bzw. mich dieser anvertrauen? Diese Frage stellen sich sowohl Kunden als auch Agenturen. Mehr und mehr wird die Entscheidung, wer mit wem arbeitet, nicht mehr lokal, sondern regional bzw. weltweit entschieden. Agenturen müssen ihre Angebotsstrategie darauf ausrichten, welche Kunden für sie im Fokus stehen.

Immer deutlicher spürbar ist, dass die weltweit agierenden Konzerne ihr Agenturnetzwerk straffen. Gesunde Kundenbeziehungen sind lange kein Garant mehr für gesundes Wachstum. Das betrifft sowohl Netzwerk- als auch inhabergeführte Agenturen. Die Zeiten sind vorbei, in denen ein Etat an die Agentur vergeben wurde bzw. werden durfte, von der man glaubte, das Produkt sei kommunikativ in guten Händen.

Wer lokal mit von der Partie sein will, muss ein starkes internationales Netzwerk im Rücken haben, das vor allem eines tut: pitchen & gewinnen. Wenn nicht, ist ein bestehender Etat auch schnell wieder weg. Jammern hilft nichts – weder der Agentur noch dem Kunden. Doch auch ein Pitch-Gewinn muss nicht Anlass zu Jubel sein. Weltweit verhandelte flat fees können auch Grund für deutsche Sorgenfalten werden. Trost bietet dann nur noch der klangvolle Name unter der Rubrik Referenzen. Nur bezahlt man damit keine qualifizierten Mitarbeiter.

Neue Erfahrungen vereinen Agentur und Kunde

Und doch: Netzwerkagentur und Kunde sitzen enger denn je in einem Boot. Parallel machen wir eine neue Erfahrung: Wir gehen den Weg der Globalisierung, Entscheidungen werden zentralisiert.

Beide versuchen wir uns gegen das Unausweichliche zu wehren: den Verlust der lokalen Befugnisse. Zumindest verlieren wir beide unsere traditionelle Rolle. Warum nur sind wir so überrascht und unflexibel. Nach Jahrzehnten des dezentralen Marketings ist nun endlich auch die Erkenntnis im Pharma-Markt angekommen, dass Marken erfolgreicher sind, wenn sie global einheitlich auftreten.

Der Kunde ist entrüstet über das Headquarter, das ihm vermehrt vorschreibt, wie sein Produkt in Deutschland aussieht und was die Key Messages sind. Fein säuberlich bis ins Detail ausgearbeitete Brand Guidelines gilt es zu beachten. Vorbei die Zeiten, in denen man sich neben den Grafiker in der Agentur setzen durfte und den Störer über das Visual und das Logo dreimal so groß nach links oben verschieben durfte. KampagnenEntwicklungen allein, für Deutschland wird es immer weniger geben, und die Gesprächsunterlage hat Pflichtbestandteile, an die man sich zu halten hat. Das Headquarter hat ein Auge darauf. Auch das Reporting ändert sich entsprechend. Freigaben finden selten ohne Go aus New York, London, Tokio oder Basel statt.

Internationale Kunden gehen ins Netz

Aber das ist nicht alles, auch die Agenturauswahl wird zusehends international getroffen. Klar, dass hier vernetzte Agenturen im Vorteil sind, wenn nicht sogar die einzigen, die überhaupt in die engere Wahl gezogen und zum Pitch eingeladen werden. Relevant ist vor allem, ob eine Agentur in den europäischen Key-Märkten mit einer starken Healthcare-Kompetenz vorhanden ist.

Was die Vernetzung mit anderen Disziplinen – Consumer Advertising, Direct Marketing, Web, Media, PR oder Event – angeht, spielt zunächst eine nachrangige Rolle. Die lokale Healthcare-Expertise ist entscheidend. Nicht umsonst kaufen sich internationale Full-Service-Netzwerke mit „Pharma-Lücken" aktuell in den deutschen Markt ein oder schließen strategische Allianzen mit den Lokalgrößen. Und umgekehrt kommt kaum eine Agentur mit traditioneller Pharmakompetenz umhin, sich nicht zumindest bei Bedarf einen internationalen Agenturverbund als Partner auf die Fahne zu schreiben.

Agenturen in einer neuen Rolle

Die Verpflichtung eines einzigen Netzwerkes verspricht zwei Vorteile: Kosteneinsparung und die Gewährleistung der einheitlichen Kommunikation über Ländergrenzen hinweg. Die Agentur wird zum langen Arm des Global Brand Managements.

Eine oft nicht ganz einfache Situation. Der lokale Kunde zahlt die Agentur zwar, hat sich diese aber nicht selbst ausgesucht. Die Agentur steht als Garant für die Einhaltung der Brand Guidelines und ist damit international der festgelegten Kommunikationsstrategie verpflichtet. Eine diffizile Gratwanderung ist oft die Folge, sobald die Frage auftaucht, wie weit Adaption gehen darf: Was, wenn der Kunde der Meinung ist, in Deutschland sei alles anders, und die internationale Strategie ginge am deutschen Markt vorbei? Hier sind zwei Dinge gefragt: Zum einen Umdenken und zum anderen die lokale Stärke des Marketings einzusetzen.

Umdenken insofern, als man sich sicher sein kann, dass der deutsche Markt bei der Strategie-Entwicklung für den Weltmarkt nicht unberücksichtigt geblieben ist. Immerhin steht Deutschland an zweiter Stelle in der Bedeutung für den Umsatz nach den USA. In die Markenstrategie zu vertrauen und sie als Fortschritt zu begreifen ist ein wesentlicher Faktor, der den Umgang mit den neuen Gegebenheiten leichter und auch effizienter macht. Sie wird auch den lokalen Erfolg auf Dauer unterstützen, wenn, ja wenn sie stringent umgesetzt wird.

Kreativität definiert sich neu

Natürlich sind die Gegebenheiten im deutschen Markt nicht einfach. Seit geraumer Zeit nehmen gesundheitspolitische Rahmenbedingungen enormen Einfluss auf die Industrie. Aber genau hier sind das lokale Marketing und das strategische Know-how der Agentur gefragt. Die Anforderungen an beide werden nach wie vor sehr hoch sein, nur verlagern sich die Aufgabenschwerpunkte weg von der Kampagnenentwicklung hin zu einer sehr differenzierten Herangehensweise an den Markt.

Hier kommt es einer Agentur – und letztendlich dem Kunden – zugute, wenn sie interdisziplinär vernetzt ist: Pharmaprodukte sind Nischenprodukte, die für ganz bestimmte Gruppen geeignet sind. Erfolge zu realisieren, das heißt die richtige (Fach- oder Laien-)Zielgruppe zum richtigen Zeitpunkt mit dem richtigen Medium zu erreichen, erfordert in den heute sehr komplexen Märkten integrierte und fein nuancierte Marketingkampagnen. Immer mehr wird die Kreativität der Agenturen vor allem hier gefordert sein.

Mit dem Kunden auf Augenhöhe

Partnerschaftlicher Umgang zwischen Agentur und Kunde ist mitentscheidend für den Erfolg. Der offene Austausch von Informationen versetzt die Agentur in die Lage, für den Kunden weiterzudenken. Die Anbindung an das internationale Netzwerk und damit auch das Wissen um das weltweite Geschehen mit dem Präparat machen es dem Kunden leichter, die Agentur mit an den Tisch zu holen, wenn es um grundlegende Entscheidungen geht.

Und da mehr denn je auf Kosten geschaut wird und das Procurement immer mit von der Partie ist, ist es auch Aufgabe der Agentur, neue intelligente Wege zur Zielgruppe anzubieten. Dies können insbesondere Netzwerkagenturen garantieren, für die es keinen (monetären) Unterschied macht, welche Gewichtungen im Marketing-Mix die Bereiche PR, CRM, Medical Education oder Print haben.

Die Formel „internationales Netzwerk gleich teuer" gilt schon längst nicht mehr. Ein großer Name braucht heute keinen Kunden mehr abzuschrecken. Im Gegenteil: Meist kann hier jeder Euro effizienter eingesetzt werden. Die Möglichkeit, über den nationalen und/oder den Pharma-Tellerrand der Werbung hinauszuschauen, ist ein großes Plus für Marken und Kunden aller Größen.

Stefanie Heisler

ist seit der Gründung in 2004 Geschäftsführerin der Agentur McCann Healthcare in Frankfurt. Die Diplom-Kauffrau, die ihr Studium an der Universität des Saarlandes in Saarbrücken in den Fächern International Marketing, Management und Außenhandel absolvierte, blickt zurück auf eine zwölfjährige Erfahrung im Healthcare-Sektor. Nach einjähriger Projektarbeit an der University of Michigan als Research Associate arbeitete Frau Heisler von 1996 bis 1999 für die Agentur Loft Nine Network in München als Beraterin, Account Director und in der Geschäftsleitung. Ab 1999 war sie verantwortlich für den Aufbau der Agentur courage communication in Berlin, bevor sie 2004 zu McCann Healthcare wechselte.

✉ stefanie.heisler@mccann.de

Werbe-Tabus bei Tabu-Produkten

Wie ungewöhnlich, witzig und provozierend darf eigentlich Werbung für Kondome und andere Artikel rund ums Thema Sex sein?

Gib AIDS keine Chance: Unter diesem Motto mahnt die Bundeszentrale für gesundheitliche Aufklärung in ihren Kampagnen bereits seit 1987 den Gebrauch von Kondomen an

Vor 20 Jahren, in der Saison 1987/88, spielte der FC Homburg in der 1. Fußball-Bundesliga. Das war erstaunlich. Doch nicht die Ballkünste der Mannschaft waren damals das große Thema, sondern der Schriftzug, den die Spieler auf ihrer Brust trugen. „London" war da zu lesen, wobei es sich um keine Marketingaktion der englischen Tourismusbehörde handelte, sondern um Werbung für eine nach der britischen Hauptstadt benannte Kondom-Marke. Kicker und Kondome, das schien klasse zu passen: Fußball ist des Mannes liebste Sportart – knapp gefolgt vom Zweier-Bettturnen, zu dem sich der verantwortungsbewusste Mann von Welt natürlich mit einem Kondom kleidet.

Kicker und Kondome, ein Traumpaar also? Denkste! Die betagten Sittenwächter beim DFB, dem Deutschen Fußball-Bund, entpuppten sich als energische London-Gegner. Saß ihnen womöglich noch der Schock des Wembley-Tors von 1966 in den Knochen? Oder waren Kondome einfach ein zu großes Tabuthema, das nicht in die Öffentlichkeit und erst recht nicht auf den heiligen Fußballrasen gehörte? Auf jeden Fall ließen die DFB-Mannen kurzerhand den „London"-Schriftzug auf den Trikots mit einem schwarzen Zensurbalken verdecken. Nach dem Einspruch der Homburger entschied schließlich das Landgericht Frankfurt: Die Kondomwerbung verstoße keineswegs gegen Ethik

Für Gentlemen: Mehr oder minder kleidsames Spaß-Outfit für das beste Stück am Mann

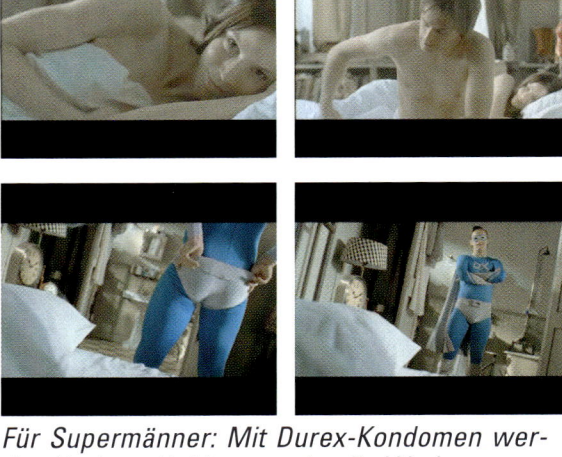

Für Supermänner: Mit Durex-Kondomen werden Kerle zu Helden – meint die Werbung

und Moral, sei also nicht sittenwidrig. Der FC Homburg hatte am Ende trotzdem nicht viel von der Aufregung um seine Trikotwerbung, die aus heutiger Sicht läppischen 200.000 Mark vom Trikot-Sponsor einmal abgesehen: Am Saisonende stieg die Mannschaft trotz Gummischutzes wieder ab.

Streitthema Kondomwerbung

Heute, zwei Jahrzehnte später, sind wir sicherlich viel weiter und weiser: Werbung rund ums Gummi und das Thema Sex sind längst kein Tabuthema mehr, schließlich sind wir inzwischen alle mächtig aufgeklärt, tolerant und wissen um die Gefahr von AIDS. Oder?

Hier ein paar Meldungen aus den vergangenen drei Jahren:

„Die Kondomwerbung des US-Konzerns Trojan musste nun im britischen TV abgesetzt werden. In dem TV-Spot war eine Frau in sexuellem Kontakt zu sehen. Nach 209 Beschwerden der Zuseher bei der britischen Medienbeobachtung Ofcom, die den Orgasmus einer Frau nicht zu der frühen Tageszeit, um 21.00 Uhr, im Fernsehen vorgesetzt bekommen wollten, wurde der TV-Spot vom Programm genommen."

„Die britischen Watchdogs sind erneut bei ihrer Überwachung schlüpfriger Werbung fündig geworden: Diesmal traf es die Firma Durex, die mit einem Wortspiel um Roger Moore dafür warb, mehr Sex zu haben – mit Kondom natürlich. Die Kontrollbehörde meinte, die Anzeige sei nicht geeignet, öffentlich gezeigt zu werden: Auf ihr sind aufgeblasene Kondome mit den Worten roger more (sinngemäß: „Treibt es öfter") zu sehen."

„Ein englischer Pub-Besitzer hat sich über eine neue Kondomwerbung auf Bierdeckeln beschwert, die gegenwärtig an Pubs und Nachtbars als Teil eines Programms für sexuelle Gesundheit verteilt werden. Der Vater von sieben Kindern ist um seine Gäste besorgt: Zu ihm kämen auch kleine Kinder mit ihren Großmüttern, und nicht jeder Gast würde derartige Dinge gutheißen. Erbost ist er vor allem über ein Bild: Es zeigt einen Mann in einer ziemlich hässlichen Unterhose, der mit ausgestreckten Armen ein Kondom langzieht."

„Eine provokante Außenwerbung des US-Kondomherstellers Trojan entspricht nicht den Kriterien der britischen Advertising Standard Association (ASA). Die ASA hat das Poster als verletzend eingestuft. Bei der ASA gingen insgesamt 43 Beschwerden ein, die die Trojan-Kampagne als beleidigend und erniedrigend gegenüber Frauen und die Promiskuität promotend bezeichneten. Noch dazu würde sie kriminelles Verhalten provozieren und unverantwortlich gegenüber Kindern sein."

Blaumann im Gleitflug

Doch nicht nur außerhalb Deutschlands ecken Werbung für Kondome, Sex-Hilfsmittel und andere Tabu-Produkte immer wieder an. Anfang 2007 warb der zur britischen SSL-Gruppe gehörende

Im Rahmen seiner „Sexual Wellbeing"-Kampagne lud Durex Pärchen in ein Iglu-Hotel ein, in dessen Kälte sie das „einzigartig warme" Gleitgel der Firma ausprobieren konnten

Kondomhersteller Durex im TV mit einer Art Superman. Dieser steckt in den Filmen in einem züchtigen blauen Kostüm und wirbt zum einen für die „Ausdauerkondome" des Unternehmens, zum anderen für Durex Play Warming, ein „einzigartiges warmes Gleitgel". Demonstriert werden die Vorteile dieser Gleitcreme ziemlich diskret: Der Superblaumann stellt die Gel-Tube vor eine zugefrorene Fensterscheibe, woraufhin ein Teil der Eises schmilzt und ein Herz bildet. Dazu wird aus dem Off gehaucht: „Durex Play Gleitgel: Weil die Liebe Spaß macht."

Ein niedliches und harmloses Filmchen, sollte man meinen. Doch dass der Spot am Familiensamstagabend um 20.40 Uhr in der Werbepause von „Deutschland sucht den Superstar" geschaltet wurde: So etwas sorgt noch immer für Aufregung, und Eltern fragten sich: Wie erklär ich's meinem Kinde, was man mit einem Gleitgel so alles treiben kann?

Verboten ist Werbung für solche Produkte natürlich nicht, in der Regel wird sie jedoch nicht vor 22 Uhr geschaltet. Durex dürfte von der Aufregung um den Werbefilm – im deutschen Fernsehen war er der erste überhaupt für ein Gleitgel – profitiert haben. Gleichzeitig zeigte sich, dass viele mit Werbung für Tabu-Produkte eben doch noch Probleme haben.

Heißes Gleitgel im kalten Iglu

Dabei lassen sich die Firmen und Werbeagenturen mittlerweile sehr originelle Dinge einfallen zum Thema Gummi & Co. Rund um seine „Sexual Wellbeing"-Kampagne führte Durex beispielsweise auch Events durch, die zumindest die junge Zielgruppe lustig gefunden haben dürfte. Mitte Februar 2007 zum Beispiel ließ das Unternehmen im Ötztal auf 2.700 Metern Höhe ein paar Iglus aufbauen, in denen zehn Pärchen nach einem Begrüßungs-Champagner in eisiger Gletscher-Umgebung die Wirkung des heißen Gleitmittels testen konnten. Ob dieser „Eskimo-Test" eher zu Erfrierungen oder Verbrennungen geführt hat, ist uns leider nicht bekannt. Und darüber, ob solche Aktionen lustig oder doch eher geschmacklos sind, dürfte weiter gestritten werden. Auf jeden Fall aber zeigt sich eine neue Kreativität und Lässigkeit bei der Werbung für Artikel rund um das Thema Sex – durchaus mit Erfolg: Der Spot für das Durex-Ausdauerkondom belegte Anfang 2007 Platz eins in der monatlichen Meinungsumfrage des Werbeforschungsinstituts IMAS nach den beliebtesten TV-Spots.

Gelegentlich freilich drohen die Werbe-Ideen in Klamauk zu versinken. Auf der Durex-Homepage ließen sich rechtzeitig zum Karneval sogenannte „Dickorations" herunterladen und ausschneiden: Mehr oder minder kleidsame, auf jeden Fall aber kuriose Outfits für das beste Stück des Mannes, vom Champion-Gürtel über eine Königsrobe bis hin zum Smoking („latest fashions for your sausage"). Immerhin: Der mahnende Hinweis, diese Spaßbekleidung zu gegebener Zeit gegen ein Kondom auszuwechseln, fehlte nicht.

Auf der Internetseite des Kondomherstellers lassen sich zudem die „Stellung des Monats" sowie Computerspiele herunterladen, zum Beispiel Egg Invaders („Beschütze die Eizelle vor üblen Spermien, die nur eins im Sinn haben: Die unschuldigen Eizellen zu befruchten.") oder Überzieher („Nur bewaffnet mit einer Packung Durex Kondome, musst Du allen unbelehrbaren Gliedern da draußen zeigen, was Safer Sex wirklich bedeutet!").

Mit Humor gegen Tabus

Klar, solch einer Kondomwerbung droht immer die Gefahr, dass sie ins Alberne abdriftet. Aber, und das ist das Erfreuliche daran, endlich einmal gibt sich die ansonsten oft ziemlich dröge Healthcare-Kommunikation locker und unverkrampft. Sicherlich ist humorige Werbung für Gleitgele und Gummis leichter und auch passender als beispielsweise für Mittel gegen Inkontinenz oder Hämorrhoiden. Und natürlich verlangen gerade Tabu-Produkte eine differenzierte Werbung. Aber pointierte Werbung mit einem Schuss Humor oder emotionalen Momenten kann die Akzeptanz und damit Selbstverständlichkeit von Tabu-Produkten erhöhen. Lässige Kondomwerbung und auch die vielen guten AIDS-Aufklärungskampagnen sind da ein hilfreicher Anfang. Und vielleicht gelingt es der Werbung sogar, mit mutigen Auftritten nicht nur Gleitcremes und Kondome zu enttabuisieren, sondern auch Produkte gegen Blasenschwäche, Fußpilz oder Impotenz. Womöglich können wir dann in 20 Jahren den Begriff Tabu-Produkte aus unserem Wortschatz streichen.

Torsten Schöwing

Jahrgang 1972, hat in Göttingen und Wien Germanistik sowie Politik- und Kommunikationswissenschaften studiert. Er volontierte bei der Hamburger Marketing-Fachzeitschrift ‚new business', für die er seit 2001 als Redakteur tätig ist. Seit 2006 ist er zudem Redakteur der Zeitschrift ‚Markenartikel'. Zugleich arbeitet er seit mehreren Jahren als freier Kultur- und Reisejournalist, u.a. für die ‚Financial Times Deutschland', und war langjähriger Theaterkritiker der ‚Harburger Anzeigen und Nachrichten'.

✉ *schoewing@new-business.de*

BPO für Healthcare-Unternehmen

Ressourcen freisetzen und Kosten senken

Die Auslagerung von Vertriebsprozessen an externe Callcenter hat sich in der jüngsten Vergangenheit als eine der erfolgreichsten Formen des „Business Process Outsourcing" erwiesen.

Besonders Unternehmen der Pharma-Branche stehen heute unter einem enormen Vertriebsdruck. Dies ist nicht zuletzt auf die strengere Regulierung der Verordnungspraxis von Medikamenten zurückzuführen. Nur wer Ärzte und Patienten möglichst schnell von einem neuen Präparat überzeugt und so ständig neue Kundenpotentiale erschließt, hat Chancen, sich im Wettbewerb zu behaupten. Der aggressive und schnelllebige Markt für Pharmapräparate fordert den Unternehmen dabei zunehmend Tätigkeiten ab, die nicht zu deren Kernkompetenzen gehören. Immer öfter geben Pharmaunternehmen daher vollständige Geschäftsprozesse zur Kundenwertschöpfung an externe Call-Center-Dienstleister ab. Das Stichwort heißt: „Business Process Outsourcing". BPO setzt im Unternehmen Ressourcen frei und spart Kosten ein.

Die Auslagerung von Vertriebsprozessen an externe Callcenter hat sich in der jüngsten Vergangenheit als eine der erfolgreichsten Formen des „Business Process Outsourcing" erwiesen und sieht einem starken Wachstum entgegen. Durch BPO werden im Unternehmen Ressourcen frei für die eigentlichen Kernaufgaben – wie etwa Produktplanung und Entwicklung sowie intensive Betreuung der Key Accounts. Externe Dienstleister können zudem Kundenkontakte schneller, wirkungsvoller und vor allem kostengünstiger bewältigen. Immer mehr Healthcare-Unternehmen, die bereits die Vorteile des Telemarketing als Vertriebsweg nutzen, gliedern deshalb auch vor- und nachgelagerte Tätigkeiten aus. Auf die Vertriebsunterstützung spezialisierte Outbound-Dienstleister haben sich hier als kompetente Partner bei der Ansprache von Ärzten und Apothekern bewährt.

Im Unterschied zu einer herkömmlichen Call-Center-Kampagne übernimmt der Dienstleister beim BPO nicht nur einzelne Aufgaben wie etwa die Generierung von qualifizierten Außendienstterminen oder den Direktverkauf. Beim BPO geht es um die komplette Übernahme von Prozessen. Dazu gehören z.B. die gezielte Steuerung eines externen oder internen Außendienstes, die Auftragsabwicklung und das Forderungsmanagement sowie die Zusammenführung aller ermittelten Kundendaten auf CRM-Basis.

Der Vorteil solcher BPO-Lösungen: Der Auftraggeber spart die laufenden Betriebskosten (fixe Kosten) für eine Inhouse-Lösung ein und wandelt sie stattdessen in eine auftragsbezogene Vergütung (variable Kosten) seines BPO-Partners um. Das hat fast immer erhebliche Einsparungen zur Konsequenz. Den Nutzen von BPO allein auf Kostenminimierung zu reduzieren, greift aber deutlich zu kurz. Die technischen Möglichkeiten und freien Kapazitäten sowie der Erfahrungsschatz und die Vertriebskompetenz des Call-Center-Dienstleisters tragen entscheidend zur Steigerung von Kundenzufriedenheit und Absatz bei. Das Tätigkeitsfeld geht dabei weit über das reine Telefonieren hinaus. Voraussetzung für ein effektives BPO-Konzept ist daher die integrierte Nutzung und Steuerung aller Formen der Kundenansprache – ob Telefon, Schriftverkehr (Direktmailing, Fax, E-Mail etc.), Events, Internetportale oder Außendienst.

BPO-Projektbeispiel „Markteinführung mittels Anwendungsbeobachtung"

Ein weltweit führendes Pharmaunternehmen hat ein neues Insulinpräparat der Indikation Diabetes Typ 2 entwickelt. Es soll möglichst schnell im Markt eingeführt werden. Ziel ist es, so viele Patienten wie möglich auf das neue Präparat umzustellen. Das Unternehmen hat sich für eine umfangreiche Anwendungsbeobachtung – kurz AWB – entschieden. Ärzte beobachten und protokollieren dabei in Abstimmung mit dem Hersteller die Wirksamkeit und Verträglichkeit von Präparaten bei ausgewählten Patienten. Eine solche Studie ist äußerst zeit-, personal- und kostenintensiv. Die teilnehmenden Ärzte müssen betreut, die Patientenbögen ausgewertet und die Teilnehmer erst einmal gewonnen werden. Je mehr Schritte an einen externen Profi ausgelagert werden, desto kostengünstiger und erfolgreicher wird das Projekt. Ein professionelles Callcenter verfügt über die hierfür nötigen Ressourcen und die Erfahrung, mehrere Tausend Ärzte zu akquirieren und über Monate kontinuierlich und individuell zu betreuen.

Die gesamte Anwendungsbeobachtung lief schließlich über einen Zeitraum von knapp zwei Jahren und setzte sich aus zwei Hauptzielen zusammen.

1. Teilnehmerakquise

Das gesamte Projekt der Anwendungsbeobachtung umfasste insgesamt neun verschiedene Kontaktphasen. Neben dem Telefon kamen dabei verschiedene Formen des Schriftverkehrs (Direktmailing, Fax, E-Mail etc.) zum Einsatz. Zunächst wurden 10.000 Diabetologen, diabetologisch tätige Internisten und Klinikärzte kontaktiert, um eine möglichst große Anzahl von Teilnehmern für die Anwendungsbeobachtung zu gewinnen. Die Basis für die Kundenakquise bildete ein mehrstufiges Dialogkonzept, in dessen erster Projektphase die ausgewählten Ansprechpartner in einem Mailing ausführliches Informationsmaterial zur geplanten AWB erhielten.

Mit einem nachgelagerten Anruf wurde der Arzt dann von den Vorteilen einer Teilnahme überzeugt. Nach einer tagesaktuellen Zusendung der Vertragsunterlagen an interessierte Ärzte erläuterten die Agenten in einem zweiten Telefonat den Ablauf und die Teilnahmebedingungen der AWB. Ziel war es, den Arzt nun von einem Vertragsabschluss zu überzeugen. Die eingegangenen Verträge leitete der Dienstleister direkt an das Pharmaunternehmen weiter. An die Rücksendung noch ausstehender Verträge erinnerte das Callcenter per Fax.

2. Teilnehmerbetreuung

Nun folgte die regelmäßige Betreuung der Ärzte während der gesamten AWB über einen Zeitraum von 18 Monaten. Fragen zum Projektablauf konnten währenddessen beantwortet und die termingerechte Durchführung der notwendigen Untersuchungen sowie die Rücksendung der ausgefüllten Patientenbögen sichergestellt werden. Die Ergebnisse von insgesamt zwei Untersuchungen – einer Basis- und einer Abschlussuntersuchung – sollten auf den zugestellten Patientenbögen eingetragen und zurückgesendet werden. Korrekt ausgefüllte Bögen wurden direkt an den Auftraggeber weitergeleitet. Nicht auswertbare Exemplare wurden mit der Bitte um Berichtigung oder Vervollständigung

9-phasiges Business-Process-Outsourcing-Projekt „Markteinführung mittels Anwendungsbeobachtung"

1. Schritt: Teilnehmerakquise

Phase 1 – Mailing
Adressaten erhalten Informationsmaterial zur geplanten AWB.

Phase 2 – Call
Persönliche Ansprache des Arztes und Erläuterung der geplanten AWB sowie Vorstellung des Präparates.

Phase 3 – Mailing
Tagesaktueller Versand der Vertragsunterlagen an interessierte Ärzte.

Phase 4 – Call
Nachfassanruf mit Erläuterung des Ablaufs und der Teilnahmebedingungen der AWB.
+ Mailing: individuelle Vertragszusendung
+ Weiterleiten eingegangener Verträge an Kunden.

Phase 5 – Fax
Erinnerung an Rücksendung des Vertrages.

Phase 6 – Mailing
Postalische Weiterleitung der Patientenbögen an die Ärzte.

2. Schritt: Teilnehmerbetreuung

Phase 7 – Call
Beginn Betreuungsdialog AWB
+ Mailing: Weitere Vertragszusendungen und Nachfass zur Vertragsrücksendung.

Phase 8 – Call
Anruf zur Basisuntersuchung
+ Angebot weitere Patienten in die AWB einzubeziehen.

Phase 8 a – Bogenprüfung
Prüfung der Patientenbögen auf Vollständigkeit
+ Rücksendung falscher Bögen und Weiterleitung korrekter Bögen
+ Erinnerung an die Rücksendung der Unterlagen

Phase 9 – Call
Erinnerung an die Abschlussuntersuchung Hinweis auf vollständige Dokumentation und Rücksendung der Patientenbögen. Feedback der Ärzte zur AWB.

Ergebnis:
Hohe Akzeptanz bei den Ärzten (Begrüßung der Zeitersparnis und der persönlichen Betreuung)
43 Prozent der Ärzte wurden als Teilnehmer gewonnen
20.000 Patienten wurden auf das neue Präparat umgestellt

---

an die betreffenden Ärzte zurückgeschickt. Nach 14 Tagen erfolgte ein Erinnerungsanruf zur Rücksendung der korrigierten Bögen. Nach weiteren zwei Wochen wurden die Praxen und Kliniken mit noch ausstehenden Patientenbögen telefonisch erneut an eine Rücksendung erinnert, um einen möglichst hohen Rücklauf zu erzielen.

Der Kontakt zum Arzt erfolgte während der gesamten Projektzeit stets angepasst an dessen individuellen Teilnahmestatus. Ein Arzt, der einen Vertrag noch nicht zurückgesendet hatte, wurde erneut auf die Vorteile der Teilnahme aufmerksam gemacht, während bereits gewonnene Teilnehmer an die Rücksendung des Patientenbogens erinnert wurden oder neue Patientenmappen bzw. fälschlich ausgefüllte zurückerhielten. Die Phasen der Ansprache liefen so zunehmend parallel ab. Eine solche individualisierte Ansprache ist ein entscheidender Vorteil von BPO-Projekten, bei denen die Kundenkommunikation zentral durch den Dienstleister koordiniert wird. Durch die mehrfache und fachkompetente Ansprache der Zielgruppe konnten schließlich 43 Prozent der angesprochenen Ärzte für eine Teilnahme an der Anwendungsbeobachtung gewonnen werden. Über 20.000 Patienten wurden dadurch auf das neue Insulinpräparat umgestellt. Das neue Präparat wurde damit erfolgreich im Markt eingeführt.

Den Außendienst umfassend unterstützen

Die Auslagerung solcher komplexen Businessprozesse bietet Pharmaunternehmen die Chance, Kosten zu senken und sich erfolgreich am Markt zu positionieren. Zunehmend gefragt ist dabei vor allem auch die umfassende Unterstützung des Außendienstes. Und das aus gutem Grund. Aktuelle Studien zeigen, dass Verkäufer immer weniger Zeit für ihre eigentliche Tätigkeit haben: das Verkaufen. Hinzu kommt, dass Außendiensttermine äußerst kostenintensiv sind. Besuche bei B- und C-Kunden rechnen sich häufig nicht mehr.

Callcenter unterstützen den Außendienst daher vermehrt durch die Übernahme komplexer Kommunikationsprozesse. Die Prozesskette eines solchen Projektes beginnt zumeist mit einer Potential- und Bedarfsanalyse, auf deren Grundlage die Kunden zunächst klassifiziert werden. Mit Kunden, die ein hohes Potential besitzen, vereinbart das Call-center dann einen Außendiensttermin. Kunden mit niedrigem Potential betreut der Dienstleister eigenständig. Der Pharma-Außendienst kann sich so auf die umsatzstarken A-Kunden konzentrieren. Damit lassen sich die vorhandenen Potentiale erstmals vollständig ausschöpfen und gleichzeitig Kosten einsparen. Für jeden vereinbarten Termin erstellen die Call-Agenten Kontaktprotokolle mit den Gesprächsinhalten und Informationen zu den vereinbarten Parametern. Eine genaue Vorklassifizierung des Kontaktes nach vorgegebenen Kriterien erleichtert die Terminvorbereitung zusätzlich.

Branchenkompetenz ist erfolgsentscheidend

Voraussetzung für den Erfolg von BPO-Projekten ist die Branchenspezialisierung des Callcenters. Nur Anbieter, die die Zielgruppe kennen, wissen, was bei der Ansprache von Ärzten und Fachärzten zu beachten ist. Die für die Anwendungsbeobachtung eingesetzten Mitarbeiter verfügten über eine branchenbezogene Ausbildung als MTA, PTA, Pharmareferent oder Biologielaborant sowie über Erfahrung im telefonischen Dialog mit Ärzten. Die Agenten eines Outbound-Spezialisten sind zudem kompetente Vertriebsprofis, die das erforderliche Know-how besitzen, auch komplexe Produkte am Telefon erfolgreich zu vermarkten.

Eine weitere Voraussetzung für den Erfolg: BPO-Projekte müssen immer individuell gestaltet werden. Für den Ablauf gibt es keinen Standard. Nicht nur während der Planungsphase, sondern auch während des Projektes ist zudem die Transparenz für den Auftraggeber zu gewährleisten. Nur so ergeben sich im Zusammenspiel mit dem Kunden die notwendigen Synergien und eine Vertrauensbasis. Der Kernnutzen von BPO wird durch die bestmögliche Kombination der Stärken von Auftraggeber und Dienstleister erzielt.

Glossar

BPO (Business Process Outsourcing):
Ganze Geschäftsprozesse werden an einen externen Dienstleister ausgelagert. Das setzt Ressourcen im Unternehmen für die eigentlichen Kernaufgaben frei. Als eine der erfolgreichsten Formen des BPO hat sich die Übernahme komplexer Prozessketten bei der Kundenkommunikation durch professionelle Call-Center erwiesen. Diese Form des BPO senkt nicht nur die Kosten – auch die Qualität der Ansprache erhöht sich.

Outbound:
Die direkte Ansprache von potentiellen Kunden per Telefon. Outbound Calls werden u.a. eingesetzt für den Direktvertrieb, zur Potentialanalyse oder für die Außendienstterminierung. (Im Gegensatz dazu bezeichnet Inbound die Entgegennahme eingehender Kundenanrufe.)

Anwendungsbeobachtung (AWB):
In Abstimmung mit dem jeweiligen Hersteller beobachten und protokollieren Ärzte die Wirksamkeit und Verträglichkeit von Präparaten exklusiv bei ausgewählten Patienten (Anwendern).

Robert Fahrland

gründete 1996 die SIM Communication Center GmbH in Mannheim. Mit dem auf Outbound spezialisierten Call Center bietet Fahrland u.a. der Pharmabranche Unterstützung beim Vertrieb ihrer Produkte und Dienstleistungen an. Der gelernte Diplom-Fachwirt für Telekommunikation ist von 1987 bis 1996 im Key Account Management der Deutschen Telekom tätig. Er zeichnet dort u.a. verantwortlich für die Implementierung von Call-Center-Strukturen einer Tochter der Deutschen Telekom AG in Heidelberg.

✉ kontakt@sim-communication.de

Patientenmanagement – Compliance via Telemarketing!

Der Berater am Telefon fungiert als Motivator im Rahmen der Therapie und als Coach, mit dem Ziele vereinbart werden

Während sich die Kundenbetreuungskonzepte der Pharmaindustrie in der Vergangenheit in erster Linie an der Ansprache von Fachzielgruppen (Allgemeinmediziner und Spezialisten) orientierten, gewinnt das Thema „Ansprache von Patientenzielgruppen" einen immer höheren Stellenwert in der Planung von marktgerichteten Maßnahmen und gerät damit in den Marketing-Fokus. Der Arzt als Verordner ist in seiner Position unbestritten, zusätzlich ist ein im Sinne der medikamentösen Therapie aktiv kooperierender Patient von großer Bedeutung.

Der Begriff Patientenbegleitprogramm beschreibt geplante und strukturierte Maßnahmen der Kommunikation, die Patienten in Bezug auf die Therapie eines Krankheitsbildes oder präventiver Aktivitäten unterstützen.

Wird beispielsweise ein übergewichtiger Patient medikamentös therapiert, kann eine Begleitung, Unterstützung und Motivation durch einen Betreuer außerhalb des Bereiches des behandelnden Arztes oft schneller und nachhaltiger zum Erfolg führen. Studien belegen, dass Patienten, die im Rahmen eines Betreuungskonzeptes unterstützt wurden, einen nachweislich größeren Therapieerfolg bei gleichzeitig höherer Zufriedenheit erreichten (bereits 2002: Andersson P. „Importance of patient support programmes in weight management with Orlistat").

Informationsverhalten des Patienten

Zu beobachten ist ein immer aktiver werdender Patient, der sich um Informationen zu bestimmten Krankheitsbildern, Prävention und Gesunderhaltung bemüht, aber ein zurückhaltender, „passiver" Pharma-Markt, der zunächst an der Betreuung der Ärzte durch den Außendienst festgehalten hat. Gegenläufig hierzu erhöht sich die Anzahl der Anfragen von Patienten direkt beim Hersteller in den letzten 3 Jahren überproportional und steigt weiter.

Gründe für den aktiv nach Informationen suchenden Patienten sind die Änderung des Informationsverhaltens der Konsumenten durch Online-Medien (Focus Gesundheit, xx-well, Lifeline, helpster etc.) – insbesondere Internetforen, Selbsthilfegruppen und Gesundheitsplattformen – sowie eine generell veränderte Einstellung zum Thema Gesundheit und Gesunderhaltung. Diese veränderte Einstellung, gefördert durch Wellness- und Lifestyle-Trends, spielt genauso eine Rolle wie zahlreiche Bonus-Systeme der Krankenversicherungen, die Maßnahmen gesunder und verantwortungsvoller Lebensführung anerkennen.

Initiiert werden Patientenbegleitprogramme entweder im Rahmen indikations- oder präparatespezifischer Konzepte durch Pharmaunternehmen oder durch Krankenversicherungen, die ihre (in der Regel chronisch) erkrankten Versicherten bei einer Therapie unterstützen (Disease-Management-Programme). In Bezug auf Patientenbegleitprogramme sind viele Ausprägungen und Initiatoren denkbar, die sich zukünftig um einen gesunden und verantwortungsvollen Kunden bemühen.

Die vielfältigen Wege, über die ein Patient Informationen zu seinem Krankheitsbild und zu Therapiemöglichkeiten erhalten kann, führen oftmals zu einer relativ konkreten Vorstellung des Patienten über ein bestimmtes Präparat. Die Vorstellungen des Patienten beziehen sich hierbei allerdings nicht nur auf den abschließenden Therapieerfolg, sondern insbesondere auch auf den Zeitrahmen, in dem ein erster Therapieerfolg aus Sicht des Patienten erkennbar sein sollte. Es existiert somit eine Erwartungshaltung des Patienten, mit der er seinen Arzt konfrontiert.

In dem Moment, in dem der Patient ein bestimmtes Präparat verordnet bekommt und damit seine Therapie beginnt, startet im günstigsten Fall zeitgleich ein Patientenbegleitprogramm. Der Patient erlangt Kenntnis von einem solchen Programm – idealerweise direkt zusammen mit der Verordnung – durch den Arzt. Dieser kann durch die Empfehlung eines unterstützenden Programms einen zusätzlichen Imageeffekt erreichen. Die erste Voraussetzung ist, dass der Arzt die Inhalte des Programms kennt, es befürwortet oder dem Programm zumindest neutral gegenübersteht und auf inhaltliche Fragen antworten kann. Hier müssen Informationen bereits im Vorfeld fließen, damit der Arzt ein Programm unterstützt. Er verantwortet im Rahmen der Therapiehoheit die medizinische Eignung des Patienten für das Programm. Der Nutzen eines Patientenmanagement-Programms für den Arzt liegt in einer gestärkten Arzt-Patienten-Beziehung bei gleichzeitig zeitlicher Entlastung des Arztes.

Patientenmanagement-Konzepte nur über die Initiative des Arztes?

Ist ein Patientenbegleitprogramm an ein verschreibungspflichtiges Präparat gekoppelt, so ist der Arzt als Verordner in jedem Fall Bestandteil des Programms. Bei allen anderen Programmen (Sport- oder Diätprogramme ohne gleichzeitige medikamentöse Therapie) sollte er dennoch in Kenntnis gesetzt werden, um die Aktivitäten mit dem medizinischen Hintergrund des Patienten abzugleichen. Ausgelöst werden kann ein Programm durch den Arzt, der über das Vorhandensein und die Inhalte eines Programms informiert wird (über die Kanäle Außendienst, telefonische Vorstellung oder Mailings) und diese Information an den Patienten weitergibt.

Andere Varianten stellen die Initiative über den Apotheker oder den Patienten selbst dar. Im Rahmen der Abgabe eines Medikaments kann ein zuvor informierter Apotheker auf ein Begleitprogramm aufmerksam machen und den Patienten bereits in der Apotheke mit ersten Informationen versorgen. Somit kann er sich als serviceorientiert profilieren. Danach sollte dennoch eine Rücksprache mit dem Arzt erfolgen. Über Publikumskampagnen kann ein Programm (gemäß Heilmittelwerbegesetz) aber auch zunächst beim Patienten beworben werden, der mit seinem Arzt eine mögliche Teilnahme am Programm inkl. der medikamentösen Therapie durch das Sponsor-Präparat bespricht. Alle Varianten erfordern eine Synchronisation der Aktivitäten und eine einheitliche, vernetzte Kommunikation.

Der Patient löst aktiv den Start eines Betreuungsprogramms aus, indem er sich über einen Kontaktkanal (Hotline, Postkarte oder Online) als Teilnehmer anmeldet. Der Patient bestimmt in der Regel selbst, über welchen Kanal und in welchen Intervallen er angesprochen und unterstützt werden möchte. Vom regelmäßigen Newsletter bis zum „Personal Coach"-Programm mit festem Ansprechpartner sind alle Formen denkbar. Telefonmarketing bietet sich im Rahmen eines Begleitprogramms an, da hier die Möglichkeit besteht, durch einen festen Ansprechpartner eine Beziehung zum Patienten aufzubauen und auf Rückfragen zu antworten. Auf Unsicherheiten des Patienten kann auf diese Weise direkt reagiert werden, bevor der Patient eigenmächtig in die Therapie eingreift oder sich beispielsweise Rat in Internetforen einholt, die möglicherweise weiter zur Unsicherheit beitragen.

Anforderungen an Indikation und Patienten: Telefonmarketing für Hörgeschädigte?

Damit ein solches Programm unterstützend wirken kann, sind bestimmte Anforderungen zu erfüllen. Der Patient muss eine Eignung für das Programm aufweisen. Diese wird bei der Einschreibung in das Programm im Rahmen eines „Patienten-Assessment-Centers" geprüft. Weiter muss das Krankkeitsbild für ein entsprechendes Programm passend sein. Geeignet für Patientenmanagement-Programme sind Patienten, die an einer langwierigen, chronischen oder erklärungsbedürftigen Erkrankung leiden und eine entsprechende Therapie benötigen. Bei diesen Patienten lässt sich effektiv ein Ansprachekonzept über mehrere Phasen erarbeiten und die Erfolgsmessung (z.B. aktive Patienten im Programm) durchführen.

Weiter sind Indikationen geeignet, die neben der disziplinierten Anwendung der medikamentösen Therapie auch eine Mitwirkung des Patienten in Bezug auf eine Anpassung der übrigen Lebensumstände erfordern oder wo es gilt, Zeiträume durch Patientenmotivation zu überbrücken, in denen noch kein Therapieerfolg sicht- oder spürbar ist. Hochethische Indikationen sind dann für Begleitprogramme nicht geeignet, wenn der Patient nicht in dem Maße kooperieren kann, wie es das Programm erfordert. Darüber hinaus sollte eine genügend große Anzahl von Patienten für ein solches Programm zur Verfügung stehen, da die telefonische Betreuung einzelner Patienten kaum finanzierbar ist. Es müssen damit sowohl quantitative (Rahmenparameter) als auch qualitative (Eignung des Patienten) Merkmale erfüllt werden, unabhängig davon, auf welchem Weg der Patient sich für ein Begleitprogramm anmeldet oder von einem entsprechenden Programm Kenntnis erhält. Für die telefonische Ansprache des Patienten ist das Einverständnis zur weiteren Kontaktaufnahme erforderlich. Dieses erfolgt idealerweise schriftlich, z.B. innerhalb der Anmeldung zum Programm.

Im Rahmen des Patientenmanagement-Programms wird der Patient nach seiner Einschreibung kontinuierlich betreut. Die Zeitpunkte der Ansprache sollten danach gewählt werden,

- wann kritische Punkte innerhalb des Krankheitsverlaufes bestehen, zu denen die Gefahr besteht, dass der Patient die Therapie abbricht. Die Abbruchquote (Drop Out Rate) ist bei Präparaten, bei denen ein Therapieerfolg nicht unmittelbar ab Start sicht- oder spürbar ist, besonders innerhalb der ersten acht Therapiewochen besonders hoch.
- wann der Patient angesprochen werden möchte (Einordnung der Betreuung in den Alltag).

Was wird kommuniziert?

Innerhalb der (Telefon-)Kontakte muss der rechtliche Rahmen stets eingehalten werden. Sowohl die EU-Werberichtlinie 92/28/EWG als auch das Heilmittelwerbegesetz schließen Werbung für ethische Präparate gegenüber Patienten, fachliche Empfehlungen sowie Vorher-Nachher-Vergleiche aus. Darüber hinaus darf innerhalb der Betreuung nicht in den Bereich der Therapiehoheit des behandelnden Arztes eingegriffen werden. Unter Beachtung dieser Vorgaben verbleibt für die Betreuung des Patienten die allgemeine und nicht patientenspezifische Information zum Krankheitsbild, die Motivation, die Therapie gemäß der ärztlichen Vorgaben fortzuführen, und Hilfestellung bei allen Fragen rund um das jeweilige Krankheitsbild. Im Rahmen der Patientenansprache kann darüber hinaus eine Begleitung im Sinne therapieunterstützender Maßnahmen erfolgen, z.B. zu Ernährung, Bewegung, Freizeitgestaltung, die Einbindung der sonstigen Lebensumstände in die Betreuung sowie die Definition und Vereinbarung individueller Therapieziele. Auch die emotionale Begleitung im Falle von Unsicherheit, Angst, Hoffnung oder Niedergeschlagenheit bei ausbleibendem Therapieerfolg kann Aufgabe des Patientenmanagements sein. Neben der Betreuung von Patienten, die bereits erkrankt sind, sind auch präventive Elemente innerhalb des Programms, die ein bestimmtes Verhalten des Patienten erfordern, empfehlenswert.

Kritiker von Patientenmanagement-Programmen betonen zu Recht den Anspruch und die enormen Restriktionen in Bezug auf Direct-to-Consumer-Kommunikation. Spezialisten sehen diese Rahmenbedingungen als notwendige Regulierungsebene zur Überprüfung der Eignung von Patienten-Compliance-Programmen.

Durch richtig eingesetztes Patientenmanagement ergeben sich viele Chancen, die eine Therapie für die Beteiligten effektiver und erfolgreicher machen können. Durch viele allgemeine, begleitende Themen, die im Rahmen der Telefonkontakte besprochen werden, wird der behandelnde Arzt entlastet und kann sich im Rahmen der begrenzten Sprechzeit mit dem Patienten auf die medikamentöse Therapie konzentrieren. Hier können Berichte unterstützen, die dem Arzt nach Zustimmung des Patienten vom Betreuer zur Verfügung gestellt werden und einen Überblick über den Status des Patienten innerhalb des Programms abgeben. Damit ist zusätzlich sichergestellt, dass Patienten die Therapie nicht ohne Wissen des Arztes komplett absetzen, die Einnahme eigenmächtig verändern oder die Therapie bei subjektiv empfundener Besserung aussetzen ("Drug Holidays").

Durch Patientenmanagement-Programme kann die bestehende Erwartungshaltung beim Patienten in realistische Dimensionen geholt werden. Insbesondere bei Krankheitsbildern, bei denen im Rahmen der Therapie keine sicht- oder spürbaren Ergebnisse (z.B. Verbesserung der Knochendichte bei Osteoporose) eintreten, kann dem Patienten die Notwendigkeit aufgezeigt werden. Auch die Überbrückung von Zeiträumen, bis Therapieerfolge sichtbar werden, gehört zu den Aufgaben des Patientenmanagements. Darüber hinaus kann Anwendungsfehlern vorgebeugt werden. Oft kann durch ein kooperatives Verhalten des Patienten im Sinne des Therapieziels der Fortschritt maßgeblich beeinflusst werden. Der Betreuer am Telefon fungiert als Motivator, als Berater außerhalb der Therapiehoheit und als Coach, mit dem Vereinbarungen getroffen werden und individuelle Ziele gesteckt werden (siehe Chart).

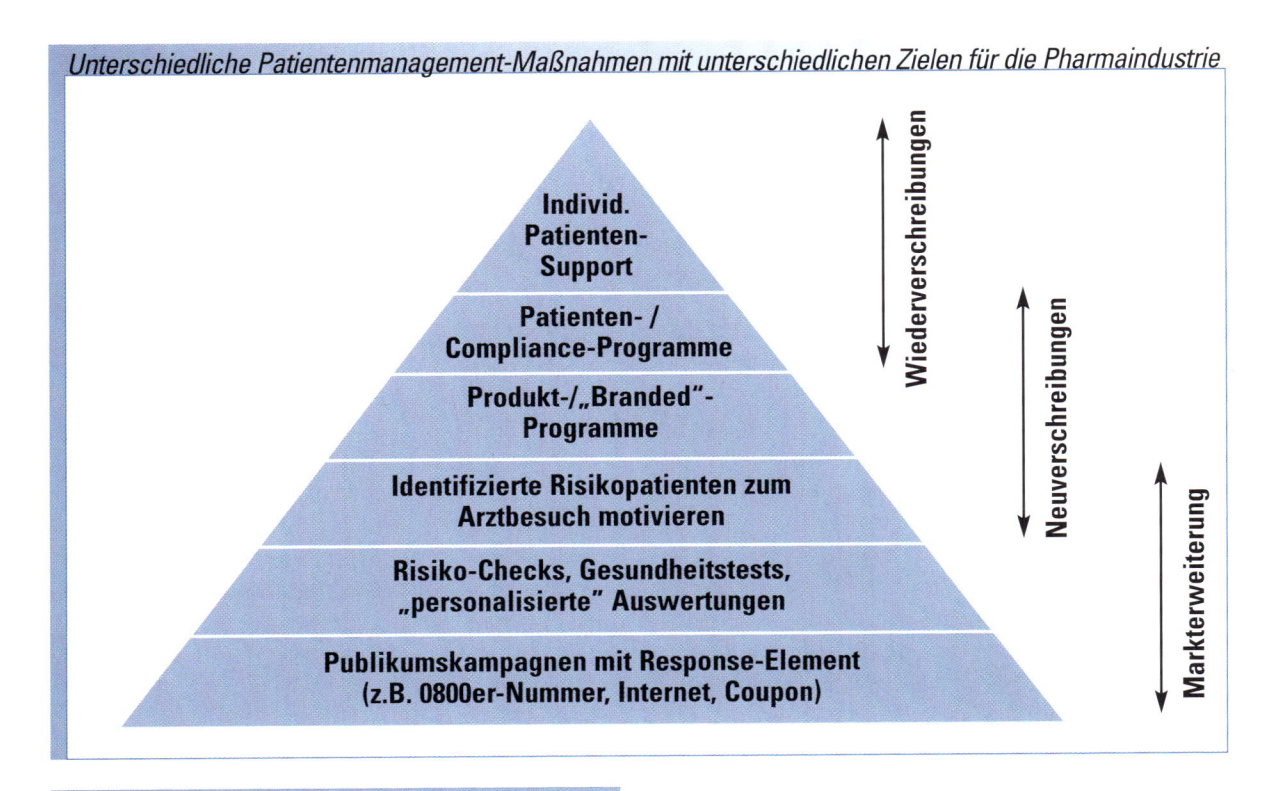

Unterschiedliche Patientenmanagement-Maßnahmen mit unterschiedlichen Zielen für die Pharmaindustrie

- Individ. Patienten-Support
- Patienten- / Compliance-Programme
- Produkt-/„Branded"-Programme
- Identifizierte Risikopatienten zum Arztbesuch motivieren
- Risiko-Checks, Gesundheitstests, „personalisierte" Auswertungen
- Publikumskampagnen mit Response-Element (z.B. 0800er-Nummer, Internet, Coupon)

Wiederverschreibungen | Neuverschreibungen | Markterweiterung

Wer „begleitet" den Patienten?

Obwohl die Dialoginhalte am Telefon nicht medizinischer und fachlicher Natur sind, bestehen dennoch hohe Anforderungen an die Mitarbeiter, die Gespräche im Patientenmanagement-Kontext führen. So genannte „Medical Service Agents" müssen in der Lage sein, auch beiläufige Bemerkungen des Patienten richtig zu deuten und auf diese Weise mögliche unerwünschte Arzneimittelwirkungen oder falsche Anwendungen eines Präparates zu erkennen. Daher sollten auch bei Aufgabenstellungen, die auf den ersten Blick keinen medizinischen Hintergrund verlangen, medizinische und präparatespezifische Kenntnisse vorhanden sein. Darüber hinaus muss sich der Medical Service Agent auch im Bereich der kommunikativen Skills stets bewusst sein, welche Folgen eine Äußerung gegenüber dem Patienten auslösen kann und welche Aussagen am Telefon keinesfalls getätigt werden dürfen. Darüber hinaus bestehen hohe Anforderungen auch an die soziale Kompetenz von Betreuern. Diese müssen in der Lage sein, den Patienten emotional zu begleiten, zu motivieren und Negativ-Signale des Patienten zu erkennen.

Fazit und Ausblick

Richtig konzipiert, mit wertigen, unterstützenden Inhalten für den Patienten versehen und professionell durchgeführt, können Patientenmanagement-Progamme einen Benefit für alle Beteiligten generieren. Der Patient erhält wichtige Unterstützung, die seine Therapie ggf. beschleunigt und zum Erfolg führt. Der Sponsor verringert die Kosten der Therapie oder fördert einen Patienten, der die Wirksamkeit eines Präparates voll ausschöpft und sich loyal (ohne Therapieabbruch) gegenüber einem Präparat verhält. Somit sind die Vorteile von Patientenmanagement-Programmen ausgewogen und bieten sowohl dem Patienten als auch dem Sponsor einen deutlichen Mehrwert.

Die bereits initiierten und erfolgreich durchgeführten Patientenmanagement-Konzepte zeigen, dass sich nachhaltige Therapieerfolge erzielen lassen und der Erfolg von Compliance-Programmen messbar ist. Der Patientenmanagement-Ansatz kann zukünftig in verschiedene Richtungen ausgebaut werden. Hier sind vielschichtige Modelle denkbar, wie beispielsweise die Verknüpfung von Patientenbegleitprogrammen mit den Möglichkeiten der Medizintechnik, Telemedizin oder interaktiven Medien. Verschiedenste Branchen wie IT, Touristik, Food, Finance oder auch die Textilindustrie haben den Patienten als Zielperson erkannt und bieten in den verschiedensten Ausprägungen ihre Unterstützung im Bereich Therapie und Prävention an. Zu prüfen ist nun, in welchem Rahmen eine übergreifende vernetzte Kommunikation möglich ist.

Checkliste Patientenmanagement

- Welche Patienten/Indikationen sind geeignet?

- Über welchen Kanal (arzt-, patienten-, apothekenzentriert) werden Patienten akquiriert?

- Maßnahmenplanung: Unterschiedliche Maßnahmen mit unterschiedlichen Zielen (Therapiezeitraum überbrücken, Abbrüche vermeiden, Neuverordnungen generieren etc.)

- Über welchen Zeitraum erfolgt die Kommunikation (punktuell oder kontinuierlich)?

- Was wird kommuniziert? / Inhalte? / Rechtlicher Rahmen?

- Möglichen Ablauf skizzieren / Abfolge der Informationen (Initial-Anruf, kontinuierliche Betreuungscalls im Wochen- /Monats-/ Quartalsrhythmus)

- Über welche Kanäle wird kommuniziert (Telefon, Mail, Newsletter postalisch etc.)?

- Messansätze, Erfolgsmessung (aktive Patienten im Programm, durchschnittliche Verweildauer, Erreichung der Milestones, Verordnungsdaten etc.)

Andreas Berger

ist seit sieben Jahren für die buw Unternehmensgruppe, Osnabrück, tätig. Seit 2003 entwickelt und betreut er Consulting und Call-Center-Services für namhafte nationale und internationale Mandanten aus dem Healthcare-Bereich. Bereits neben seinem Studium der BWL an der Universität Münster war er innerhalb der operativen Durchführung für unterschiedliche Auftraggeber bei der buw customer care operations als Call-Center-Agent, Teamleiter und Trainer tätig, so dass bei allen ein Blick über den Tellerrand (Lernen von anderen Märkten) möglich ist.

✉ andreas.berger@buw.de

Y&R

Wer Was Wo Wie und Wann.

www.new-business.de

new business

Die besten Recherchen aus Werbung, Marketing und Medien

PREISGEKRÖNTE HEALTHCARE-WERBUNG

- Comprix 2006 177

    PBK Ideenreich, Wien 177
    Angela Liedler, Freiburg 177
    Brand Health, Frankfurt 178
    Schmittgall Werbeagentur, Stuttgart 178
    Pharma Direkt, Planegg 179
    Ogilvy Healthworld, Frankfurt 179
    Beck & Co., München 180
    JWT, Frankfurt 180
    Schitto Schmodde Waack, Frankfurt 181
    Sudler & Hennessey, Frankfurt 181
    Publicis, Frankfurt 182
    Heimat, Berlin 182
    Heye & Partner, München 183
    Y&R Germany, Frankfurt 183
    BBDO Campaign, Düsseldorf 184
    Agentur am Marktplatz, Dornbirn 184
    Antwerpes & Partners, Köln 185
    Martin Stanscheit Corporate Navigation, Solingen 185

- Jahrbuch der Werbung 2007 186

    KNSK Werbeagentur, Hamburg 186

- Global Awards 2006 187

    AHA Puttner Red Cell, Austria 187
    Insight NZ Ltd, New Zealand 187
    HC BCN, Spain 188
    Synapse Healthcare Communications, India 188
    Healthy People/Grey Worldwide, Turkey 189
    Cadient Group, USA 189
    OgilvyOne Worldwide, Singapore 190
    Scholz & Friends Berlin, Germany 190
    Devito/Verdi, USA 191
    DRAFTFCB, USA 191
    Scholz & Friends Berlin, Germany 192
    Ogilvy&Mather, Korea 192
    Halesway, England 193
    Marketel, Canada 193
    McCann Erickson Frankfurt, Germany 194
    Percept H Private Limited, India 194

Nationale und internationale Awards

Gesetzliche Neuregelungen und das wachsende Gesundheitsbewusstsein der Menschen zwingen die Pharmabranche zum Umdenken. Der Bereich der Selbstmedikation nimmt stetig zu, die Deutschen nehmen ihre Gesundheitsvorsorge und die Behandlung von Krankheiten immer mehr selbst in die Hand. Der Pharmamarkt muss sich zum Verbraucher hin orientieren und den Patienten als Zielgruppe gewinnen. Erschwert durch die Vorgaben des Heilmittelwerbegesetztes ist besonders im ethischen Bereich die kreative Markenführung eine besondere Herausforderung für Werbeagentur und Marketingabteilung.

Bei der Entscheidung, ob der Kunde ein Präparat kauft, will er ausführlich über dessen Nutzen informiert sein, das Preis-Leistungs-Verhältnis soll stimmen, und er will dem Medikament vertrauen können. Ärzte und Apotheker sollen den Patienten/Kunden beraten, sind aber durch gekürzte Arzneimittelbudgets und fortschreitende Liberalisierung im OTC-Markt gezwungen, bei der Empfehlung einer Medikation kaufmännische Gesichtpunkte einzubeziehen.

Um so wichtiger ist es, dafür zu sorgen, dass die Produkte der Hersteller und Dienstleister nicht in der Masse untergehen. Hier ist Mut zu innovativen Ideen gefragt, der auch immer häufiger nicht nur in Non-Profit-Kampagnen zu sehen ist. Wir haben uns bei nationalen und internationalen Wettbewerben umgeschaut und sind auf viele gute Kampagnen und Motive gestoßen.

Auf den folgenden Seiten finden Sie ausgesuchte Beispiele nationaler Werbung vom Comprix 2006 und eine Sieger-Kampagne aus dem Jahrbuch der Werbung 2007. Auf internationaler Ebene sind die Global Awards für Healthcare-Kommunikation der New York Festivals der wichtigste Preis für Healthcare-Agenturen, hier sehen Sie einige Beispiele aus dem Jahr 2006.

COMPRIX 2006   JAHRBUCH DER WERBUNG 2007   GLOBAL AWARDS FOR COMMUNICATION 2006

COMPRIX 2006

RX – FACHANZEIGE NEU

Agentur:	PBK Ideenreich, Wien, Österreich
Unternehmen:	Novartis Pharma GmbH
Produkt:	Lescol
Creative Director/Text:	Erich Bergmann
Art:	Gundula Karl
Kundenberatung:	Mag. Susanne Maier, Irene Fazekas

Ziel der Werbekampagne war es, möglichst viele Marktanteile von den Mitbewerberstatinen für Lescol zu gewinnen. Lescol wird seit dem 1. Juli 2005 als einziges Statin vom österreichischen Gesundheitssystem bezahlt. Diese neue Botschaft sollte kommuniziert und Lescol gleichzeitig mit einem klassischen „Prime Positioning" als überlegene Substanz im Mitbewerberumfeld positioniert werden. Beide Ziele wurden erfüllt – Lescol konnte mit Jahresende 2005 zum Marktführer Pfizer aufschließen (MA-Zuwachs + 6,4 Prozent). Das Produkt als „Leittier" eines Hirschrudels zu visualisieren, überzeugte den Kunden und die Zielgruppe gleichermaßen – die Botschaft wurde klar verstanden.

RX – FACHANZEIGE NEU

Agentur:	Angela Liedler GmbH, Freiburg
Unternehmen:	Berlin-Chemie AG
Produkt:	BerliPen areo
Creative Director:	Jeremy Bird
Text:	Uwe Zimmermann
Art:	Stefanie Freßle
Kundenberatung:	Dr. Monika Schulte, Mona Loft

Berlin-Chemie ist als Anbieter von Insulinen und anderen Diabetes-Produkten in Deutschland sehr bekannt. Das Angebot eines technologisch völlig neu konstruierten Insulin-Pens (BerliPen areo) mit modernstem Design soll zukunftsorientierte Verordner ansprechen und mehr Neueinstellungen auf die Insuline von Berlin-Chemie generieren. Die plakative Gegenüberstellung der Insulintherapie früher und heute vermittelt den Markenkern „(R)Evolution" auf einen Blick. Die einprägsame Copy „einfach, zuverlässig, schön" ergänzt den visuellen Eindruck. Die Botschaft aller Materialien, Medien und Medical-Education-Events der Produktkampagne für den BerliPen areo verkünden: Es brechen neuen Zeiten an in der Insulintherapie.

COMPRIX 2006

RX – INTEGRIERTE KAMPAGNE LAUFEND

Agentur: Brand Health GmbH, Frankfurt
Unternehmen: Lundbeck GmbH
Produkt: Cipralex
Text: Gunther von der Weiden
Art: Judith Weber, Thorsten Donig
Kundenberatung: Alfred Ernst, Timo Welzel

Es bestand bereits eine hohe Awareness für das Key Visual „Löwe" für den Selektiven Serotonin-Wiederaufnahme-Hemmer Cipralex bei Nervenärzten und Allgemeinmedizinern. Drei neue Indikationen sollten bekanntgemacht werden, ohne den Löwen zu „vertreiben" oder in anderen Situationen darzustellen, aber trotzdem einen Neuigkeitswert vermitteln. Mittels der Pop-Art blieb der Löwe im Portrait unverändert, erreichte aber durch die neuen Farbwelten eine hohe Aufmerksamkeit für die neuen Indikationen: generalisierte Angststörung (GAD), soziale Phobie (SAD) und Panik. Schon nach sechs Monaten waren die Kommunikationsziele erreicht, und der Löwe erscheint seitdem wieder ausschließlich in der ursprünglichen Anmutung.

RX – INTEGRIERTE KAMPAGNE LAUFEND

Agentur: Schmittgall Werbeagentur GmbH, Stuttgart
Unternehmen: Sanofi Pasteur MSD
Produkt: Impf-Offensive 60 plus
Creative Director: Bernd Schmittgall
Text: Anne Froehlich
Art: Hans-Jörg Fauth
Kundenberatung: Winfried Krenz, Anne Froehlich

Gerade im fortgeschrittenen Alter treten häufig lebensbedrohliche Infektionen wie Pneumokokken-bedingte Lungenentzündungen auf. Die meisten Menschen wissen das nicht. Und sie wissen auch nicht, dass man sich durch eine Impfung davor schützen kann. Deshalb hat Sanofi Pasteur MSD die Impf-Offensive 60 plus ins Leben gerufen, und die wurde ein voller Erfolg - die Impfraten stiegen an.

COMPRIX 2006

RX – MAILING

Agentur: Pharma Direkt, Planegg
Unternehmen: essex pharma GmbH, MSD Sharp & Dohme GmbH
Produkt: Ezetrol
Creative Director: Ulrike Aly, Katharina Heike
Text: Katharina Heike
Art: A. Gräfe, T. Strohe, M. Welker
Kundenberatung: Eva Seitz, Vera Neumeyer

Nach zwei Jahren ist der Lipidsenker Ezetrol erfolgreich eingeführt. Diesen Erfolg galt es auszubauen und das Vertrauen in Ezetrol durch kontinuierliche Präsenz beim Arzt weiter zu stärken. Das Prinzip Partnerschaft wurde auf zweierlei Weise aufgegriffen: Ezetrol als Add-On zum Statin und als Unterstützung des Arztes durch verschiedene Hilfsmittel. So entstand die Tier-Kampagne mit dem Claim „Better together". Auch das Response-Konzept folgte diesem Gedanken: Der Arzt konnte therapie-orientierte Fragen stellen und attraktive Service-Artikel per Fax anfordern. Aufgrund der hohen Akzeptanz (ca. 15 % Response) entstand als Aktionsabschluss ein Tischkalender mit allen Tiermotiven.

RX – MAILING

Agentur: Ogilvy Healthworld Frankfurt
Unternehmen: Viatris
Produkt: Allergospharm
Creative Director: Christian Müller-Diehl
Text: Katrin König, Dr. Albert Röder
Art: Esther Kallaus
Kundenberatung: Petra Zingraf

Allergospasmin ist seit 21 Jahren auf dem Markt, also bestens bekannt. Zur Allergiesaison sollte ein Mailing aufmerksamkeitsstark an Allergospasmin N erinnern. Da keine Produktnews zu kommunizieren waren, wurde die Farbe der Verschlusskappe, orange, inszeniert. Der Versand erfolgte an 17.000 APIs und Pädiater in drei Stufen. Stufe 1: Mailing mit Gewinnspiel: Verlosung von 50 Obstkörben mit orangefarbenen Früchten. Stufe 2: Mailing mit frischer Orange. Verlosung von 50 Blumensträußen mit orangefarbenen Blüten. Stufe 3: Mailing mit orangefarbenen Sicherheitswesten: Verlosung von 10 ADAC-Sicherheitstrainings. Der Response auf Stufen 2 und 3 lag über 10 Prozent; die Verordnungszahlen stiegen während der gesamten Allergiesaison deutlich an.

COMPRIX 2006

RX – MAILING

Agentur: Beck & Co, München
Unternehmen: Bayer Vital GmbH
Produkt: Levitra PDE-5-Hemmer
Creative Director: Norbert Beck, Markus Kurscheidt
Text: Antje Hohenbleicher
Art: Markus Kurscheidt
Kundenberatung: Norbert Beck, Annette Roubal

Der USP des Präparats gegen Erektionsstörungen, die schnelle Wirkung, soll möglichst einfach und einprägsam kommuniziert werden. Weil bei dieser Indikation die (potentiellen) Patienten bei der Entscheidung für ein Präparat eine wichtige Rolle spielen, wurde neben der Arzt- auch eine Publikumsansprache entwickelt. Mit aufmerksamkeitsstarker Visualisierung wird der Frage „Wann" die Antwort „Jetzt" entgegnet. Die Fachkampagne wird im Publikumsbereich durch zahlreiche Maßnahmen wie mit Coupon (Appell zum Arztbesuch), Großflächenplakaten, Funkspots, Internetportalen und verschiedenen Aufklärungspostern und Broschüren unterstützt.

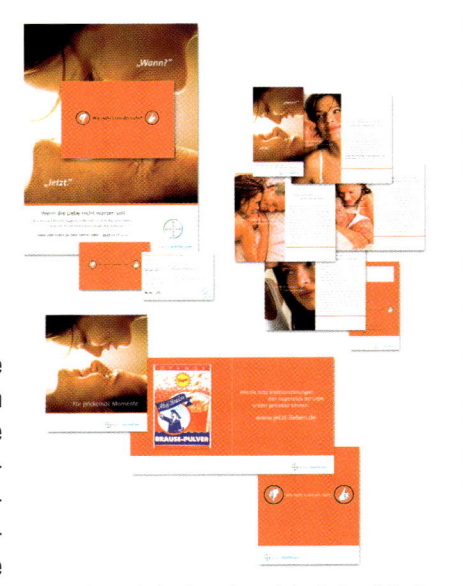

OTC – TV ARZNEIMITTEL

Agentur: JWT, Frankfurt
Unternehmen: Bayer Vital GmbH
Produkt: Bepanthen Antiseptische Wundcreme/ Schaumspray
Creative Director: Sepp Baumeister, Eike Wiemann
Text: Sepp Baumeister
Art: Sabine Frieben
Kundenberatung: Ralf Reinemann

Der Marktführer und Markenklassiker Bepanthen hat einen festen Platz in den Hausapotheken und stellt weiteres Wachstum über Neuheiten sicher. Unter der Marke Bepanthen wurden daher zwei Produkte eingeführt, die jeweils neue Indikationen ansprechen: Schaumspray, bei leichten Verbrennungen/Sonnenbrand, und die antiseptische Wundcreme zur Erstversorgung kleiner Wunden. Die Kampagne hatte die Aufgabe, beide Neuheiten zu etablieren, Probierkäufe zu generieren und den Marktanteil weiter auszubauen. Die TV-Spots zeigen auf sympathisch-pfiffige Weise, dass mit Bepanthen Sonnenbrand und kleine Wunden (siehe Abb.) schnell versorgt und fast so schnell vergessen sind. Das Ergebnis waren ein zweistelliges Wachstum und viele Neuverwender.

COMPRIX 2006

OTC – TV ARZNEIMITTEL

Agentur: Schitto Schmodde Waack, Frankfurt
Unternehmen: delta pronatura
Produkt: Bullrich Salz
Creative Director: Martin Schitto, Jan Schmodde
Text: Nicole Schneider, Yvonne Philipp
Kundenberatung: Torsten Waack, Ralf Menikheim
Produktion: Frankfurt Film

Im Rahmen einer Dachmarkenstrategie für die Bullrich's Range wurde für den Kunden delta pronatura eine Serie von TV-Spots entwickelt. Ottfried Fischer sorgt als Testimonial mit einer ordentlichen Prise Humor dafür, einer nicht mehr ganz jungen Zielgruppe komplexe Gesundheitsthemen wie Sodbrennen, Übersäuerung, Darmsanierung und Gelenkbeschwerden glaubhaft näher zu bringen. Für die Inszenierung der Filme für Bullrich's Salz, Bullrich's Vital und Bullrich's Heilerde sorgte Starregisseur Dieter Wedel.

NON RX, NON OTC – ANZEIGE NEU / INTEGRIERTE KAMPAGNE NEU

Agentur: Sudler & Hennessey, Frankfurt
Unternehmen: Christiane Born-Franz
Produkt: Kräuter Born, Heilkräutermanufaktur
Creative Director: Oliver Wiessmann
Text: Oliver Wiessmann
Art: Oliver Wiessmann
Kundenberatung: Roger Stenz

Kräuter-Born produziert Produkte aus Heilkräutern und bietet Seminare, Kurse und Wanderungen zu diesem Themenbereich an. Es sollte ein Werbeauftritt inklusive Logo und Anzeigen-/Plakatmotive entwickelt werden, um die Heilkräutermanufaktur im regionalen Bereich bekannter zu machen. Zu den Zielgruppen zählen interessierte Laien, aber auch Schulen und Volkshochschulen. Die Kraft der Heilkräuter wird durch eine poetisch-mystische Bildsprache dargestellt: Unbelebte Gegenstände erwachen zum Leben. Die Schaltung der Anzeigen in regionalen Medien und die Plakatanschläge hatten durchschlagenden Erfolg. Bereits nach kurzer Zeit waren alle Veranstaltungen ausgebucht, und die Heilkräutermanufaktur stieß an ihre Produktionsgrenzen.

COMPRIX 2006

NON RX, NON OTC – ANZEIGE NEU

Agentur: Publicis Frankfurt
Unternehmen: Procter & Gamble Germany
Produkt: Tempo Taschentücher
Creative Director: Dr. Ljubomir Stoimenoff
Text: Thorsten Albrecht
Art: Ch. Kunzmann, S. Roos, Th. Wiegand
Kundenberatung: Kathrina Lohse

Tempo ist mit 99 Prozent Bekanntheit in den Haushalten traditionell fest verankert, musste in den vergangenen Jahren aber Marktanteile an die preiswerteren Handelsmarken abgeben. Für die Wiedergewinnung von Marktanteilen und den Ausbau der führenden Marktposition sollte Tempos überlegene Stärke und Reißfestigkeit für den Konsumenten relevanter kommuniziert werden. Durch die neue Kampagne sollte die Marke außerdem eine emotionale Facette bekommen. Das Motiv „Trommel" vermittelt auf humorvolle Art das Produktversprechen besonderer Festigkeit. Die Kampagne (TV-Spot mit den Klitschko-Brüdern und 2 Anzeigenmotive) hat für viel Aufmerksamkeit und positive Resonanz in Presse und Öffentlichkeit gesorgt, und es ist gelungen, die volumenmäßige Marktführerschaft zurückzugewinnen.

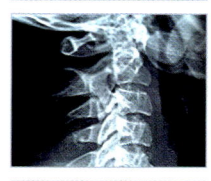

NON RX, NON OTC –
TV HEALTHCARE-KOMMUNIKATION

Agentur: Heimat Berlin
Unternehmen: Unfallkrankenhaus Berlin
Produkt: TV-Spot „Zukunft"
Creative Director: Jürgen Vossen, Guido Heffels, Andreas Mengele
Kundenberatung: Ina Brunk

Trotz der – auf den ersten Blick – verschwindend geringen Anzahl von Badeunfällen mit irreparablen Rückenmarkverletzungen sind die Folgen für den Betroffenen exorbitant gravierend. Das Leben ändert sich schlagartig, alle Träume zerplatzen. Der Film, der das anhand eines fiktiven Schicksals ungeschönt zeigt, lief sowohl im Kino als auch im TV. Er wurde zudem in redaktionelle TV-Dokumentationen integriert.

COMPRIX 2006

NON RX, NON OTC – GROSSFLÄCHENPLAKAT/CITYLIGHT-POSTER

Agentur: Heye & Partner GmbH München
Unternehmen: Deutsche Tinnitus-Liga e.V.
Produkt: „Die Unerträgliche" – Tinnitus-Problematik
Creative Director: Gudrun Muschalla
Text: Anja Stiffel
Art: Barbara Eisenhauer

1,5 Millionen Deutsche leiden unter chronischem Tinnitus. Die meisten werden von einem ständig andauernden Ohrgeräusch begleitet. Häufig handelt es sich hierbei um einen immer gleich bleibenden Ton. Um sowohl Mediziner als auch das breite Publikum für diese Problematik zu sensibilisieren, wurde diese „Komposition des Grauens" auf Citylightplakaten visualisiert.

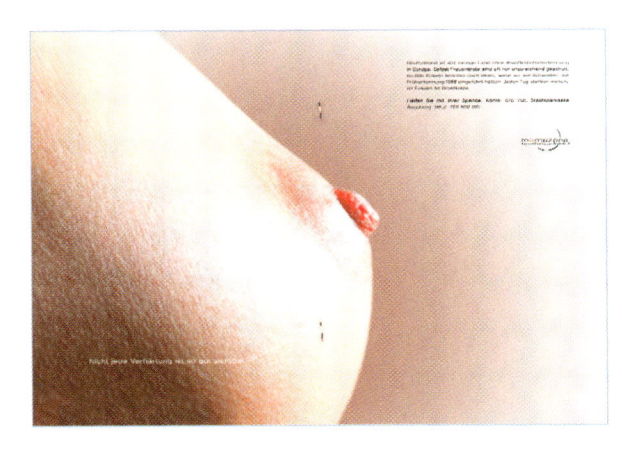

NON RX, NON OTC – SOCIAL CAMPAIGN PRINT

Agentur: Y&R Germany Frankfurt
Unternehmen: Mamazone e.V.
Produkt: Brustkrebs-Vorsorge
Creative Director: Christian Daul
Text: Christian Daul
Art: Monika Spirkl

mamazone e.V. ist eine Patientinnen-Initiative, die Brustkrebs den Kampf ansagt. Es sollte eine Anzeige konzipiert werden, die auf das Thema Brustkrebs bzw. Vorsorge neu aufmerksam macht und damit weiter Druck in der Öffentlichkeit für eine Einführung des flächendeckenden Brustkrebs-Screenings in Deutschland aufbaut. Dabei sollte weder mit Schockbildern noch mit harmlosen Analogien gearbeitet werden. Das Anzeigenmotiv wurde auf das Wesentliche reduziert, die Heftklammer darin bietet die notwendige Hilfe zur Vervollständigung der Idee. So ist zwar immer nur eine Heftmitte (mit Drahtheftung) belegbar, und das Artwork muss jeweils auf den Stand der Klammer angepasst werden. Dafür ist aber der Aha-Effekt sehr viel größer. Zahlreiche Anrufe und Meldungen im Internet belegen die nachhaltige Wirkung der Anzeige.

COMPRIX 2006

NON RX, NON OTC - SOCIAL CAMPAIGN TV

Agentur: BBDO Campaign GmbH Düsseldorf
Unternehmen: Christoffel-Blindenmission Deutschland e.V.
Produkt: Spendenaufruf
Creative Director: Carsten Bolk, Michael Ohanian
Text: Andreas Walter
Art: Jacques Pense
Kundenberatung: Dirk Bittermann, Aysel Degerli

„Schenken Sie Augenlicht. Für nur 30 Euro", lautete das Motto einer Fundraising-Kampagne, mit der die Christoffel-Blindenmission um Spenden zur Operation von Menschen mit grauem Star warb. Der TV-Spot setzt – ungewöhnlich für das Thema – auf die befreiende Kraft des Humors. Ein blinder Afrikaner wandelt sich durch die Operation überraschend vom verspotteten Opfer zum listigen Mitspieler. Flankierend wurden eine bundesweite Plakatkampagne, Funkspots, Mailings und Internet-Banner eingesetzt. Der Erfolg: eine deutliche Steigerung des Spendenaufkommens, mit dessen Hilfe über eine halbe Million Staroperationen durchgeführt werden konnten.

NON RX, NON OTC – IMAGEWERBUNG

Agentur: Agentur am Marktplatz Dornbirn, Österreich
Unternehmen: Panoramahaus, Hotel- und Gesundheitszentrum
Produkt: Home of Balance
Creative Director: René Eugster
Text: Patrick Lindner
Art: Dominique Rutishauser
Kundenberatung: René Eugster

Für mehr als die Hälfte aller Todesfälle in Europa sind Herz- und Kreislauferkrankungen aufgrund von Übergewicht verantwortlich. Für das im Oktober 2005 eröffnete Home of Balance, einem der größten Zentren für Medical, Wellness, Fitness, Beauty und Spa in Europa, sollte dieses Thema entsprechend dramatisiert werden, ohne die üblichen Bilder von schönen Menschen zu zeigen, sondern das Gegenteil: Nackte, etwas fülligere Leute, die aber fotografisch wunderschön in Szene gesetzt wurden. Ziel der Kampagne waren der Aufbau der Marke Home of Balance und die Erhöhung ihres Bekanntheitsgrads in Voralberg und der Ostschweiz. Bis zur Eröffnung sollten 2.500 Mitglieder gewonnen werden. Dieses Ziel wurde bei weitem übertroffen. Am Eröffnungstag zählte das Home of Balance 3.000 Mitglieder.

COMPRIX 2006

ONLINE-MEDIEN B-TO-C

Agentur: Antwerpes & Partners AG, Köln
Unternehmen: GlaxoSmithKline GmbH & Co. KG
Produkt: My-Air.tv
Creative Director: Judith Hoffmann
Kundenberatung: Alexandra Röder, Thilo Kölzer

Zehn Prozent der bundesdeutschen Kinder leiden an Asthma. In Deutschland ist eine Asthmaschulung verpflichtend und sollte nach sechs bis zwölf Monaten wiederholt werden, was jedoch nur ca. 30 Prozent der Kinder machen. My-Air.tv erleichtert den Kindern die Teilnahme an der Asthmanachschulung, sie kann von zu Hause aus absolviert werden. Die Affinität der Heranwachsenden zu Internet und Spiele-Konsolen wird genutzt, um die Selbstwahrnehmung zu fördern, das Wissen über die eigene Erkrankung auf jugendgerechte Weise zu vertiefen sowie nachhaltige Akzeptanz für ein eher „uncooles" Thema zu bewirken. Die Teilnahme an der interaktiven Asthmanachschulung my-Air.TV ist eine verschreibungsfähige Leistung, deren Kosten von der DAK als erste deutsche Krankenkasse übernommen werden.

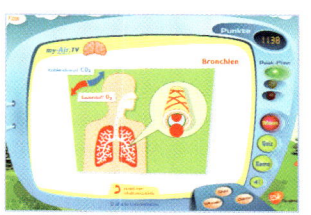

INTEGRIERTE KAMPAGNE DIGITAL

Agentur: Martin Stanscheit Corporate Navigation, Solingen
Unternehmen: Wyeth Pharma GmbH
Produkt: Leios
Creative Director: Martin Stanscheit, Veit Köppler
Text: Martin Stanscheit
Art: Martin Stanscheit, Falk Teuchert
Kundenberatung: Rubik Wilkening, Christiane Schulze

Um die Marke Leios nach zehn Jahren Markterfolg wieder neu aufzuladen und Marktanteile besonders in der Zielgruppe Pilleneinsteigerinnen hinzuzugewinnen, entstand unter www.leilas-haus.de ein virtuelles Haus. In unterschiedlichen Zimmern des Hauses durchlebt die 16-jährige Leila alle Höhen und Tiefen eines Teenagerdaseins. Inhaltlich verknüpft werden die Lifestylebereiche über Links mit Verhütungs- und Aufklärungsthemen in einer kleinen Frauenarztpraxis im Erdgeschoss. Rund 1.300 Mädchen besuchen mittlerweile täglich Leilas-Haus zum Lesen, Chatten oder Mailen. Die Medien berichteten breit über die Aufklärung nach „Art Leilas-Haus". Laut einer telefonischen Umfrage bei 2.876 Frauenärzten beziehen Jugendliche nach der Meinung der Gynäkologen ihre Informationen in Sachen Verhütung entweder von Freundinnen (47,7 %) oder von Leila. (41 %). Das angestrebte Ziel wurde erreicht: Leios konnte sich am Markt behaupten und gewinnt derzeit Umsatzanteile hinzu.

JAHRBUCH DER WERBUNG 2007

PHARMAZIE UND OTC-PRODUKTE

Agentur: KNSK Werbeagentur GmbH, Hamburg
Unternehmen: McNeil
Produkt: Livocab
Creative Director: Niels Holle, Tim Krink
Text: Berend Brüdgam
Art Director: Boris Schatte, Thomas Thiele
Kundenberatung: Torsten Nitzsche, Susanne Günnigmann, Britt Uthmann

Heuschnupfengeplagte haben nur während einer relativ kurzen Saison Beschwerden, so dass auch führende Heuschnupfenprodukte über die übrige Zeit schnell wieder in Vergessenheit geraten. Daher orientierten sich die Verbraucher in ihrer Markenwahl zu Beginn der Heuschnupfensaison immer wieder neu. Livocab direkt muss sich jedes Jahr wieder in einem unübersichtlichen Markt gegen weitere starke Marken durchsetzen. Die umgekehrt in der Vase steckenden Blumen zeigen, was Betroffene ohne die Verwendung des richtiges Produkts alles tun (könnten), um ihrem Heuschnupfen zu entgehen. Die Tonalität der Anzeigenkampagne soll die Modernität und den innovativen Charakter von Livocab direkt kommunizieren. Sie trug dazu bei, dass Livocab eine nachhaltige Steigerung der Marktanteile im Zeitraum Januar bis Mai 2006 im Vergleich zum Vorjahreszeitraum erzielen konnte.

GLOBAL AWARDS FOR
COMMUNICATION 2006

GRAND GLOBALS

SOCIAL COMMITMENT: CONSUMER EDUCATION AND/OR PUBLIC SERVICE – TV ANNOUNCEMENT

Agency: AHA Puttner Red Cell, Austria
Advertiser: Hilfsgemeinschaft der Blinden und Sehschwachen Österreichs
Motif: "Blind Pilots"
Creative Director: Reinhard Gnettner
Art Director: Ivo Kobald
Producer: Dieter Lembcke

Most social campaigns work with compassion; the commercials are real tear-jerkers. Not so the commercial for the community for the blind. Instead of this it is dramatized that the blind are quite normal persons with a small difference: They see the world a little different (with other senses) and they are able to laugh about themselves. That gives them greatness, they are above their handicap. In the commercial an exiting question attracts attention and arouses curiosity: Are blind pilots able to conduct an aircraft? All the production is about this question. The answer leads to the aha-experience: Yes, they can. Because they use other senses, in this case they react to the frightened cries of the passengers.

DTC: INTEGRATED CAMPAIGN

Agency: Agency Insight NZ Ltd, New Zealand
Advertiser: Propecia
Motif: "League of Thinning Men"
Creative Director: Michael Goldthorpe, Matt Hampton
Art Director: Dan Davis
Photographer: Fraser Clements

The League of Thinning Men is always looking for new men – this unbranded campaign urges men to fight back by visiting www.keephair.com where men find out how Propecia stops hair loss. The websites was promoted with cinema commercials, posters in bathrooms of cinemas and bars, online advertising and magazine advertising.

GLOBAL AWARDS FOR
COMMUNICATION 2006

COMMUNICATION TO THE HEALTHCARE
PROFESSIONAL: PRINT - DERMATOLOGICAL

Agency: HC BCN, Spain
Advertiser: Anso
Motif: "Three"
Creative Director: Manu Croissier
Art Director: Daniel Revilla
Copy Writer: Gus Escayola

This print ad was developed for magazines addressed to pharmacists. Anso is an anti-hemorrhoid with a triple MOA: anti-inflammatory, thrombolytic and anaesthetic. The very graphic creative concept where the product, when applied, is the main character and using the "3" represents its place of application (anal) and triple MOA.

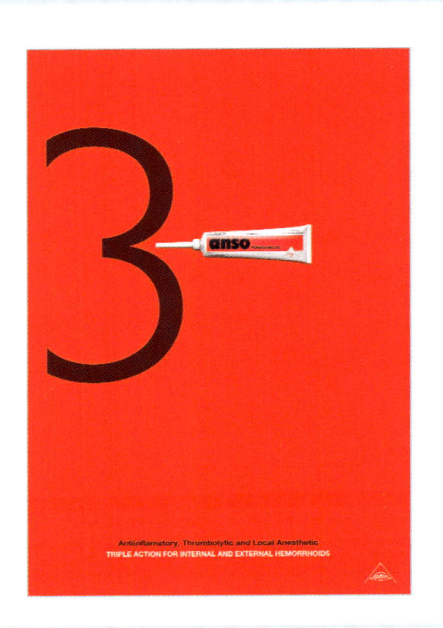

COMMUNICATION TO THE HEALTHCARE PROFESSIONALS

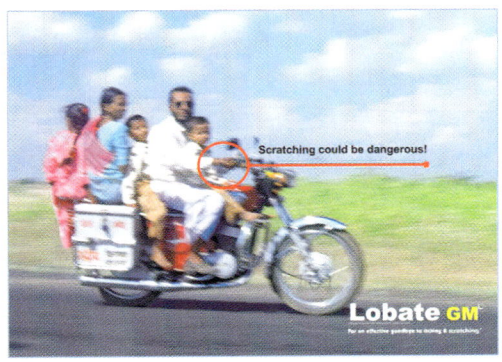

PRINT: DERMATOLOGICAL

Agency: Synapse Healthcare Communications, India
Advertiser: Lobate-GM
Motif: "Scratching can be dangerous"

Lobate-GM is an anti-scratching and anti-itching cream. The main campaign objective is to effectively communicate a solution to a not-so-serious problem like scratching and itching to healthcare professionals. Keeping in mind the Indian ethos, the campaign emphasizes the serious consequences of not-so-serious problem in day-to-day situations.

GLOBAL AWARDS FOR
COMMUNICATION 2006

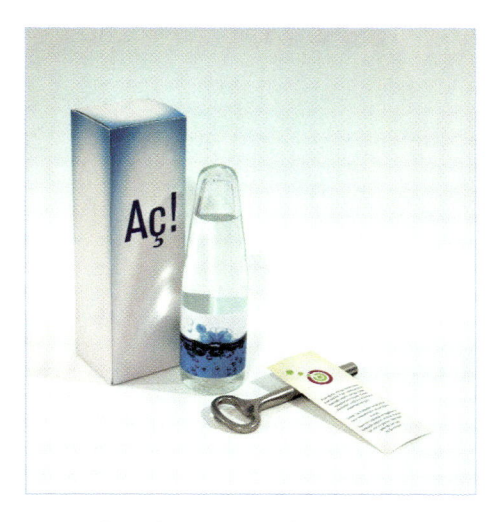

COLLATERAL / MIXED MEDIA: INTEGRATED CAMPAIGN

Agency:	Healthy People / Grey Worldwide, Turkey
Advertiser:	Piogtan
Motif:	"Aç!"
Creative Director:	Nurcan Yildiz
Copy Writer:	Selvin Canbeyli
Art Director:	Tarik Akin
Photographer:	Engin Yildiz

One of the main causes of diabetes is insulin resistance. Pioglitazone is a molecule developed to break the insulin resistance by "opening" the receptors to insulin and therefore allowing the cells to admit the insulin they need. Various challenging situations where it seems impossible to open the object presented, e.g. a bottle without a cap, a lock without a keyhole, or a pencil sharpener without a hole illustrate this resistance. Obviously, with the efficacy offered by Piogtan's mechanism of action, the challenge of insulin resistance is overcome.

VIDEO, AUDIO, INTERACTIVE: FILM/VIDEO

Agency:	Cadient Group, USA
Advertiser:	SEROQUEL (AstraZeneca)
Motif:	Ethan's Story - Patient Profile Video
Creative Director:	Ron Cohen
Copy Writer:	Edwin Endlich
Art Director:	Brian Feeley

Seroquel is an FDA approved atypical antipsychotic indicated for the treatment of acute bipolar mania. The video "Ethan's story" brings the viewers right into the middle of a manic episode, to help them understand the devastating impact mania can have on patient's life and the lives of their loved ones. The script is based on numerous interviews with patients and their relatives. Key messages integrated throughout the program help to drive the brand's communications objectives. The video was developed as part of an integrated multimedia strategy and aired first at the American Psychiatric Association's annual convention.

GLOBAL AWARDS FOR COMMUNICATION 2006

COMMUNICATION TO THE CONSUMER:

PRINT: DIRECT MAIL

Agency:	OgilvyOne Worldwide Singapore
Company:	Ogilvy Healthworld
Motif:	"New Blood discovered. OHW"
Creative Director:	Shayne Pooley
Copy Writer:	Chris Singh
Production Director:	Christopher Chan

The brief: to launch a new division of the Ogilvy Group that specialises in pharmaceutical communications and to make the launch communication impact and memorable. The Idea: A new blood group has been discovered: OHW. The idea was to reflect this by delivering to the recipients a polystyrene box in which blood is commonly transported, along with ice cubes. Inside is the launch brochure along with a small letter of introduction offering a limited time. The result: 79 percent of the recipients have responded to the pack with 57 percent wanting to further contact and meeting set and 22 percent saying they are interested in talking further down the track. An unexpected result was one recipient calling the police believing the pack may contain infected blood. After the initial irritation the prospect has since given out a project because he felt the DM piece "didn't go unnoticed".

PRINT: MEDICAL PRODUCT ADVERTISEMENT

Agency:	Scholz & Friends, Berlin Germany
Company:	Colour Contact Lenses
Motif:	The Improve Your Look Campaign
Creative Director:	Mario Gamper, Michael Winterhagen
Copy Writer:	Stephan Deisenhofer
Art Director:	Stefanie Flaig
Graphic Artist:	Danny Reinecke

"Ugly" animals show: Everybody can improve his look with colour contact lenses.

GLOBAL AWARDS FOR COMMUNICATION 2006

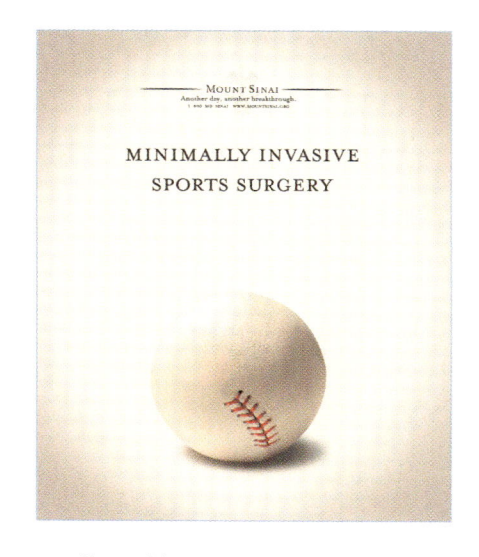

PRINT: MEDICAL SERVICE ADVERTISEMENT

Agency:	Devito/Verdi USA
Advertiser:	Mount Sinai
Motif:	"Baseball"
Creative Director:	Sal Devito
Copy Writer:	Dan Treichel
Art Director:	Rich Singer

To address consumers in need of healthcare in the tri-state/metropolitan area of New York City actual cases at Mt. Sinai Medical Center were used, such as advanced surgeries performed, and display the positive outcomes. Additionally, support the brand by promoting leading departments and pioneering programs. Results: Positive predisposition to the hospital improved dramatically following just a few months of the campaign. The campaign has been consistently labelled as one of the best healthcare campaigns ever.

PRINT: OUTDOOR

Agency:	DRAFTFCB, USA
Advertiser:	Unbranded
Motif:	"Bruises"
Creative Director:	Jens Orrillo, Judith Roth
Copy Writer:	Rachel Birnbaum
Art Director:	Francois Crabalona
Photographer:	Matt Hoyle

Because the effects of Hepatitis C are not visible, those diagnosed with the virus have the tendency to put off treatment. This campaign aims to spur those people into action, by challenging that if the virus actually attacked their face rather than their liver, they'd fight back.

GLOBAL AWARDS FOR
COMMUNICATION 2006

VIDEO, AUDIO, INTERACTIVE: TV - MEDICAL SERVICE COMMERCIAL

Agency: Scholz & Friends, Berlin Germany
Company: Médecins Sans Frontières
Motif: The Insert Coin Spot
Creative Director: Martin Pross, Julia Schmidt
Art Director: Joakim Reveman
Film Production: Big Fish Filmproduktion GmbH

This TV commercial for Médecins sans Frontières wants to motivate people, especially under 30, to donate money. Using the visual world of video arcade machines the commercial demonstrates that there's just a little money needed to enable Médecins sans Frontières to continue with their work.

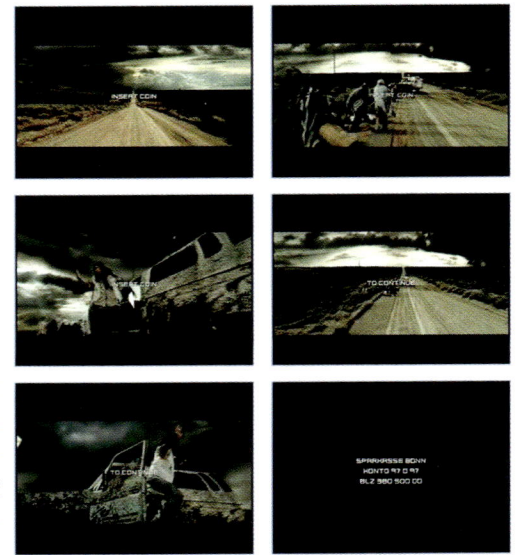

CRAFTMANSHIP:

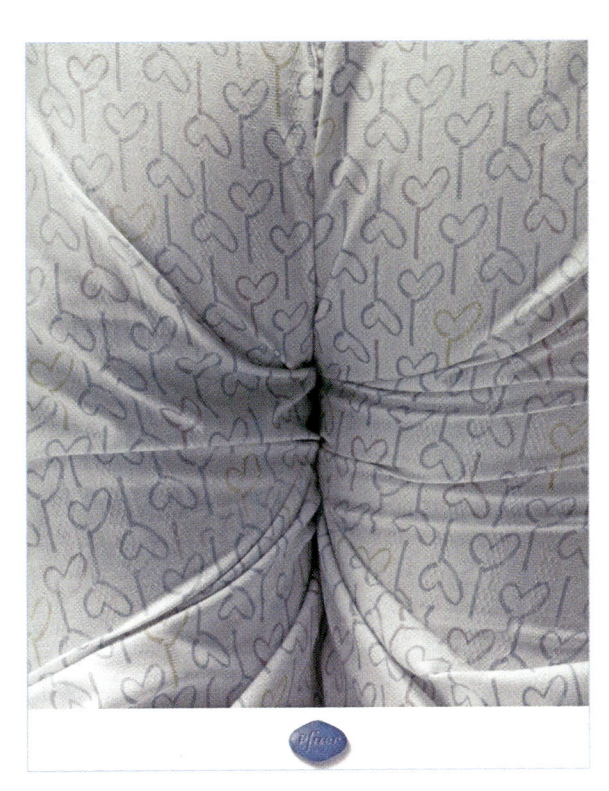

ART DIRECTION

Agency: Ogilvy&Mather, Korea
Advertiser: Pfizer – Viagra
Motif: "You can relax!"
Creative Director: S.S. Chong, Yongsun Kim
Copywriter: Sunbok Lee, Yoonyoung Lee
Art Director: Junho Jang
Photographer: Youngsik Lee

That tight backside shows the result after taking a Viagra humorously.

GLOBAL AWARDS FOR
COMMUNICATION 2006

SOCIAL COMMITMENT:

CONSUMER EDUCATION AND, OR PUBLIC SERVICE:
INTEGRATED CAMPAIGN + FILM, VIDEO, AUDIO

Agency:	Halesway, England
Advertiser:	Durex Condoms
Motif:	"He Says You Say" / "He Says You Say" website
Creative Director:	Neil Padgett
Copywriter:	Phil Garratt, Liz Rawlingson

The campaign "He Says, You Say", sponsored by Durex, has been designed to get young people thinking about safer sex and, in particular, to equip women aged between 16 and 24 with answers to excuses their partners may come up with to get out of wearing a condom. National Condom Week and "He Says, You Say" have the support of celebrities and politicians. Via the campaign website (www.hesaysyousay.co.uk), young people are encouraged to hear reasons males use for not wearing condoms, listen to suggested responses and enter their own favourites – with a chance to win a Club 18-30 Holiday if they do so. The campaign includes activities like information packs sent to clinics and GP surgeries in the UK, flyers distributed in pubs, clubs, drop-in centres and universities, National Condom Week condoms distributed free of charge, Advertising campaigns in women's magazines and fashion store changing rooms and many more.

CONSUMER EDUCATION AND, OR PUBLIC
SERVICE: OUTDOOR ANNOUNCEMENT

Agency:	Marketel, Canada
Advertiser:	Quebec Coalition against AIDS
Motif:	Instant Lottery
Art Director:	Stéphane Gaulin
Copywriter:	Linda Dawe

Series of three instant lottery scratch cards, featuring three potential methods of HIV transmission. Once scratched, the card reveals the message "Sorry, you win". The reverse side of the card details prevention methods and current statistics, and encourages the reader to use condoms and/or clean needles. The cards were distributed in downtown gay and mixed bars by tactical teams on World AIDS Day and through the downtown network of bars and restaurants as "zoom cards" along with the poster version of the campaign.

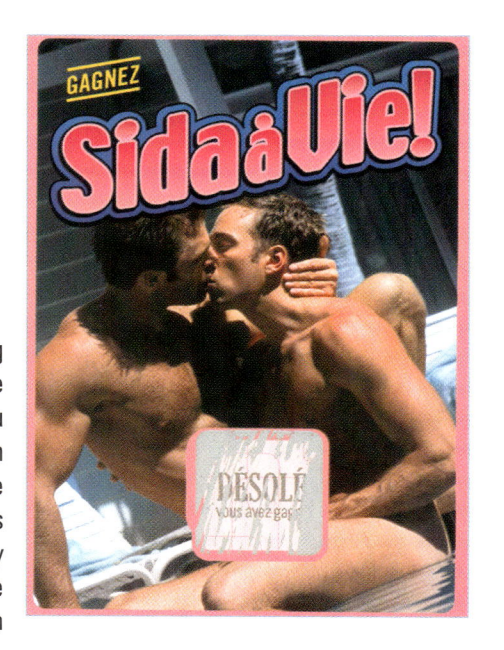

GLOBAL AWARDS FOR
COMMUNICATION 2006

CONSUMER EDUCATION AND/
OR PUBLIC SERVICE: INTEGRATED CAMPAIGN

Agency: McCann Erickson Frankfurt GmbH Germany
Advertiser: AIDS-Hilfe Frankfurt e.V.
Motif: Safer Sex-Campaign
Creative Director: Thomas Auerswald
Copy Writer: Eva Schrempf
Art Director: Sonja Scheffczyk
Photographer: Dorothee van Boemmel, Myriam Lindthaler, Dieter Roosen

On the occasion of its 20th anniversary in 2005 the Aidshilfe Frankfurt decided to present a campaign which should on one hand get a preventive message across to the public while on the other give some sexual incitation. Each month another more or less popular sexual practice was shown. The campaign uses images that are harmless at first sight and reveal their sexual content only at a closer look. Each of the twelve images plays with this element of surprise, showing in a very allusive way practices from kissing to anal intercourse. The copy invites people to enjoy their sexuality but also to play safe. The campaign was made into a calendar for 2006.

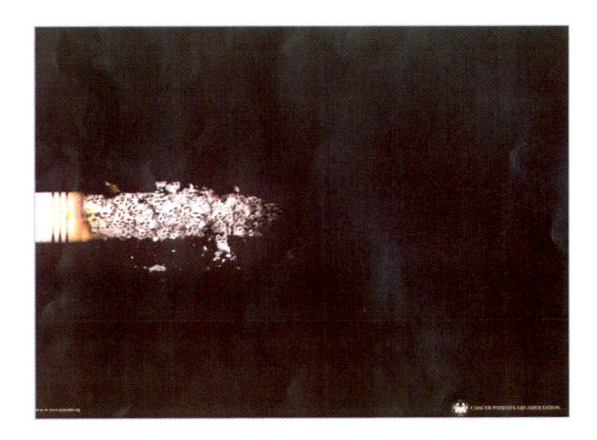

CONSUMER EDUCATION AND/OR PUBLIC SERVICE: PRINT ANNOUNCEMENT

Agency: Percept H Private Limited India
Advertiser: Cancer Patients Aid Association
Motif: "Skull"
Creative Director: Iqbal Arab
Visualiser: Anvi Parikh

The idea was to remind smokers about the ill effects of smoking in a dramatic manner. The cigarette tobacco reduces to ashes that look like skulls.

AGENTURPORTRÄTS

- Angela Liedler GmbH 196
- Change Communication GmbH 198
- Dorothea Küsters Life Science Communications GmbH 200
- Gams & Schrage Healthcare OHG 202
- Schmittgall Werbeagentur GmbH.. 204

astellas
Bayer HealthCare
BERLIN-CHEMIE MENARINI GROUP
Boehringer Ingelheim
Dr Falk
genzyme
gsk GlaxoSmithKline
Jenapharm
Lilly
MERZ
NOVARTIS
NYCOMED
Pfizer
Roche Diagnostics
Roche Pharma
serono
Takeda Pharma
VETTER
Vifor International
Wyeth
Zimmer

Dr. med. Angela Liedler

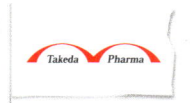

München: Tel. 089/43 77 77 30
Köln: Tel. 0221/56 90 69 90
www.liedler.de

100% Healthcare.

Medizinische Kompetenz und Marketing-Expertise treffen bei Liedler auf Spitzenkreation. Mit dem Anspruch, immer neue Wege in der Healthcare-Kommunikation zu gehen. So gelangen Gesundheitsprodukte und -themen ganz weit nach vorne.

Mehr Leidenschaft – mehr Erfolg.

ANGELA LIEDLER
Freiburg | Köln

LIEDLER GSW
München

gsw

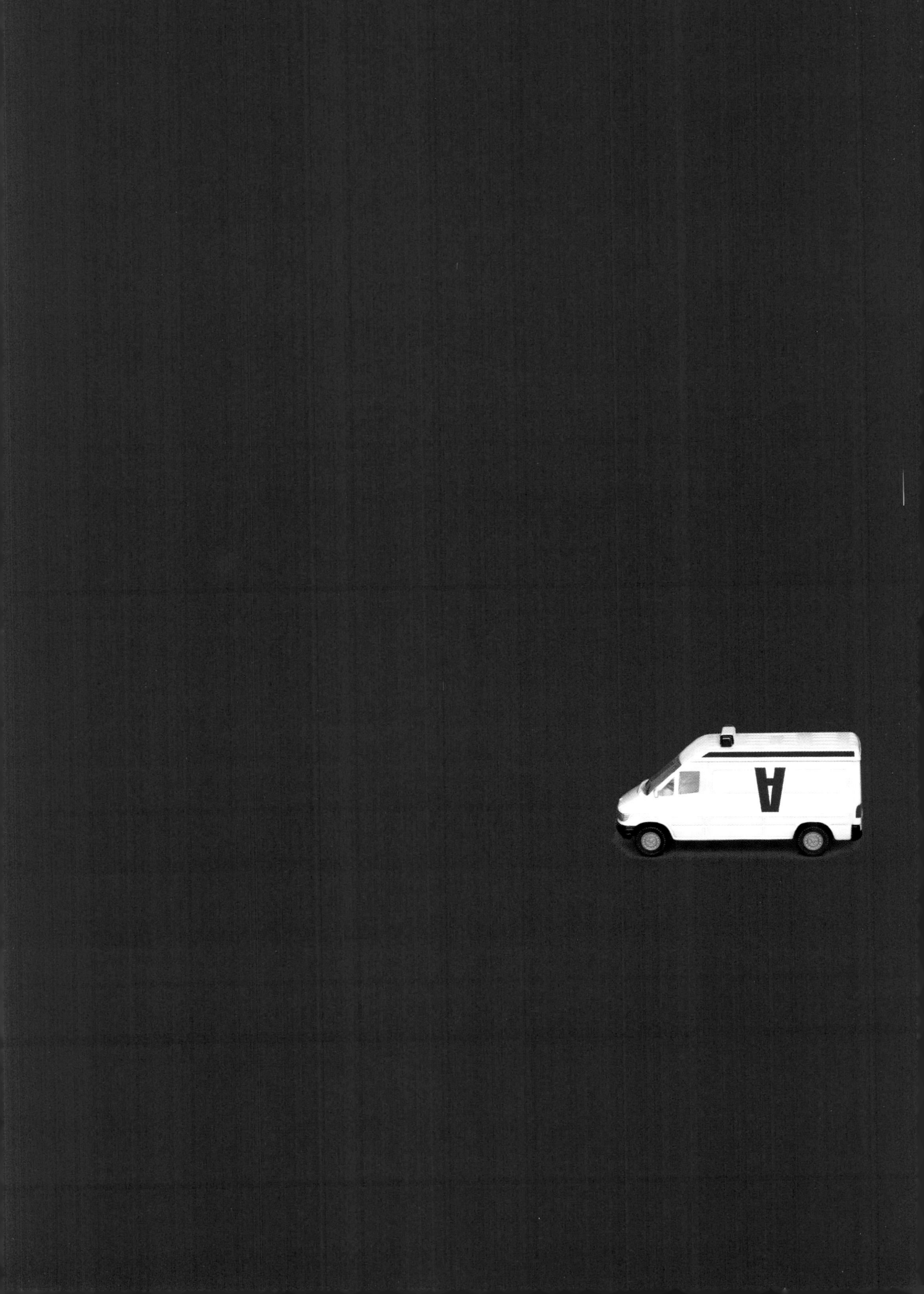